U0452423

"十四五"时期国家重点出版物出版专项规划项目

杰出人物的青少年时代〔文库〕

恽代英

李良明 恽铭庆——著

中国青年出版社

恽代英

恽代英
Yun Dai Ying
1895年8月12日 — 1931年4月29日

祖籍江苏武进，生于湖北武昌。中国共产党创建时期的重要领导人和政治活动家、理论家、著名青年运动领袖。

1917年创办进步团体互助社。1919年领导武汉五四运动。1920年起先后创办利群书社和具有共产主义性质的革命团体共存社，传播马克思主义，同年编辑《少年中国学会丛书》并翻译出版了考茨基的《阶级争斗》，对毛泽东、周恩来、董必武等中国共产党人产生深刻影响。

1921年加入中国共产党。1923年被选为中国社会主义青年团中央委员、宣传部部长，创办和主编《中国青年》，它培养和影响了整整一代青年。

1926年任黄埔军校政治部总教官兼军校中共党团书记。1927年在中共五大上当选为中央委员，同年参与领导了南昌起义和广州起义，是中国共产党党内最早认识到武装斗争以及在中国农村建立工农武装重要性的杰出领导人之一，也是人民军队及其政治工作的奠基者之一。

1931年4月29日，由于叛徒出卖在南京被国民党反动派杀害，时年36岁。

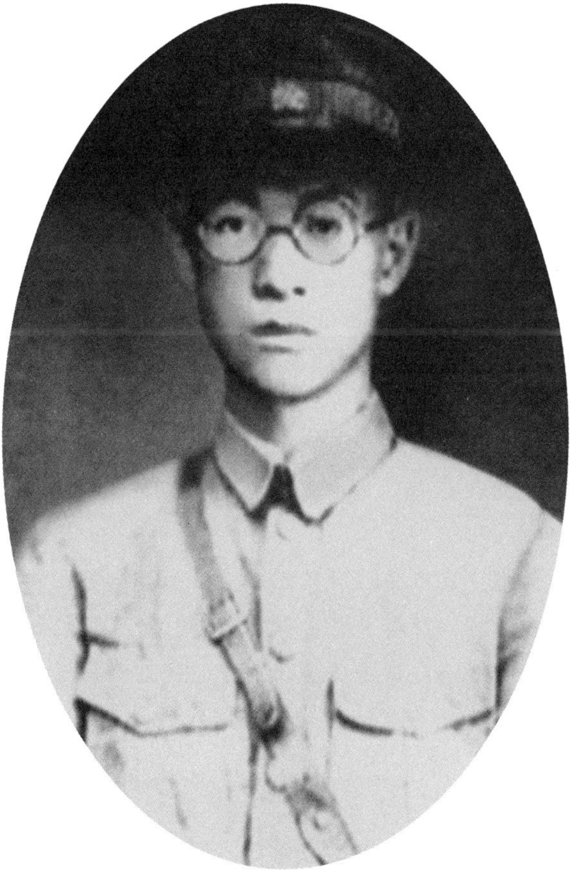

前言

在教育部直属重点综合性师范大学华中师范大学校园里,有一个恽代英广场。在广场的中央,矗立着一座恽代英大学时代的全身汉白玉雕像。这尊雕像,坐南朝北,通高 3.6 米,象征他 36 年的光辉年华。

抬头仰视,只见先烈风华正茂,平头、微笑。他戴着近视眼镜,目视远方,身着长衫,脚穿布鞋,是五四时期中国大学生普通的那种姿态。塑像底座正前方,镌刻着周恩来总理的亲笔题字"中国青年热爱的领袖——恽代英同志",背面是他的生平简介。

这里环境优美,景色秀丽,四周古树参天,绿草苍翠茂盛,郁郁葱葱。在恽代英的雕像前,园林工人常年四季轮换摆放着时鲜的盆花,雍容而华贵。

这里是当代大学生最好的去处,新生入校、应届生毕业,都要到这里留影,永志纪念。这里也是海内外来华中师范大学访问的专家学者的必到之处。特别是节假日,这里更是游人如织,他们或献花或肃立,用各种方式,表达对这位先烈的崇敬之情。

在恽代英牺牲 30 周年时，董必武怀着对战友的无限思念之情，挥笔写了七绝一首：

> 抓住青年进取心，
> 手书口说万人钦。
> 血腥刀俎君菹醢，
> 卅载难忘此恨深。[01]

恽代英是中国共产主义青年团的主要创始人之一。他牺牲已经 90 多年了，但他不忘初心、牢记使命，为共产主义远大理想奋斗和勇往直前的革命精神，将永远代代相传，鼓舞当代中国青年高举习近平新时代中国特色社会主义思想伟大旗帜，在为全面建成社会主义现代化强国的第二个百年奋斗目标道路上奋勇前进。

2022 年是中国共产主义青年团建团 100 周年，2023 年是恽代英主编的《中国青年》创刊 100 周年，我们更加怀念中国共产主义青年团的这位伟大领袖。

亲爱的青少年朋友们，你想了解恽代英短暂而光辉的一生吗？你想知道他是怎样成为一颗充满热情放射着无限光芒的巨星的吗？又是怎样手书口说使当年全国亿万青年无限崇拜和钦佩的呢？

请听我们慢慢向你讲述吧！

... 注释 ...
01 《董必武诗选》，人民出版社，1977 年版，第 143 页。

目录

前言

001 / 第一章 立志救国
　　　世家"奇男儿"
　　　理论界明星
　　　主编《光华学报》
　　　"伺候国家，伺候社会"

027 / 第二章 领导五四运动
　　　改革中学教育
　　　视同学如弟兄
　　　勿忘国耻
　　　向官厅宣战
　　　"打我的世界去"

061 / 第三章 走向马克思主义
　　　创建利群社
　　　翻译《阶级争斗》
　　　参加少年中国学会
　　　在安徽宣城
　　　独立探索建党

091 / 第四章 巴蜀播火
　　　初抵川南师范
　　　"实行新教育"
　　　旅行讲演团
　　　创建青年团

学校公有运动
渝蓉之行

125 / 第五章　主编《中国青年》
"向着灯光走上去"
指航引路
良师益友

147 / 第六章　在上海执行部
主编《新建设》
反对国民党右派
在五卅运动中
反对戴季陶主义和西山会议派

179 / 第七章　战斗在岭南
出席国民党"二大"
粤海新篇
红色教官（上）
红色教官（下）

209 / 第八章　搏击洪流
革命爱情
主持武汉军校工作
讨伐蒋介石
平叛夏斗寅，讨伐杨森
撤离武汉

245 / **第九章　高举义旗**
　　"八一"曙光
　　羊城狂飙
　　平山起义

275 / **第十章　艰难岁月**
　　安贫乐道
　　沪上新篇
　　闽西苏区行

295 / **第十一章　初心永恒**
　　铁窗烈火
　　英勇献身
　　通缉叛徒顾顺章

311 / **第十二章　传承革命精神**
　　党啊，您在哪里？
　　相聚在延安
　　相伴在龙华

324 / 后记

第一章

立志救国

恽代英生于中日甲午战争失败、《马关条约》签订之年（清光绪乙未年六月二十二日，1895年8月12日生于湖北武昌），英勇牺牲于九一八事变、日本帝国主义大举入侵中国之际（1931年4月29日牺牲于南京），真是生于忧患，死于忧患。

世家"奇男儿"

恽代英，世家后裔。据江苏省武进县（今常州市武进区）小河镇石桥附近出土的恽代英七世祖恽轮墓志铭称："恽本杨氏汉平通侯恽，其子违难，以父名为氏。"平通侯恽即杨恽。杨恽，字子幼，华阴（今陕西华阴市）人，司马迁的外孙。汉宣帝时任左曹，因告发霍氏谋反，封为平通侯，升中郎将，后因遭宣帝宠臣太仆戴长乐陷害，削为庶民。"家居治产业，起室宅，以财自娱。"一年之后，其友人安定太守西河人孙会宗写信劝诫他说："大臣废退，当阖门惶惧，为可怜之意，不当治产业，通宾客，有称誉。"杨恽未领友人之情，他本"宰相子，少显朝廷，一朝暗昧，语言见废，内怀不服"。于是在《报孙会宗书》中说："窃自私念，过已大矣，行已亏矣，长为农夫以没世矣。是故身率妻子，勠力耕桑，灌园治产，以给公上，不意当复用此为讥议也。"[01]文中表现出对朝廷的不满，终至杀身之祸（被腰斩）。其兄杨忠全家也受到株连，其子逃难到毗陵（今江苏常州市新北区孟城一带），不敢再姓杨，以杨恽之名改为姓，从此才有恽姓。

恽氏传至宋朝恽方直为四十四世（代）。恽方直膝下二子，长子名绍恩，世居河庄（现名孟河镇），次子继恩迁居上垫（清咸丰年间改称上店）。恽氏遂分南北两支，世称"北恽""南恽"。北支自恽东麓始，迁石桥、西夏墅等地。恽代英的八世祖恽士璜（六十三世），字子谓，号公望，曾任浙江海宁知府、湖南巡抚。七世祖恽轮，字其柄，号印槐，曾任浙江富县知县，海宁知州，诰封荣禄大夫、湖南巡抚。六世祖恽敷，号逊堂，历任浙江临安、定海知县，海宁知州、湖南巡抚。五世祖恽俭，曾任吏部主事，晋赠通议大夫。四世祖恽广德，授登士郎，诰封奉直大夫。恽氏传至恽代英辈，已是七十世（代）。

恽代英的祖父恽元复，字伯初，壮年以候补知县分发湖北，曾任两湖总督张之洞的幕僚，举家便迁往湖北，租住在一个"范家房子"的官僚住宅里，门上挂有"毗陵恽寓"四个大字。恽元复尤善书画，曾于1924年由中华书局刊印《莲瑞老人花鸟画册》。恽代英父亲恽宗培，字爵三，号乐三，曾以"候补府经历"的资历，在湖北老河口、德安县（现安陆市）等州县官府内任幕僚。

1919年2月4日（正月初四），恽代英到德安府（今湖北安陆市）给父亲拜年。5日晚，他在父亲署上阅《瓯香馆集》至12时，心情无比激动，在当天的日记中写道：《瓯香馆集》首言："恽氏，世家也。余自幼以世家故受人敬爱，亦因缅怀祖德，用以自发其志气，不敢自暴弃。今见此语，心怦怦动。"02

恽代英的母亲陈葆云是他的启蒙老师。陈葆云，湖南长沙人，出生于一个仕宦之家，颇有旧学根底，常教幼年的恽代英背诵唐诗宋词。

1901年，恽代英6岁，入家塾。塾师是从故乡武进请来的一位本家老先生。他先后教恽代英读了《百家姓》《三字经》《弟子规》《千字文》《论语》《孟子》《大学》《中庸》《幼学琼林》等书。恽代英悟性极强，读过的书大都能够背诵。

1905年，10岁的恽代英考入武昌龙正初等小学堂。两年后

*

恽代英的母亲陈葆云

又以优异的成绩考入北路高等小学堂。这是湖广总督张之洞创办的一所新学校。在这里，恽代英的文才开始逐渐显露出来，作文常被老师整句、整段连圈朱批，并得了一个"奇男儿"的雅名。恽代英回忆说："吾文十三岁时即为师长赞美……吾为文皆不预布局面，见题即直抒己意。亦不好矫作古语奇语。但偶一为之以为笑耳。吾作文振笔直书，新颖之思想自然由笔尖写出，此思想之由心至手、至笔、至纸，顷刻之间耳。于顷刻之前，吾固无此思想也。此等奇境，吾每作文即遇之，仿佛若仙助者。言谈之间亦然，每有隽语冲口而出，自讶其奇，确非所料也。""吾为文向不用稿，故每有误处。然吾好将错就错，故作周折，以自圆之。自圆之究竟有效否，殊难言之。然多能令人仍觉其自然，他人阅者决不知吾此中有何等周折也。"[03]

北路高等小学堂学制四年，他仅用一年的时间，便于1908年下半期以甲等第一名的成绩毕业。

按照大清律条关于出国留学的规定，学校准备奏请上司，派恽代英赴美国留学。

这一天傍晚，平时按时回家的恽代英还未回来，母亲十分焦急，不知发生了什么事，直到天全黑下来，他才兴奋地回到家中，将学校拟派他出国留学的事告诉了母亲。

恽代英刚说完，母亲就急着问："到哪一国去？"

"美国！"恽代英说，"他们知道爹爹在德安府，要我回来先报告您，要是您同意了，他们再去找爹爹商量。"

母亲听完儿子的话后，深思了片刻，果断地说："我不放心，不能让你去，你还小，才13岁，连自己还管不了呢，漂洋过海，去那么远的地方，谁照看你？你不能去！千万不要去！"恽代英是个乖孩子，听母亲的话，就放弃了留学机会，打算考武昌普通中学。

然而，天不遂人愿。1909年春，父亲恽宗培被派往湖北老河口任盐税局长一职，母亲带着恽代英兄弟四人，离开毗陵恽寓，去了老河口。

老河口是鄂西北重镇，位于鄂、豫、川、陕四省交界处，为江汉流域货物集散地，商船荟萃，商贸发达。但文化教育落后，竟然没有一所中学。

恽代英兄弟只好在母亲的辅导下，自学家中藏书。他先后读完《纲鉴易知录》《古文观止》《战国策》等，尤其酷爱梁启超的《饮冰室文集》，崇拜变法志士谭嗣同，经常吟咏谭嗣同的七绝："望门投止思张俭，忍死须臾待杜根。我自横刀向天笑，去留肝胆两昆仑。"从中汲取了中国丰富的文化遗产、历史知识和奋发向上的精神，萌发了爱国主义思想。

老河口邮局局长罗衡甫，他的英语，无论是口语，还是笔译，都很地道。为了使孩子们增长知识，开阔视野，恽宗培和罗局长商量，请他为恽代英兄弟四人讲授英语。罗局长很爽快地答应了恽宗培的请求。从此，恽代英开始学习英语。

一天晚上，又是罗局长讲授英语的时候了。鄂西北的夏天是孩子的脸，说变就变。晚饭前天气还是好好的，饭后却突然阴云密布，狂风呼呼作响，一道道电光闪过，一个个惊天响雷，好生恐怖。不一会儿，瓢泼大雨倾盆而下。

母亲说："下这么大的雨，今天就不去学英文了。"

恽代英说："不行啊，娘娘！罗先生在等着我们呢，不去怎么行？"

母亲说："我是担心你们淋了雨，受了凉，会感冒的。"

恽代英说："娘娘，您不是教导我们，做一个男子汉，贵在自立自强吗？如果遇到一点困难就打退堂鼓，何谈自立自强！大哥、三弟身体不好，可以请假，我带四弟去吧！"

母亲见儿子说得在理，连连点头，内心无比快慰，心想：代英长大了！

见母亲同意了，恽代英带着四弟，打着雨伞，冒雨出了门。这时，狂风刮得更加凶猛了，雨伞不管用，兄弟俩紧拉着手，相互鼓励，深一脚浅一脚，踉踉跄跄来到邮局时，浑身衣服都湿透了。罗先生深受感动，激动地说："下这么大的雨，你们本可以不来的。"

恽代英说："我们要遵守时间、遵守纪律啊！"

"很好！"罗先生说，"我知道你们会来的，快到房间里去，我给你们上课。不过，以后遇到这样的恶劣天气就放假，隔天再补，记住了吧！"

恽代英点了点头。

就这样，恽代英拜罗局长学英语，一直坚持了四年，就能熟练地和罗先生用英语对话，并能够阅读原版英语书籍了。

在罗局长那里，恽代英看到了上海商务印书馆和中华书局等书店的新书征订目录，如获至宝。他将母亲给他的零花钱全部用来购买杂志和新书。如《小说月报》《东方杂志》《妇女杂志》《教育杂志》，以及《饮冰室丛著》《塞瓦斯托波尔》（托尔斯泰）、《笑面人》（雨果）、《乌托邦》（莫尔）、《需要情报》（马克·吐温）等中外名著。还选购了一些欧洲社会科学著作，如卢梭、孟德斯鸠、达尔文等人的作品。

恽代英的视野开阔了，学习也更加刻苦，真是废寝忘食，成了名副其实的"书痴"。

1913年，父亲恽宗培失业，恽代英全家迁回武昌，居住在涵三宫街1号。

初夏的一天，恽代英看到武昌中华大学（现华中师范大学前身之一）的招生广告。这是不依靠洋人、不依靠官府，由中国人自己创办的一所私立大学。校长陈时先生，早年留学日本，深受资产阶级民主思想的影响，他将贫弱的中国与强盛的日本进行比较，认为日本的强盛，是明治维新、重视教育的结果。中华要振兴，唯有维新；要维新就需要培养一批有现代化知识、施行新政的人才，而人才的培养靠教育。正是在这种教育救国思想的驱使下，陈时学成回国后，于1912年在武昌创办了这所大学。

恽代英决定报考中华大学，征询父母的意见。

父亲感到很讶异，心想："还没有上过中学呢，能考得上吗？"他用狐疑的眼光看了看儿子，转过身来问夫人："你看呢？"

母亲了解恽代英的学习功底，坚定地说："让他考考吧！"

恽代英果然身手不凡，中华大学新生录取的大红榜张贴出来了，他名列预科前三名，考试成绩88.6分（满分100分）。

理论界明星

在中华大学，恽代英十分重视砥砺品行，敦进学业，经常修身反省，对自己要求很严格。在老河口自学的岁月里，他就在母亲的影响下开始写日记，将日记作为"以是观吾品行"的重要方法，还经常用孟子的"天将降大任于是人也，必先苦其心志，劳其筋骨，饿其体肤，空乏其身，行拂乱其所为，所以动心忍性，曾益其所不能"的话勉励自己。从其日记看，他博览群书，不仅读了大量社会科学方面的中外书籍，还涉猎许多植物学、生物学、物理学等自然科学书籍。他擅长英文，又坚持自学日文和德文。到大学毕业时，已经能翻译英文和阅读日文、德文书籍了。

他的学习成绩一直名列前茅，与同学冼震、余家菊，成为学校的"三鼎甲"。

1914年10月，恽代英在《东方杂志》发表首篇论文《义务论》而崭露头角，引起国人瞩目。他自我评价说："投《义务论》于《东方》，为投稿之一新纪元。"[04] 恽代英在该文中极力主张"义务论"，反对"权利论"。他说，义务论为"吾中国数千年圣哲之所传说"；而权利论者，"天下争攘之泉源也……今日欧美上下争轧之祸，大抵由权利论影响而来"。他认为，帝国主义列强，就是权利论者。列强所谓的"自卫二字"，实为"侵犯之又一名词""昔英人以保护其海权而攘印度，今又以保护印度而进窥西藏矣。他日得西藏则又何如？日人以保护其本部而攘高丽，今又以保护高丽而进窥南满矣"。[05]

恽代英更是一针见血地指出，帝国主义列强所鼓吹的文明，实"巨大之军舰也，猛烈之炸弹也，一切不可防御之战斗品也"，"杀贫贱以利富贵者也"。[06] 因此，他主张："天下之人，如真欲治平者，请自今无言权利，无言竞争，举天下之富贵贫贱，皆使服膺于义务之说，则私产制度，不期而自破，黄金世界，不求而自现矣。"[07] 该文发表后，马上被南洋出版的《舆论》杂志转载。

恽代英一举成名，崭露头角。中华大学师生将钦敬的目光投给他，他总是微微一笑，抱拳致谢。与中华大学毗邻的武昌共进会，也慕名找到恽代英，请他去传授学习经验，讲一讲青年应如何读书的问题。

恽代英一直主张"利他"，要肯帮助朋友。他在日记中曾写道："当力为助人事业。常助人者，其意志自然日高，恶诱因不易来。不助人者，其意志自然自卑，恶诱因自易来。"[08] 因此,他愉快地接受了共进会的邀请。共进会是基督教圣公会下的一个组织,演讲者一般都用英文。

这是1915年初一个周末的下午。能容纳100多人的会场爆满,文华大学、中华大学的同学闻讯,吃罢午饭便来到会场,将座位抢占一空,来晚了的只能站在会场的后面和过道里。

下午4时,报告会开始。在热烈的掌声中,恽代英健步登上讲台,用熟练的英语,作了题为《愚蠢的提问》的讲演。

"主席和各位先生,"恽代英微笑着,向会议主持人和听众先深深鞠了一躬,然后说,"很荣幸,主席先生给了我一个机会,对大家讲讲话。我所要讲的题目是'愚蠢的提问'。"会场先是一片寂静,然后就有人感到奇怪,小声议论起来:

"不是介绍学习经验吗?为什么讲这个题目?"

"是的,我之所以讲这个题目,是因为我认为对我们而言,这个题目非常有用。我强烈希望大家能随时记住这一点。"恽代英的话匣子一旦打开,就口若悬河,滔滔不绝。

"我认为,愚蠢的提问其实正是整个世界发展的源泉,也就是说,是世界上所有精妙绝伦的发明的第一步。它有助于推动世界进步,提高国家文明水平和促进人类智慧的发展。正因为如此,我认为这个问题值得讨论。"

"我们读书、看书,都要有个怀疑的态度。明代思想家陈献章说,学贵知疑,大疑则大进,小疑则小进。这是很有道理的。因此,对书中讲的道理,我们都要问一问,究竟是怎么一回事?只有敢于提出问题,并找到答案,我们才会变得聪明起来。"

恽代英以牛顿发现万有引力定律、瓦特发明蒸汽机为例,进一步分析说,"为什么我们不能成为像牛顿或者瓦特那样的发明家呢?我的回答是:因为我们没有像他俩那样提出那么多

'傻问题'。所以使人聪明的唯一办法是提出傻问题来。我们都是学生并都希望成为聪明的人,所以我希望每个人都能提出一些傻问题。"

"啊,有道理!"听众一个个连连点头,表示赞同。

恽代英接着说:"当我们的脑海中闪现出许多傻问题时,我们不仅要请教我们的老师、父辈、长辈或者大学者,还要经常问问我们自己。如果我们能经常提出一些傻问题,并且解决它,那么,我们也可以成为伟大的发明家。我特别要强调,你们不要担心自己提出的问题是愚蠢的傻问题,更不要怕别人嘲笑。那些提不出傻问题的人才是非常愚蠢的,那些嘲笑别人提出的问题是傻问题的人才是愚蠢的!"

一个多小时的讲演不知不觉过去了,听众一个个余味无穷,不少人留下来,又和恽代英进行了单独交流。他的这篇讲演,不久便刊登在当年出版的《学生杂志》第2卷第2期英文版上。

1915年6月,恽代英从中华大学预科毕业,转入中国哲学门本科学习。随后,他与黄负生等人创办了油印的《道枢》杂志。他们自己撰稿,相互审核,定稿后,彼此负责自写自印,颇受校长陈时的重视和师生的赞赏。恽代英发表在该杂志上的《怀疑论》第一部分,当即被同年出版的中华大学学报《光华学报》第一年第1期转载。恽代英继续阐发自己的思想,又接连在《光华学报》第一年第2期和第3期上续完全文。

1915年9月,陈独秀创办了《青年杂志》(第2卷起改名为《新青年》),高举科学与民主两面旗帜,兴起了新文化运动。恽代英立即在武汉热烈响应,成为湖北武汉新文化运动的主要发动者和领导者之一。据不完全统计,从1915年至1917年,恽代英在《光华学报》《东方杂志》《新青年》等学术期刊上发表的在全国有重要影响的宣传新文化的主要学术论文就有《新无神论》《文明与道德》《原分》《社会性之修养》《物质实在论》《欧战与永久和平》《我之人生观》《论信仰》《经验与知识》等多篇,成为升起在中国思想理论界的一颗耀眼新星。

1917年初,还是中华大学大三学生的恽代英将他的两篇哲学论文《物质实在论》和《论信仰》投给心仪已久的《新青年》杂志。陈独秀审阅论文后,于2月5日以《新青年》编辑部的名义给恽代英回了一张明信片,明确表示两篇文章都决定采用,但"登在何期未定"。[09] 3月14日,中华大学教授刘子通收到陈独秀的来信,信中高度评价了恽代英及其论文。刘子通见新文化运动的旗手夸赞自己的学生,非常高兴。恽代英在当天的日记中写道:"刘子通先生闻余投稿陈独秀先生处,因索底本一阅,并云陈函颇赞美余。"[10]

《物质实在论》原是恽代英的学士学位论文。他考虑到离大学毕业还有一年多的时间,便将该文与刚写成的《论信仰》一起投给了《新青年》,没想到会得到陈独秀的如此厚爱。这是他第一次与陈独秀以文会友。此后,他俩常有书信往来。不久,恽代英的这两篇论文分别发表在当年出版的《新青年》第3卷第1号和第5号上。恽代英的《物质实在论》坚持了唯物主义世界观的根本立场,对西方近代哲学史上的绝对实在说、假定实在说、批评派实在说和物质非实在说一一进行了评析,坚定地认为"物质必为实在"。他说:"因吾人之知觉,必待感官受外物之激刺而后发生。虽吾人不能直接以见外物,因感官之既受激刺而发生知觉,遂决为外界必有实在之物质,此亦宜可信也。"他指出:"盖客观之物,虽待主观健全,始足以认识感觉之。即令主观不健全,不能认识感觉,其客观之物之存在如故。不可以为离主观而遂无客观也。"[11]换言之,物质是不以人的意识为转移的客观存在，物质是第一性的，意识是第二性的。

同年10月，恽代英又在《东方杂志》发表《经验与智识》，提出："智识未有不从经验中得来者"，"舍吾人经验以外，欲求一种可称为智识者，盖渺然不可得"，"学问者，即由自有人类以来，反复经验，反复研究，自不正确的智识，而进于正确的智识者也"，"学问中不正确之智识，赖世人研究其经验以补救矫正之"。也就是说，理论来源于实践，还要受实践的检验。理论只有经过实践的反复检验，才能臻于至善。这已经包含唯物主义实践论的思想。可见，恽代英当时已经初步构建了自己的哲学思想体系。在这个体系中，物质实在论和认识论是最闪光的部分。在没有接触到马克思主义哲学理论以前，恽代英在哲学研究上就有这样的成就，在当时的中国思想界身处前沿地位。陈独秀看中的也正是这一点。恽代英此时已经给陈独秀留下了深刻的印象，但他俩是"以文会友"，一直未能谋面。

主编《光华学报》

恽代英的才华，早已引起陈时校长的注意。他慧眼识才，不拘一格重用恽代英。1917年2月24日，陈时召见恽代英，全权委托他主办《光华学报》。该报在刘树仁先生主持编务时，"办理颇有可观"。恽代英心想，就刘先生的学识、资历与地位，都比自己强。他"自感绵薄，闻之惶怍"，未能答应。陈时求才心切，26日，再召见恽代英，诚恳相聘，还托恽代英的同学冼震传话："只要恽代英同意应聘，所有要求，均可允许。"

恽代英终于被感动了，经过慎重思考，"为学校前途计"，他终于从陈时校长手里接过了聘书。

恽代英接办学报后，立即"大加改良"。

《光华学报》第一期封面

经过整顿后的学报,以崭新的面貌出现在读者面前,受到读者的欢迎。《妇女时报》立即刊登了介绍该刊第二年第一期的文章,并转载了该刊的《社会性之修养》一文。《妇女时报》编辑毕几庵给恽代英写信时,对学报大加"奖饰"。陈独秀对恽代英也"颇赞美"。第二期付印后,校长陈时也"赞其内容可观"。[12]

《光华学报》不仅是一个学术的刊物,也是一个发现人才、培养人才的阵地。恽代英一旦在学生中发现人才,立即将其佳作在学报发表,以资鼓励。林育南1915年秋考入中华大学中学部。他思想激进,受新文化运动的影响,写了《福泽谕吉教人以独立自尊之道论》的作文,宣传人和国家均应"独立自尊"的思想。文章仅500字,却洋溢着爱国主义思想。恽代英阅后十分欣喜,将其在学报第二年第二期发表。此文是林育南的处女作。恽代英"以文会友",从此他和林育南成了志同道合的同志,在寻求救国救民的真理中,结下了深厚的友谊,最终成为为共产主义事业奋斗的战友。在同一期上,恽代英还发表了中华大学学生钱城(钱亦石)的作文《贾谊不能用于汉文论》,钱城后来也成为恽代英的朋友,并走上了共产主义的道路。

学报基本上由中华大学师生撰稿,有许多投稿者后来都成了恽代英发起的互助社或仁社的成员,如黄负生、萧云鹄、沈光耀、冼震、余家菊等。校长陈时、教员涂允毅等也写过稿件。恽代英既是学报的编辑,又是主要撰稿人。据初步统计,现存六期中发表恽代英的政治论文、学术论文、译文和以记者名义写的记事、谈话、调查、日记等共计19篇,约六七万字。从《光华学报》内容看:

第一,猛烈抨击封建迷信,宣传现代科学。1913年,袁世凯在实行专制独裁、复辟帝制的同时,又大搞祭天拜神活动。恽代英在《新无神论》中明确说:"凡天下略有思想之学者,莫不欲倡无神论。""吾观以往之历史,则宁以为无神,何也?昔者吾人乍见雷电之击人,则以为神主张之。今之略习物理者,则皆晓然以为无神矣。昔者乍见日月之蚀,亦以为神主张之,今之略习天文者,则亦晓然以为无神矣。他如结胸之制为飞车,扁鹊之尽见五脏,及夫隋何稠之任意车,唐李皋之战舰,在不知者,皆将疑为不可信,则必诧其神奇而不可测。然而今日之飞行机,则固翱翔于天空矣。今日之爱克斯光线,则固洞见人之肺脏矣。且自世之有升降机,登高者固不梯而能升矣。自世之有汽船,航远者固不帆而能驶矣。凡昔之所以为不可信者,今则众目共见而不可诬。凡昔之所以为有神者,今则三尺童子,皆知其无神也。"[13] 因此,在他看来,随着科学的进步,凡过去不可思议的问题皆可变为可思议,凡所谓不可思议者,皆不过是一时的现象,非真不可思议,绝不是"上帝之所主持"。在科学理论日益发展的时代,"人欲全知天下事事物物,实非绝对不可能之事"。在《怀疑论》中,恽代英进一步分析说,阻碍人们对天下事理往往有所不知或者有所知而不能正确者,主要是受了"习俗之蔽""信仰之蔽""耳目之蔽"和"感情之蔽"的影响。所谓的"天神","不过出于一二人之想象而已""彼一二人者,既非全知,则所想象之天神,决无由而全能,此甚易知也"。他进而指出:"吾闻孔孟之徒,以尧舜为圣;墨子之徒,以大禹为圣;老庄之徒,以被衣啮缺为圣……吾不为圣人,故吾不知谁为圣人。"恽代英坚决反对将孔教定为国教,在《论信仰》中一针见血地指出:"异哉吾国学者,于此日此时,乃欲大倡信仰之说于吾国,宗教也,国教也,纷呶不可辨晰。"[14]

在抨击封建迷信,提倡现代科学方面,《光华学报》还发表了署名恫荒的《道德与生活》、韩旅尘的《人为万物之灵否乎》、冼震的《迷信之解剖及效用》、云鹄的《鬼神篇》和《迷信之效用》等。这些文章和恽代英的著述，汇成了一股批判封建迷信、宣扬现代科学知识的强大力量。

第二，鞭笞帝国主义侵略，抨击时政。

《光华学报》和《新青年》，在开始时也曾宣称"专载学术不涉本国政论"，"不抵触现行法令"。但是，随着北洋军阀卖国求荣的活动日益加剧，它们也开始刊登一些抨击时政的文章。例如，恽代英在《光华学报》第二年第二期上发表的《欧战与永远和平》一文，驳斥了帝国主义者散布的"战争为文明进步所必须""战争就经济方面言，实为有利之事""战争可达人类向上心"等谬论，指出第一次世界大战是由于列强的侵略和野心造成的。他认为英、法、德、奥的议和并非"世界之福"。欧战如此闭幕，无非蹈维也纳会议之覆辙，使后人实承其弊耳。要避免战争，最根本之途，便是张扬民权，剪除野心家。因此，"扰乱和平之人，如德奥皇室，不可以不推倒""扰乱和平之事，如独断政治与民族仇雠，不可以不扫除"。

《光华学报》刊发的文章，有的还借历史抨击时政，如第二年第三期上林育南的《春日游鹦鹉洲记》一文，通过对汉朝处士祢衡不随波逐流的歌颂，抒发了对国政的强烈爱憎。文中写道，祢衡处"汉末权臣横暴之季，悲王室之凌夷，痛苍生之涂炭，胸藏冠代之略，才蕴帝师之算"，虽"始辱于曹瞒，继弃于刘表，终死于黄祖"，但他能"流芳百世"。而没有骨气的华歆等辈，附于权势，"安能屈豪杰志士"。[15]

恽代英、林育南等先进知识分子，目睹"武人愈横，政客愈鄙"，国势日衰，忧心如焚。林育南在《送友留美洲序》中悲痛呼号："呜呼悲哉，我中国以五千年之文明，四百兆之神胄,何泯泯棼棼,一至于斯。"他向朋友提出,为国家强盛,时刻要有"奋其精武,驾彼群雄"的精神,发扬"猛勇精进之志",使"神龙云济,黄鹄羽丰,振衣于千仞冈,濯足于万里流,挥其慧剑,招我国魂"。[16]

恽代英在《原分》中指出:造成天下祸国的"根本之所由",在于"分乱"。而"人权之说不昌",致使野心家"肆其狂谋",实为天下大乱之"主要原因"。他说,国家命运,绝不是一两个人的事,与每个国民均有关系,欲求天下大治,举国之人均应尽权利和义务。且人人各知已有应享之权利,因不肯放弃以供人(野心家)蹂躏。人人又知人亦有应享之权利,则亦无处心积虑以蹂躏他人为快者。如此则野心家永绝,而天下永臻于治安。除人人应享受权利外,还应尽义务。只有人人对国家社会承担应尽之义务,"天下自然为安"。[17]

上述言论,思想深邃,讥讽尖刻,极具战斗力。

第三,宣传道德救国、教育救国。

《光华学报》还发表了一些关于道德救国、教育救国的论文,这在当时也是具有一定进步意义的。

道德救国,最重要的是品德的修养。如恽代英的《社会性之修养》一文,就提出了社会品性修养应注意的八种道德。这八德是:(1)公德。文章说:"吾人不欲为社会事业则已,苟欲为之,则公德之履行,当为重要之条件。"这就是应该将所从事的社会事业,视为自己的事业,视公共事业的成败,如己之成败。不然,社会是不能进化发展的。(2)公心。从事社会事业,不但应有改造公德之义务,在改造此公德时,又必须具有"大公无我之心"。那就要做到"以社会之利害为行事之标准,不可以一己之利害参于其中"。(3)诚心。认为从事社会事业时,应善于与他人"协力","欲使他人以至诚为吾协力,吾必先有至诚之心，以感发之。惟诚心感诚心"。"诚心"愈多，"机心"愈少，社会便愈文明进步。（4）谨慎。从事社会事业的人，必须有"精密之计划，详慎之手续"，"当随时守其谨慎之德，而作始尤甚"。这样，事业才能成功。"彼轻心以掉者，皆不崇朝而败者也。"（5）谦虚。"满招损，谦受益"，此乃"天地之常经"的格言，从事社会事业必心守谦虚之德。大海非一水，大山非一石，凡有可以玉之于成者，就应该欢迎批评，无论其为毁为誉，"皆漫然以应之"。若不愿闻耳之言，逢人自伐其功，是"无由以进"的。（6）服从。就是"本于敬爱之心，以服从其应服从之事，如交际则服从其友人之规则；结社则服从多数人之意思是也"。即是说，当个人的意见与多数人意见相抵牾时，应牺牲个人意见。"此居群之道，不得不尔也。"（7）礼貌。"礼貌者，即自相约束之表现也。"在社会交往和公共事业中，"非礼貌无以节约欲感通达情意"。因此，发一言，行一事，遇有持异者，应用商榷之语言，否则，"易生误会，致恶果，可见礼貌之不可不讲也"。（8）利他。投身社会事业的人，一定要切实为此事业负责，即把自己当作"事业之主人翁也"。有志为社会服务者，"心目中只知有事业，不知有地位"。如果没有这样的一批志士，中国社会事业的发展是不可能的。文章最后说："今苟悟救国不可不恃社会事业，为社会事业不可不恃社会性，则必于此八者加之意，力反以前行为，庶几犹有望也。"[18]

陈时校长就是受教育救国思想影响而创办中华大学的。这时，他极力提倡佣读主义，其代表作《我之佣读主义》，鼓吹半工半读，认为其优点有五："一可以养成学生独立之性质，发达其独立营生之心思。二可以养成学生生活之技能，使之与职业社会相接近。三可以使学生知物力艰难，以养成其勤俭之习惯。四可以使学生知学业与生活之关系，以养成其务实之性能。五可以使贫苦子弟，皆易于就学，既利于教育普及制之施行，又可以扫除教育上不平等之积弊。"[19]

恽代英主编《光华学报》时，大学还未毕业。陈时校长打破陈规戒律，不论资排辈，敢于重用有才华的青年，实属有胆识有气魄。这在中国近现代报刊史上是史无前例的。

"伺候国家，伺候社会"

随着新文化运动的深入发展，在神州大地，一批进步的爱国社团如雨后春笋破土而出。中国的先进知识分子通过组织社团形式，掀起了追求真理，拯救祖国的热潮。

早在1917年初，恽代英就曾同几位好友组织了"我们的俱乐部"小团体，以"巩固交谊共同行乐为宗旨"。他们开展下棋、猜谜、旅行等活动，规定了不占便宜、不赌博、不嗜酒、不骂人、不欺骗人等戒约。接着他又发起组织了"步行会"。这两个小组织偏重娱乐、体育锻炼和道德修养，而不带有任何政治色彩。这是他组织团体的初次尝试。

目睹内忧外患、人民水深火热的祖国，恽代英痛心疾首。而莘莘学子中，有的消沉悲观，有的颓废堕落，有的因家室妻儿所累，不得不苟且偷生。这些就像火一样炙烤着他的心。恽代英思考着：怎样才能唤起同学少年爱国之心，肩负起救国的重任呢？

这年暑假，恽代英和同学梁绍文应武昌青年会的邀请，赴庐山牯岭参加夏令学生会。他看到青年会"办事的活泼，立言的诚挚，律己的纯洁，助人的恒一"，极受启发，决定仿效青年会的一些好办法（除了宗教的内容外）移植到学校里来，组织发起一个"修养且为社会服务的团体"，初定名为"好学生社"。这一想法获得许多同学支持,但几次开会商议,由于各人组织团体的目的不同,所以在制订正式规约时,就"龂龂争执于文字细节"而无法通过。

"怎么办?"恽代英陷入苦闷之中,10月8日,梁绍文提醒他:"大团体不易成立,何不先就志同道合的同志组织小团体!"恽代英顿开茅塞。当天晚上,他和梁绍文、冼震和黄负生,聚首冼震家,决定成立一个小团体,取他们所崇拜的克鲁泡特金的名著《互助论》中"互助"两字,定名为互助社,并当场通过了恽代英起草的简章。简章如下:

一、本社以群策群力自助助人为宗旨,名曰互助社。

二、社员每日开会一次,时间以半小时为限(后多实以一小时为限),遇事多,时间不足,得公决延长之。

三、每次开会首静坐,数息百次(后多改为静坐五分钟),继续前会记录,继每人报告一日经过,并讨论一切事毕,诵《互励文》散会。

四、每会将所议事记录之。

五、自助方面,戒约如下:不谈人过失,不失信,不恶待人,不作无益事,不浪费,不轻狂,不染恶嗜好,不骄矜。

六、助人分两种:一为公共议决的,一为个人临时的。临时助人的事,可于开会时报告之,以便讨论或传播其方法。[20]

恽代英在互助社很强调个人品格的修养。他认为,品德不好,有学识也于社会没有好处,甚至学识反而成了作恶的工具。早在1915年,他在《文明与道德》一文中就探讨了文明与道德的关系，认为道德的进化和退化，是与文明相联系的，并且与善势力和恶势力是息息相关的。"以天下为善之人多而为恶之人少，而道德进化之处多，退化之处少。使天下为恶之人多，为善之人少，则道德退化之处多，进化之处少。"因此，他呼吁："吾望有志之士，善用其由文明进化所得之智力，群出于善之一途，使道德有进化无退化，以早促黄金世界之实现也。"[21]并提出了"夫智仁勇三者，一贯之德也，研究以广其智，实行以增其勇，于以求仁"的道德标准，制定了戒约八则。社友们每天开会，自我反省，检查自己是否做到不嫖、不赌、不吸烟、不饮酒、不谎言、不夹带（考试）等。他以身作则，对自己的言行一日三省，并记上分，有不好的行为还自动罚款。

有一回过江时，收票人忘记收船票，恽代英自动交出船票。他在日记里写道："颇有喜未欲心。"互助社成员经常开展批评和自我反省。使"身心受益匪浅"。有一次，黄负生批评他"与人言好涉谐谑"。他虚心接受，称黄负生的批评是"药石之言"。[22]

在互助社内，由于他"以自己真人格示之"，"以赤心血诚之语言感化之"，"以大公无我恒久不懈之精神灌注之"，因而获得了社友们的敬仰。

恽代英和社友们互相激励，互相观摩，"敦品励学，改造环境"，使精神振作，志气风发。他们经常讨论改良社会和为社会服务的问题，主张"本牺牲精神，尽天赋之本能，合群策群力拒社会之恶，倡社会之善"。"凡可进民德，益民智，强民力"之事，如通俗讲演团、通俗学校、通俗图书馆、公共游戏场、兴办公共卫生、修筑道路桥梁、贫民乞丐处理、赈济事业等方面，都是他们服务的范围。

恽代英还经常利用假期带领着社友们登蛇山、游黄鹤楼、青山、谌家矶等地，或步行或登山或荡舟，沉浸于旖旎的湖光山色之中。社友们面对祖国大好河山，"茗谈"国事，抒发振兴中华的豪情壮志，既锻炼了体魄，又陶冶了精神。

互助社是一个学习和宣传新思想的团体。1918年6月6日，他们在中华大学门口办起了启智图书室，使许多青年学生能在此借阅宣传新思潮的刊物。恽代英将自己的藏书和订购的期刊都捐献出来。在他的影响下，其他社员也竞相效仿。该图书室使青年学生能够知道世界最近政潮和思潮大概。在启智图书室的基础上，恽代英又发起组织了书报代售部，向武汉地区广大青年推销进步书刊。《新潮》《新青年》等刊物都曾托恽代英代售。

互助社又是一个具有强烈爱国主义的团体。他们每次开会诵读的《互励文》说：

"我平心静气，代表我们大家说，以我们的良心做见证。我们今天来，报告了、商量了一切事情。我们所说的，都是出于我们的真心。我们都晓得：今天我们的国家，是在极危险的时候，我们是世界上最羞辱的国民。我们立一个决心，当尽我们所能尽的力量，做我们所应做的事情。我们不应该懒惰，不应该虚假，不应该不培养自己的人格，不应该不帮助我们的朋友，不应该忘记伺候国家、伺候社会。我们晓得：我们不是没有能力，国家的事情不是没有希望。我们散会以后，在明天聚会以前，还盼望都有个有价值的报告，因为我们从这以后，是实行的时候了。"[23]

他们为国家为社会做些力所能及的事情。1918年5月，日本帝国主义以与段祺瑞政府签订的《中日陆军共同防敌军事协定》为根据，出兵我国东北、蹂躏东北人民，我国留日学生和全国青年掀起了反对日本帝国主义，谴责北洋政府卖国行径的爱国浪潮。

互助社的社员，立即行动起来。他们向师生募捐谋印国货调查录，爱国师生踊跃捐款，恽代英在五月二十日的日记中写道："捐款如雨而至，可见人心未死。"他们和湖北第一师范、外国语学校等学校学生一道，上街调查国货、编写武汉国货调查录和提倡用国货的传单，和社友们自己动手连夜油印，在武汉三镇广为散发。6月13日，恽代英写了《武汉国货调查录白话序》，17日抱病写了《力行救国论》，爱国之情溢于言表。

他们身体力行，提倡国货。当时国货难卖，不美观，价格贵，质量差，但他们为了国家，愿"忍受此等痛苦"，穿棉布、夏布、葛布衣，用木、铜脸盆洗脸、洗身。买一瓶墨水，一个篮球，他们都要看看是不是中国货。散发爱国传单也不忘记在纸上注明"这是中国纸"。他们不用外国的剪发工具剪发，一律剃光头，名曰："爱国头"，以示爱国决心。暑假来临，恽代英鼓励同学们回乡时，向农民介绍帝国主义列强侵凌我国的实况，殖民地国家的亡国惨状，唤起农民对列强的仇恨。这些活动都凝聚着中国人民心中的怒火，这个怒火终有一天要像火山一样猛烈地爆发出来。

互助社在师生中有很大的影响，吸引了许多追求真理的青年。成立不到10天，林育南、沈光耀参加，年底就发展到5组19人。

互助社的成立，在武汉各学校中引起了较大的反响。一个月后，武昌外国语学校和湖北省立第一师范学校的3个学生慕名前来参观。返校后，他们在武昌外国语学校发起了学生团，成为互助社的"良友"。次年春，该校学生廖焕星又在学校发起了端风团。

形势的发展使恽代英感到各校小团体有必要发展交际，打破学校界限，组成大团体。他和余家菊、廖焕星、黄负生等商议，于1918年4月27日晚在青年会成立了由中华大学、湖北省立第一师范、武昌外国语学校、青年会等单位14个进步青年组成的仁社。仁社的成立，使互助社和其他学校的进步团体联系更加紧密，促进了武汉地区进步团体的蓬勃发展。辅仁社、为我社等团体也相继诞生，推动了武汉地区的新文化运动。

互助社是恽代英将革命抱负付诸革命行动的第一步。千里之行始于足下，第一步是可贵的，恽代英怀着积极向上的决心，和林育南等先进青年，在时代的激流中搏浪，继续前进。

··· 注释 ···

01　杨恽：《报孙会宗书》，见《古文观止》。
02　《恽代英全集》第三卷，人民出版社，2014年版，第167页。
03　《恽代英全集》第一卷，人民出版社，2014年版，第366–367页。
04　《恽代英全集》第一卷，人民出版社，2014年版，第369页。
05　《恽代英全集》第一卷，人民出版社，2014年版，第2页。
06　《恽代英全集》第一卷，人民出版社，2014年版，第3页。
07　《恽代英全集》第一卷，人民出版社，2014年版，第5页。
08　《恽代英全集》第一卷，人民出版社，2014年版，第529页。
09　《恽代英全集》第一卷，人民出版社，2014年版，第620页。
10　《恽代英全集》第一卷，人民出版社，2014年版，第420页。
11　《恽代英全集》第一卷，人民出版社，2014年版，第135–136页。
12　《恽代英全集》第一卷，人民出版社，2014年版，第492页。
13　《恽代英全集》第一卷，人民出版社，2014年版，第12页。
14　《恽代英全集》第一卷，人民出版社，2014年版，第281页。
15　《林育南文集》，人民出版社，2014年版，第6页。
16　《林育南文集》，人民出版社，2014年版，第4页。
17　《恽代英全集》第一卷，人民出版社，2014年版，第40页。

18 《恽代英全集》第一卷,人民出版社,2014年版,第105页。
19 陈时:《我之佣读主义》,载《光华学报》第一年第三期,1916年3月7日。
20 《恽代英全集》第二卷,人民出版社,2014年版,第113–114页。
21 《恽代英全集》第一卷,人民出版社,2014年版,第31页。
22 《恽代英全集》第一卷,人民出版社,2014年版,第568页。
23 《恽代英全集》第二卷,人民出版社,2014年版,第119页。

第二章

领导五四运动

改革中学教育

1918年7月，恽代英于中华大学哲学门毕业。对于自己的工作去向，他是早有谋划的。他曾遐想过去美国留学，也曾计划到南京或上海找一份月薪优厚的工作，还准备自设英文私塾……

陈时校长是器重恽代英的，像恽代英这样才华横溢、能为中华大学撑门面的优秀青年，他更是求贤若渴。

早在1917年7月15日，陈时校长就放言：待恽代英毕业时，将聘请他为中学部教务主任（相当校长），冼伯言为中学部学监。恽代英知悉后在当天的日记中写道："为教务主任尤不易。校舍不整齐，欲整顿学生难。教师不称职，欲整顿教师难。经费不充足，欲为一切之进行难。以余意言，如有经费，校舍又重经建造，教师则任余与叔澄师商议裁撤，而择其良者，聘为专任，则校务或可发达。然此三者皆难办到之事。吾固无志居此，如不能他去，吾亦宁任专科教员，庶不致以无成绩为人笑也。"[01]

可见，恽代英其时无意毕业后留母校工作。

转眼就到了毕业季了。

1918年5月21日，陈时校长找恽代英谈话，又一次征询他对学校将来发展的意见。类似这样的谈话主题，陈时校长已谈过多次了。他的目的，就是希望恽代英能表个态度，毕业后能留在母校。

恽代英坦率地对陈时校长说："我认为学校的积极精神太少，常失信于学生。主要原因是不称职的教师聘任多了，挤占了称职教师的教学钟点数（其时一般学校都是按教学钟点数给教师发工资的），这就影响了教师的工作积极性，他们对学生也不负责，不爱学生了。"

陈时校长对恽代英的意见深表赞同，认为他指出了学校症结之所在，连连点头。他接着问恽代英："毕业后可在母校办教育否？"恽代英基于中华大学办学经费困难，当时也没有明确表态，但陈时校长的话还是激起了恽代英思想的涟漪。一方面，母校培养了他，5年来，母校许多好教师，如教中国佛学史的刘子通先生、教国文的李源衡先生等，都对他的学习悉心指导和帮助，师恩难忘。他也十分感谢陈时校长对他的信任，将主编中华大学《光华学报》的重担委任于他，为他提供了从事学术研究、展露才华的平台，现在又要聘请他为中学部教务主任，也是有恩的。还有他互助社的许多好朋友，如林育南、萧鸿举、郑兴焕、魏以新、郑南宣等以及他的内弟沈光耀，他们都积极向上，下学期就要升入高三学习。这正是人生所处最关键的时期。他内心舍不得离开这些好朋友。如果自己能为母校服务，有条件帮助自己的朋友顺利毕业，将来都能谋上一个好的前程。想到这些，他便在5月27日的日记中写道："如果有机会可服务母校，当以养成学业一贯之人才为宗旨，将使此校为中国有名之大学，亦即因势成事之意也。"[02]这表明毕业后留母校服务已成为恽代英的选项了。陈时校长又亲自或者托人找恽代英谈，诚心表达聘请他为中学部主任。恽代英终于被陈时校长所感动，同意留下来为母校服务。

8月2日12时，中华大学举行首届毕业生典礼。共有文科中国哲学门、法科经济学门、商科交通学门3个专业的37名学生毕业。

傍晚，陈时校长与中华大学学监李式金（李汉西）召集恽代英、冼伯言、余家菊开校务会议。他们3人很激动，下午4时就来到了学校，等待陈时校长。陈时校长到后，开诚布公，正式聘恽代英为中华大学中学部主任、余家菊为中学部学监、冼伯言为中学部教师。受聘仪式毕，接着讨论中华大学校务改革，至晚上11时。恽代英当即在日记中写道：

> 四点至校，待叔澄师直至傍晚……竟夕讨论。教务改革的大规模已定，大约弊去太甚，先求此校及同学不至失望，其余课业外，亦多改革计划，则随时进行。大抵现所最注意为信赏必罚，以恢复威信。通学生方面情意，以引起爱校心。余则以小心虚心待同事，以实力爱力待同学，以不求急、不专信、理想改良于不知觉间为改革之标准，而望三五年间全然改观。

写罢日记，恽代英"热潮涌起"，因"职业定，心亦安矣"[03]并将留校任教情形，写禀及明信片告诉父亲、子强弟及李飞生等朋友。

恽代英受聘任中华大学中学部主任后，立即大刀阔斧地进行教育改革。

恽代英改革的第一招，就是选聘优秀教师。

恽代英认为，教育目的主要包括两个方面的内容：一是"在利导人类可教育的本能……以达到增进人类幸福、个人身心壮健之目的"；二是"在利导人类可陶冶的本能，使各种本能合当发达，社会由之改进"。[04]前者规定了受教育者的身心发展的目标，后者指出这个目标是为了改造社会。他主张学校要为社会培养人才，特别是要培养为社会造福、为民众谋利、振兴国家的"刚锐"少年。

为了达到这个目的，恽代英首先强调应对学生进行道德品性的教育。他要求为人师表的教师必须有好的品格和真学问。"做教师的人，应该把真品行真学问教学生敬、爱、信、化。"[05]因此，他将学生强烈反映的道德品质低劣、业务能力低下的混"钟点课"的"咚哄"先生一律清退，聘请品质好、有真才实学的先生来校任教。

恽代英率先垂范，言传身教，经常通过训话、自修会、修身课，对学生进行新道德的教育。爱国主义的教育是新道德教育的一个重要内容。他经常用近80年中华民族屡遭列强侵略的惨痛史和朝鲜亡国史来激励学生的爱国主义情感。要求学生关心国事，热心救国。

恽代英认为，新道德的动力是信、爱、智，而其中智对新道德有很大的影响，是新道德进退的"真象"。因此，他十分注重智育的教育。智育主要包括两方面的内容：（一）学生应有广博的知识，不仅要有丰富的普通文化科学知识，还要掌握一些生产的知识技能。（二）学生所学到的知识，必须是比较完全的而不是片面的；知识不仅要从书本中学，还要从实践中学。他说，中国2000年来学校培养出的只从书本上学，只知纸上写的知识的白面书生，实"为无用的代名词"。所以，他特别强调知识要能为社会服务才是真知识，鼓励学生到社会中学习独立做事的本领。"做事的本领，唯有从做事上学。现在预备做事的人，却只知读书，这完全不是正当的预备……所以，学问不活动不得用，品格不活动亦靠不住。"[06]

恽代英改革的第二招，就是改革教材和教学方法。在他看来，当时中国教育界真是千疮百孔，教育制度有许多谬误，教科书有许多的劣点。教材和教学方法，不是沿袭封建蒙馆的一套，就是抄袭日本、西欧的一套，其中有许多是不适合中国国情的，也赶不上时代发展的需要。于是，恽代英决定自编教材，充斥四书五经的国文教材废而不用，向学生讲授《新青年》《新潮》等报刊上的文章，并铅印发给学生，使学生知道世界发展的潮流和方向。当时中国的一般中学，重文轻理，自然科学教材很少，文字陈旧生硬，读之乏味。恽代英上任后，选用适当的英文名著原本教材，"如温德华氏的《几何学》，密尔根·盖尔的《物理学》，麦费生、罕得生的《化学》等"[07]，从而提高了学生学习的积极性。针对有的学生学习英文比较困难的情况，恽代英还特设了英文补习班，并亲自对学生进行辅导。

在教学方法上，恽代英主张启发式教学，并在教授英文、国文中大胆探索。上课前先让学生预习，然后开讲。课堂上自始至终地贯穿提问，并从课堂全局出发，使成绩好的学生"有所用心"，又使学习较差的学生"亦赶得上"。实践结果表明，采用启发式教学对教师来讲虽然麻烦一些，但"于学生益处太多了"，比注入式教学的效果要"强十倍"。他尤其重视学生的口头表达能力，提倡举行各种演讲会。演讲的题目先由会议主持者拟定，在老师的指导下，同学们做好充分准备，然后轮流演讲。在这种环境下，中学部有许多学生善辞令，所以五四运动时，中华大学组织上街的演说队最多，鼓动性很强，这与恽代英平时的提倡和教育有密切的关系。

恽代英还十分重视体育和美育的教育，曾写了《学校体育之研究》《与黄胜白先生论中学体育》等文。他提倡学生练八段锦、做课间操、踢毽子、打球和开展各种文艺活动。他经常和学生郊游、练八段锦、打乒乓球，参加各项活动。1919年3月24日，他在日记中记载了这样一件事："第一次学足球，不能跑跳自由，但吾颇立志欲学之，既以活泼身体，亦自然提倡同学运动精神。打网球略有长进。"有时他也参加文艺演出。有一次，他在一台戏中扮演一个农民，剧情揭示了农民受到地主和官僚欺凌的悲惨遭遇。这种揭露社会丑恶，唤醒人民大众的戏剧，既活跃了学校的文艺生活，又起到了宣传教育的作用，开了武汉学界演文明戏的先河。他还在学生中组织美术会，并亲自制定简章，聘请三位美术、音乐老师为指导员。会员成绩优秀者，将其作品陈列在成绩室，并由学校发奖状，以资鼓励。

恽代英改革的第三招，就是严格管理制度。他深入调查研究，征求师生意见，制定了一系列规章制度，严格按章行事，任何人不得违犯。

例如新生入学，必须经过考试，"择优录取"。

可是，1919年3月新生入学，就有人企图破坏这个制度。

那是3月2日，新生考试刚结束，恽代英正在阅新生英文试卷。这时，中华大学部校监李式金来到恽代英的办公桌前，拿来一张纸条，上面写着三个学生的名单，要求恽代英"予以照顾"。

李式金曾是恽代英的老师，他是知道恽代英定了这项考试制度的，现在却给恽代英出了这么一道难题。他把纸条子放在恽代英的办公桌上，转身便离开了。他的意思很清楚："你看着办吧。"同事们这时也用疑惑的目光看着恽代英："李式金是陈时校长的同乡、红人，你能顶得住吗？"

恽代英是个办事特别认真的人，在这前一个星期，就有人通过恽代英的堂叔，也就是恽全甫，想通过他"通融"恽代英，让自己的子弟免试入学。恽代英的堂叔也算是个有面子的人，时为湖北省财政厅的一名科长，还曾就任过财政部的税务局局长。当堂叔将这件事告诉恽代英时，恽代英诚恳地说，我办理中华大学中学部仅仅半年，半年来大力整顿，改革前弊，才赢得了社会的好评，报考的学生也多了起来。"人皆因我办学甚严，因欲使其子弟来学。独至入学试验，则欲我等宽。若果从宽，则办理不严矣！又何必使其子弟来乎？"[08]

堂叔见恽代英说得在理，就没再说什么了。

同事们的目光这时都投向了恽代英。恽代英笑着说："等试卷阅完后再定吧，'择优录取'制度是大家讨论后立的，这个规矩是不能破坏的。"

入学考试成绩出来了，恽代英决定只录取其中一名合格的同学。涂允檀先生，也就是恽代英日记中的"瞻叔"，担心这样做"失和气"，影响他和陈时校长及李式金老师的关系，劝说恽代英能顾全他俩的面子，不要太较真，遭到恽代英的婉言拒绝。恽代英在3日的日记中写道：

> 为考录新生，与扦西师意见果然差池。我早料有此也。瞻叔唯恐决裂，劝我稍牺牲。我固宣言，南山可移，此案不可动矣……我明知即此言仍有愧于心，永不能涤除，亦姑让此一步。若在今日或他日，再有此类任何一事，我只有谢过辞职一法。[09]

恽代英严格按章办事，一时传为美谈，人们称赞他为"铁面孔""铁肩臂"。正是由于他严格管理，敢于担当，照章办事，一丝不苟，仅一年多时间，使中华大学中学部校风大变，教学质量一跃成为全市佼佼者，武汉三镇学生家长，都争先恐后，愿意将子女送到该校来学习。

视同学如弟兄

恽代英毕业后任中华大学中学部主任，互助社的社员们都特别高兴。之前，互助社社员亲密无间，打招呼不用称姓，直呼其名。尽管恽代英的年龄较长，但社员们还是亲昵地喊他"代英"。恽代英上任后，为了支持他的工作，林育南、萧鸿举等升入高三的这批社员不约而同地改变了过去的习惯，不再直接喊他"代英"，而改称"恽老师""恽主任"或"恽校长"了。

恽代英听后，心里很不是滋味。他心想，这不是人为地将自己和社员们隔开了吗？于是，他立即召开互助社会议，坦诚地对社员们说："我的地位虽然变了，但我们之间的关系一点也没有变，我还是互助社的社员，社员和社员之间都是平等的，你们过去怎样称呼我，现在还是怎么称呼我。我们还是亲弟兄。我知道你们是为了尊重我，支持我的工作。但是你们是

*

本照片于1918年6月18日摄于武昌显真楼。前排从左至右为汤济川、杨理恒、恽代英、林育南、萧鸿举、刘仁静；后排从左至右为郑兴焕、郑遵芳、沈光耀、魏以新

知道的，我一贯反对盲目的师道尊严。一般为师的，不自知他的地位，总觉得他是比学生高一等的人。一般为学生的，也不知教师的位置，时时觉得他是比教师低一等的人。这种高于'人'或低于'人'的观念，是平民主义的大敌。我真诚地盼望你们，一定不要用尊师的道理待我。我们还是亲兄弟。"

林育南说："那好吧，我们在互助社内直呼你'代英'，但在公开的场面上就喊'恽老师'，这该可以吧！"

萧鸿举赞成林育南的意见："要得，这叫内外有别。尊师的道理也不能全废了，否则，学校秩序不易维持。"

恽代英说："学校的秩序当然是应该维持的，守秩序、守规则是学生应有的品格，但这种品格，不是由尊师而生成的，靠的是学生的自觉和自律。"

恽代英更加严格要求自己了，每天晚上照样参加互助社会议，向社员报告自己当日自助助人的经过和故事。他把自己的日记公开，有时实在太忙了，不能参加互助社会议，就请社员们看他的日记。社员们看了他的日记，都发自肺腑地说："我们今天又见到代英了！"

中华大学书报代售部的建立，开阔了互助社社员的视野。林育南、胡业裕、魏以新、汤济川四位同学常在这里如饥似渴地阅读各种新杂志，《新青年》成了他们的最爱，几乎一日不可无。陈独秀、李大钊、鲁迅、胡适等思想界明星们的文章，像曙光照亮了他们的心扉，使他们的思想迸发出闪电般的火花。

林育南心想，在这旧世界变为新世界的过渡时代，我辈当代青年，应该勇猛精进，敢于表达自己的思想，去迎接世界最新的潮流。"能不能在武汉，也试办一个像《新青年》一样的刊物呢？"一个大胆的想法突然从大脑里闪现出来。他越想越觉得这是一件很有意义的事，于是便和胡业裕、魏以新、汤济川商量，征求他们的意见。三个好友一致赞同林育南的意见。

他们说干就干，自己写稿、编稿，在1919年2月就编出了第一期，刊名定为《新声》，即发出新世界新青年的声音的意思。

"还是去请示一下代英吧！"林育南说，"我们的文字，内容还比较浅薄，思想也很稚嫩，请代英把把关吧！"

三人一致同意林育南的意见。

这是星期六的一个傍晚，他们四人一起来到恽代英的家里，向恽代英汇报了准备办《新声》的事。

恽代英听后大加赞赏："好哇，祝贺你们又做了一件自助助人的事业！"

林育南说："可是，我们的能力有限得很，还需你多多指导。"

"能力是在干中锻炼出来的，大家一起努力干吧！"恽代英鼓励他们说，"才干不是从天上掉下来的，只有从干中才能增长才干。"

他接着问道："稿件准备好了吗？"

"准备好了！"林育南一边回答，一边从用家乡大布缝制的米黄色书包中取出一摞文稿，恭恭敬敬地递到恽代英的手中。

恽代英接过文稿说："好，我马上看。明天晚上互助社聚会时一起交流。"

恽代英怀着兴奋和喜悦的心情连夜审阅了《新声》第1期的文稿，他充分肯定新声社学习《新青年》《新潮》从事新文化研究的精神，在第二天的互助社会议上说："《新声》的文稿，虽然内容实在浅显得很，但却是武昌第一个新文化出版物，或者也是全国响应北大新思潮的先驱者。你们做了这么好一件自助助人的事业，真是了不起呢！"

林育南、胡业裕、魏以新、汤济川听了恽代英的话，一个个脸上都露出了微笑。

恽代英接着说："当然，文稿中也有一些值得注意的地方。譬如我一直认为，文章本身的价值，在于如何启发朋友思想上进。这就靠讲道理。如果道理讲得不透，用一些过激的语言，提出过高的标准，只求超人骇俗，就会使受众反感，拒绝不看，我们的努力就达不到好的目的。"

林育南说："我们总得坚持真理，旗帜鲜明才是！"

"坚持真理、旗帜鲜明当然是应该的，但这不等于空喊打倒了事。"恽代英说，"以孔子学说为例，孔子之学说，自然不尽可信，但也不能一概抹煞，例如《礼运》《大同》等章，何曾不好？一个人必定要争孔子是大圣，没有一句错的。一个人必定要争孔子是大愚，没有一句不错的。若不是为孔子，是为世界人，我看这都错了。所以，以后行文，一定要力戒偏激。"

恽代英说罢，将文稿退还林育南："每篇文章我都看了，并作了适当的修补，还写了几句祝词，以表达我对《新声》出版的祝贺！"

林育南接过文稿，并大声地念着恽代英写的《祝词》：

> 我以满腔的快乐，欢迎我们一般少年同志，用他们自己的能力，又建造了一种自助助人的好机关。新时代的曙光到了，看我们未来世界新主人翁，已开始做他建造未来世界的事业。我敬祝他们能力不灭，而且企候未起来的少年，亦起来与他们一起做工。[10]

"太好了！谢谢代英！"林育南、胡业裕、魏以新、汤济川异口同声表示感谢。

在恽代英的支持下,《新声》半月刊于 3 月 1 日正式出版。一石激起千层浪。《新声》一出版,便在武汉引起强烈反响。包括校长陈时在内的许多师生表示支持。但却遭到两湖书院一些学究们的恶毒攻击。他们骂林育南等乳臭未干,"出辞荒谬狂悖绝伦"。

林育南、胡业裕、魏以新、汤济川为了《新声》这个刊物,挨了许多的骂。"但是即便这样,却越发助成他们成了新文化的研究者,亦助成所有互助社乃至别的会社的社员都有些趋向于新文化旗帜下面。"恽代英如是评价说。

林育南无比激动,异常兴奋。他怀着崇敬的心情,代表新声社投书他们心仪已久的《新青年》编辑部,并邮去几份《新声》创刊号,请求诸位先生指导。正在编辑《新青年》6 卷 3 号的胡适,收到林育南的信和《新声》半月刊后,当即将林育南致《新青年》编辑部的信刊登在该期《新青年》上,同时还给林育南写了回信,热情鼓励林育南等青年:"诸君有如此之才气,有如此之笔仗,甚望努力勿为正轨之文;甚望勿畏'出辞荒谬狂悖绝伦'的批评;甚望时时以这八个大字自豪!"[11] 这就更加激发了林育南等青年在武汉从事新文化运动的信心和勇气。

其时,留法勤工俭学在国内涌动起来。早在 1912 年初李石曾、吴稚晖等人就曾在北京组织了"留法勤学会",得到了教育总长蔡元培的支持。1917 年,在北京成立了"华法教育会"和"留法勤工俭学会"。这是经办全国赴法勤工俭学的总机关。1919 年 3 月 11 日,第一批勤工俭学的学生从上海乘日本邮轮赴法。随后,不断有青年学生远涉重洋,走上了勤工俭学的道路。

互助社的社员林育南、萧鸿举都有赴法勤工俭学的意愿,他俩都找恽代英,或咨询意见,或寻求帮助。

林育南家庭比较富有,父亲在汉口黄陂街回龙寺 13 号开设了林协兴色布行，为黄冈农民代售布匹，生意不错。他又是林家的独子，生母在他出生13天便病逝在月子里。林育南的继母华氏无嗣，爱他如亲生一般。受新文化运动的影响，林育南的心愿是高中毕业后，不依靠家庭，靠自己的能力去求学。所以，当他看到蔡元培、吴玉章组织学生赴法勤工俭学时，也动心了，想到法国去半工半读。

他把自己的想法告诉恽代英。恽代英说："这件事，我从报纸上也看到了。中国现实，的确需要一边自己学习，一边为国家做事的人。赴法勤工俭学是件好事。但是你一定要征得你父亲的同意，不能让老人失望。不过我认为，你还是留在国内上大学为好。"林育南认为恽代英说得在理，回家向父亲报告了自己的想法。父亲不忍爱子背井离乡去受苦，未能同意。林育南便放弃了这个念头。

萧鸿举则不同，家境贫寒，他的理科成绩好，想高中毕业后继续深造，因此，赴法勤工俭学的意愿强烈。但赴法所需经费无法筹出。他见留法勤工俭学会有借款章程，需要切实保人，5月6日，他找恽代英寻求帮助。

恽代英听了萧鸿举的陈述后，深表同情与支持。他当即拿起笔，给北京大学的胡适先生写信：

适之先生：

久已仰慕，想与先生通信……

萧鸿举君，原亦是互助社的一分子。因为家中贫寒，怕不免中途废学，因闻留法俭学会招直接出法工读的学生，他想这是他唯一求学的途径。但要费用三四百元，仍是无法筹得出。他看见留法俭学会有借款章程，但是要切实保人。代英实在信得萧君志向坚定，品行可靠，愿意代他做保。代英生平不轻与人做保,但究不知俭学会能信得过代英否?所以写信先生,想先生把这意思转达俭学会。寒士求学之苦,教育不平等之苦,我们救得一分便是一分。而且萧君是有志之士,于数学尤有天分,能自作公式多种,中学生如此,不易得也。所以切望先生不辞一臂力,有以助之。

恽代英上 [12]

然而,信发出后,尚未收到胡适回信。萧鸿举"连日探讨消息,有如狂痴"。于是,恽代英于19日再致胡适先生信:

适之先生:
  明知先生此时必忙碌异常,但萧鸿举君求学情殷,连日探询消息,有如狂痴,不能不恳先生拨冗向俭学会一询问。该会借款法,载在章程上,大约只重在担保一层。代英愿为萧君完全担保。再请先生为代英向俭学会作一恳挚的转达。并望速赐答复为盼。
  ……

恽代英上 [13]

囿于各种原因,萧鸿举赴法勤工俭学的美好梦想还是未能实现,但恽代英对他的关爱却温暖了他的心。

勿忘国耻

恽代英在中华大学任教期间最壮丽的一幕,就是领导了湖北武汉的五四运动。

1919年4月，英、美、法等帝国主义在巴黎和会上，竟压迫中国政府将战败国德国侵占的山东权益转让给日本。消息传到国内，一场惊天动地的反对帝国主义、反对封建主义的革命风暴爆发了。

5月4日，北京大学3000余名学生首先冲上街头，举行了声势浩大的示威游行。5月6日，《汉口新闻报》在武汉地区首先报道了这一消息。"全鄂学界愈形愤激"。在恽代英林育南等领导下，湖北武汉五四运动兴起来了！这一天，恽代英怀着悲愤的心情，奋笔疾书了《四年五月七日之事》的爱国传单，和林育南连夜赶印了600份。

翌日清晨，阳光洒满了武汉三镇。这天因是国耻纪念日，"各机关各学校均放假一天，以示不忘"。中华大学为"鼓励尚武精神""振扬国雄"而举行运动会。恽代英携带传单从家里朝学校走去，发现市面上充满紧张的气氛，到处布满了岗哨。到学校后才知道，原来湖北督军王占元被北京爱国学生的革命行动吓破了胆，奉北洋政府密令，下达了"临时戒严令"。

恽代英在去运动场的途中，被互助社社员魏以新叫住。魏将黄绍谷的信给他看。黄绍谷、宇晓峰，原是中华大学中学部二班学生、仁社成员，1918年考入北京大学，与恽代英一直保持通信联系。读着这封"叙京校学生示威及各界骚动事"的信，恽代英热泪夺眶而出。他忧思国难的灼热的心，与天安门广场上爱国学生的心紧紧联系在了一起。读完信后，恽代英立即请林育南将这封信贴在中华大学门前的"揭示栏"上，以激发全校师生的爱国主义精神。然后大步走向运动场，将传单抛向空中。

*
五四运动

无数张传单在运动场上空飞舞,师生们争相传诵:

有血性的黄帝的子孙,你不应该忘记四年五月七日之事。

现在又是五月七日了。

那在四十八点钟内,强迫我承认二十一条协约的日本人,现在只在欧洲和会里,强夺我们的青岛,强夺我们的山东,要我们四万万人的"中华民国"做他的奴隶牛马。

你若是个人,你还要把金钱供给他们,把盗贼认做你的父母吗?

我亲爱的父老兄弟们,我总信你不至于无人性到这一步田地。[14]

传单像炽烈的火焰,立即在爱国师生的胸中燃烧起来。他们群情激奋,振臂高呼:

"勿忘国耻!"

"还我青岛!"

"打倒卖国贼!"

愤怒的口号声,如滚滚的春雷,激荡在长江两岸,滚动于汉水之滨。一场大规模的反帝爱国运动在荆楚大地展开了。

这时,来中华大学观看运动会的武昌启黄中学陈学渭和勺庭中学2名同学见到了恽代英。陈学渭与林育南同为湖北黄冈人,曾参观过互助社的会议,回到学校后组织了类似互助社性质的革命团体仁社。他问恽代英:"我们青年怎样才能做到爱国?"

恽代英回答说,须"舍得"才能救国。"舍得金钱能力,自然不自私了;舍得精神时光,自然不懒惰了。越王勾践卧薪尝胆,我们忍受得这几分之几的痛苦。"

恽代英的话说到了陈学渭的心坎里,他很满意,对恽代英说:"我晓得应该怎样做的。"

从这一天起,恽代英将全部心血倾注在伟大的五四运动中。9日,在他的指导下,武昌各校学生代表齐集中华大学,商讨如何声援北京爱国学生,决定成立武昌学生团,并代表武汉学界向北京学界发表声援电,与会代表还公推恽代英起草《武昌学生团宣言书》。

恽代英承命后,连夜一气呵成4000字的《武昌学生团宣言书》,热情地赞扬了北京学生的爱国主义精神,揭露了日本帝国主义灭亡中国的野心和英、美、法、意等列强在巴黎和会上所谓主持"公道"的伪装，批驳了埋头读书、不问国事的错误主张，号召全国各界特别是青年学生团结起来，誓为力争青岛，挽回山东主权而斗争。

5月10日，中华大学和武昌高等师范学校，湖北省立第一师范等15所大中学校代表在中华大学举行茶话会。会议一致决定与北京爱国学生采取一致行动，外争国权，内惩国贼，不达目的，誓不罢休。全体代表请恽代英代拟致北洋军阀政府大总统等各机关的电稿。

5月12日，中华大学等15所学校代表召开联合大会，正式成立武昌学生团。大会通过了由恽代英起草的致北洋政府、各省、各机关、各学校并巴黎和会及美国总统威尔逊的电文，强烈要求争回山东主权。并将武昌学生团宣言书通电全国。翌日，他还为学生团拟了致各省督军、省长、议会以及北京各校校长、北洋军阀政府教育总长的公函。

随着斗争的需要和形势的发展，5月17日，在恽代英的指导下，武汉26所大中学校代表齐聚中华大学开会，宣告武汉学生联合会正式成立。武汉学界的先进代表林育南、陈潭秋、李书渠、廖焕星、李求实等是其骨干人物。武汉学联发行《学生周刊》。恽代英撰写了《学生周刊》发刊词：

> 嗟我中国，强邻伺侧，外交紧急，河山变色。
> 壮哉民国，风起云蒸，京津首倡，武汉继兴。
> 维我学界，风潮澎湃，对外一致，始终不懈。
> 望我学生，积极进行，提倡国货，众志成城。
> 力争青岛，事出至诚，口诛笔伐，救国之声。
> 愿我同胞，声胆俱张，五月七日，毋忘毋忘。[15]

《学生周刊》用白话文编成,"行销畅旺"。第1期先印500份,供不应求,又加印1000份,深受广大市民欢迎。汉口《时报》报道:

> 正至大智门附近,忽有苦力多人,争相购取。其中有不识字者,遂央人讲解,彼等俯首静听,有闻之泪下者,有长吁短叹者,又有听毕不忍去者。[16]

《学生周刊》的出版,引起了帝国主义的恐惧和仇恨,日本帝国主义在汉口办的《湖广新报》,咒骂参加反帝运动的武汉学生和《学生周刊》的编者、撰稿人为"顽童",竭力诋毁《学生周刊》。帝国主义分子还公然抢走周刊,不准出售。

为了把武汉地区五四运动推向高潮,武汉学联决定5月18日举行集会,声援北京学生运动。恽代英在会上鼓励同学们说:

> 国不可不救。他人不肯救,则惟靠我自己。他人不能救,则惟靠我自己。他人不下真心救,则惟靠我自己。[17]

这天中午12时许,武汉各校3000余学生齐聚阅马场,然后分路经武昌路、察院坡、司门口转长街、大朝街复至阅马场。一路上,口号声此起彼伏,声振鄂垣;爱国传单雪片般地飞舞在大街小巷上。中华大学的游行队伍在整个游行队伍后面压阵。互助社的社员几乎全部出动,沿街散发恽代英起草的《呜呼青岛》传单。他振聋发聩的呼喊,代表了亿万中国人民的心声:

呜呼青岛！

呜呼山东的主权！

呜呼我中国未来的前途！

贪得无厌的日本人，没有一天忘记了我这地大物博的"中华民国"……国一天不亡，我们一天不做奴隶，日本人总不能餍足……你若是有人性，我请你：

莫买日本货，亦莫卖日本货，把日本商业来往排斥个永远干净；

莫伺候日本人，问日本人要饭吃，人是有血性的，饿死了亦罢，为什么甘心做奴隶……[18]

学生的爱国行动受到武汉民众的热烈欢迎。队伍所到之处，"各商民莫不现一种喜悦之表示，又莫不含有痛恨日人欺侮之怒气"，许多人将茶果酬劳游行队伍。有位人力车夫为学生爱国热忱所感动，高呼"学生万岁！"这一天恽代英在日记中激动地写道："同学谋游行，居然成为事实。"兴奋之余，他主张"欲求实在有裨于国，只有各发天良用国货，注意国事，为国家做事"。

经过青年学生集会游行、宣传鼓动，"争回青岛""灭除国贼""勿忘国耻""提倡国货"等爱国口号深入人心，家喻户晓，成为促进武汉人民进一步觉醒，提高民族意识和爱国热情的强大动力。

向官厅宣战

5月18日武汉爱国学生大游行以来，王占元对于防范学生

"心力交瘁"。20日中午，他传见中华大学、高等师范等20余所大中学校校长、校监到署面谕。

王占元铁青的脸上眼露凶光，恶狠狠地说："今天传谕各位到署，就是一句话，切勿再生剧烈事端，窒碍治安。若再有集会游行之事发生，即唯各校校长、校监是问。"

王占元阻遏学潮的罪行，更激起爱国学生的愤怒，他们准备掀起更大学潮与卖国贼斗争。恽代英旗帜鲜明地支持学生运动，并告诫他们："如欲游行演讲，则宜准备受捕，受捕之后，宜照常继续进行。"学生们在他的鼓励下，斗志更加昂扬。

5月26日，许德珩和黄日葵作为北京学联的代表来到武汉。行前，刘仁静向许德珩介绍了恽代英的情况，还特意写了一封信让许德珩转给恽代英。

武汉学联立即开会，欢迎许德珩、黄日葵，并听取了他俩关于京、津学界准备罢课斗争和成立全国学生联合会情况的报告。许德珩、黄日葵希望武汉学联积极响应，并推出2名优秀骨干，代表武汉学联赴上海参加筹备全国学生联合会事宜。

武汉学联代表一致表示，愿与北京、天津学界一致行动。31日，武汉学联再次举行会议，决定6月1日起实行总罢课。同时发表了《武汉学生罢课宣言》，代表武汉中等以上学校全体学生5969人，要求政府解决：一则外交问题；二则斥责国贼问题；三则自由问题。"今武汉中等以上学校全体学生概行罢课，俟上所举三端得政府圆满解决为止。"

王占元闻讯后恼羞成怒，又立刻传见大、中学校校长，威胁道："如果哪个学校首先罢课，就立即封闭哪个学校的大门。所有学校的教职员及学生一律不准外出，违者严办不贷！"甚至扬言："若不听从，就格杀勿论！"说罢扬长而去。

6月1日清晨，王占元派出大批军警包围各校。每所学校门首均有军警百余。武昌街上巡逻的军警"首尾相衔,不绝于途,交通几为之断,以至市上人民均各自相顾失色,惊恐万状,莫知其故"。但是王占元的恫吓,吓不倒爱国学生。他们"毁垣"冲出校园,从二、三丈的高墙一跃而下,高擎着旗帜,冲开反动军警的封锁线,从粮道街、巡道岭、昙华林,潮水般地涌上大街,迅急汇合成汹涌的洪流。洪流又卷向阅马场、黄鹤楼、督军府……霎时,全城到处是飞舞的传单、激昂的演讲、正义的呐喊。爱国的浪涛一浪高过一浪。

恽代英无比激动,在当天的日记中写道:"今日为罢课演讲之第一日,即湖北学生与官厅宣战之第一日也。同学越墙外出,高二三丈,一跃而下,亦勇矣……军警包围如临大敌。"

王占元气急败坏,凶相毕露,命令军警疯狂镇压学生运动。这一天,包围武昌高师的军警冲进校门,持枪乱戳爱国学生,当场十余名学生被刺伤。一个名叫陈开泰的学生,身受数刀,血流遍身,晕倒在地。同日文华大学、高等商科学校、第一中学、甲种工业学校等均有学生受伤,数十名学生被捕。王占元制造了轰动全国的"六一"惨案。

天色越来越暗,乌云在武昌上空翻卷,雷声阵阵,催人肝胆欲裂。黄昏时刻,下起了倾盆大雨。

"宁捐七尺之躯,不可忍做亡国奴!"军阀王占元的屠杀,更激起了爱国学生的革命义愤。当晚,他们冒雨聚集在督军府和省署门前,手举"爱国无罪""还我学友""缉拿凶犯""惩治国贼"等标语牌,静坐示威。恽代英和施洋先到医院,慰问受伤学生,随后又来到司门口现场,和林育南、李求实等指挥这场战斗。他们一会儿和学生代表商量斗争的方略;一会儿鼓励爱国学生要团结一致与官厅战斗;还组织市民给静坐的学生们送食品、衣物。当晚,察院坡至司门口以及长街,人山人海,汇成了爱国的海洋。武汉的工人、市民被学生的爱国热忱深深打动，纷纷自动给爱国学生送姜汤、搭雨棚。恽代英目睹这激动人心的场面，心绪久久不能平静。

为了根本瓦解爱国学生队伍，"六一"惨案以后，王占元又采用釜底抽薪的狠毒之计，勒令武汉各校提前放暑假，限学生三天内全部离校，强留校者取消伙食，并谕令各旅馆不准接纳学生，取消学生暑期补习功课等一切活动。

恽代英获悉这一消息，立刻意识到，这是一个极大的阴谋。学生放假回籍，势必力量分散，使运动冷下来，这样爱国学生的血岂不是白流了吗？他立即和学联代表一起研究对策，最后一致决定应更紧密团结起来，采取一致行动，坚决不回家，留校继续战斗。恽代英还与各校校长及学联代表一起赴省议会请愿，伸张民意，揭露王占元屠杀学生罪行。恽代英6月2日，在日记中写道："晚，各校代表与议长，校长议于议会，仍坚持罢课。"

6月3日，爱国学生再次上街游行，向王占元宣战，复遭王占元镇压，又有数十名学生受伤，许多学生被捕。仅中华大学受伤学生就达9人之多，其中有互助社社员汤济川、杨理恒。

面对王占元的新暴行，恽代英怒火中烧。连日来他置个人安危于不顾，奔走于武昌汉口之间，为学生爱国行动伸张正义。

"六三"惨案发生后，恽代英立即渡江，访问武汉商界有影响的人物刘子敬、马刚侯等，为爱国学生"做说客"，请求武汉商界支持爱国学生。晚上他就住在汉口辅德中学，和武汉学联代表晤谈。

4日，恽代英作《武昌学生最后之留言》，将"六一""六三"惨案真相诉诸世，愤怒声讨王占元镇压爱国学生的滔天罪行。他以辛辣讽刺的笔调写道：

若是这（么）狠的警察，这（么）狠的保安队，能够替我们向日本争（回）青岛，他便打死了我们，亦所甘心，只是他们除了对我们手无寸铁的学生，诬以扰乱秩序，将我们打以外，看了外国人，哼也不敢哼一句……[19]

5日恽代英油印分发《武昌学生最后之留言》，又作《学生联合会报告军警蹂躏状况书》并油印。

这篇《留言》刊登在6月7日出版的《大汉报》上，随后，恽代英将该文寄给7月4日由湖南省学联创办、毛泽东主编的《湘江评论》。毛泽东久闻恽代英的文才，收到来稿后，立即将该文刊登在7月21日出版的《湘江评论》临时增刊第1号上。

6日，恽代英和学生代表又同至医院，"看伤病诸君，并馈食物"。同日渡江至民新学校后，又至汉口辅德中学，与武汉学联代表商谈。

7日上午，恽代英渡江返武昌。晚上武汉各团联合会在汉口开会，他复渡江参加会议。他在会上发言说："学生但望商界继起，以为国家，虽死伤亦所甘心。"

血的教训，使恽代英明白了，爱国运动仅靠学生孤军奋战是不会取得胜利的，遂和施洋律师等发起了武汉各界联合会，并与黄负生一起讨论对策。

恽代英深深思索着："用什么办法把市民动员起来呢？"

这也是黄负生正在思考的问题。他突然眉间舒展开来，以商量的口吻对恽代英说："在军警密布的街道，公开宣传罢市，恐怕行不通。我有一个办法，你看如何？"

恽代英立即兴奋起来，急切地说："你快道来。"

黄负生说："准备几把纸扇，在扇子上写明统一罢市时间和为什么要罢市的理由,由店铺相互传阅,这样不会惊动军警。"

恽代英大加赞赏:"这是个好办法!"

于是,黄负生立即买来四把纸扇,在扇子上抄写着恽代英作的《为什么要罢市》传单:

> 上海、宁波、南京、镇江、芜湖、厦门、汕头、杭州、南昌、汉口均已罢市了。罢市的好处如下:可以争回青岛,可以挽回利权,可以惩办卖国贼,可以取消亡国密约,可以救被捕学生,可以不为亡国奴,可以增高人格,武昌明日一律罢市。[20]

写完后,他俩立即将传单和纸扇分发到主要街道,迅速在商民中传递开来。

恽代英在11日的日记中写道:"在汉(口)发传单三十余纸,渡武昌又发四十纸。又发扇四把。扇为负生所备,鼓吹罢市,较汉口法又进一步。"[21]

这个办法起到了立竿见影的作用。11日,汉口"市面罢市者从少数转为多数,军警已无法干涉"。12日,"武昌商人也全体罢市"。[22]与此同时,武汉的工人阶级也鸣起了罢工的汽笛。在罢市、罢工浪涛推动下,武汉学界再次举行了声势浩大的游行示威。爱国的浪潮汹涌于江城。

武汉人民的正义斗争,迫使王占元释放了被捕学生,并向北洋军阀政府和参加巴黎和会的中国代表致电,提出拒绝在和约上签字的要求。北洋军阀政府也在全国人民的压力下,被迫于9日、10日"批准"曹汝霖、章宗祥、陆宗舆三个卖国贼的"辞职"。6月28日,参加巴黎和会的中国代表,拒绝在和约上签字。五四运动在全国取得了伟大胜利。

"打我的世界去"

1919年7月3日，武汉学生联合会与湖北政法学会、青年会、律师公会、武昌总商会等18个团体，不顾督军王占元的阻挠，在汉口德国球场附近（大智门外汉口中学左侧）召开追悼殉国湖北学生李鸿儒、吴用霖，北京大学学生郭钦光、周瑜琦，清华大学学生徐日哲五烈士大会。

追悼会定于9时隆重举行，恽代英与施洋、黄负生等天刚亮便来到了会场，指导布置会场。两天前他还改写了《李鸿儒君传略》。

李鸿儒（1896—1919年），河南淅川人，中华大学法科二年级学生，在"六一"罢课演讲时被警察搜捕，释放后于6月3日去武昌劝业场演讲，被保安队击伤膀臂多处，他的好友胡钟灿等9人被殴伤。当天，王占元命令学校提前放暑假，李鸿儒被迫回乡，在乘船到达南洋襄河距家仅60里处时，忽闻好友胡钟灿在医院重伤身亡的消息，不禁悲愤填膺，"即暗拿绝命书一纸于箱中，乘人不顾之际，投河身死！"绝命书写道：

> 鸿儒死矣！以本国官吏、本国军警待本国人民、本国爱国救国之学生如此，是虽未亡，而亡之矣，未为亡国奴而已为亡国奴矣！鸿儒不肖，轻弃昂藏七尺之躯，不肯忍死须臾，与全国有志相追随，然自问生性愚拙，既不能以手枪炸弹与卖国贼拼命，亦不如所以含羞忍垢委曲求全之道寄语诸君，来日大难，鸿儒一死诚轻如鸿毛，既自分无以救国家，亦犹胜于奴颜婢膝向日人谋生活……轩辕我祖凭式诸君，今日之事，或死或救国只此两途。我今死矣！

诸君如何？官吏军警既助桀为虐，工商平民又昏迷不悟，诸君苟不渝初志，诚恐鸿儒此行，正所以为诸君驱狐鬼于地下。悲夫！悲夫！吾四千余年文明之国家，遂至是而斩钦！死为厉鬼，亦不让妖人安枕也。临死积愤，不复成文。[23]

恽代英读着李鸿儒的绝命书，泪流满面。他未曾想到，这位河南伏牛山的硬汉子，竟是如此刚毅的爱国好青年。他当即与武汉学生联合会商议，定于6月22日召开李鸿儒追悼会。不料又传来第一师范学生吴用霖去世的噩耗。

吴用霖，湖北黄梅人，6月3日在抱冰堂演讲，被军警殴伤，暑假回乡后悲愤不已，一病不起，于6月13日含恨而死。

于是，在恽代英指导下，武汉学生联合会决定联络湖北各界，为包括北京3名同学在内的5位殉难学生举行追悼会。

追悼会场布置完毕，恽代英又忙着校对《学生周刊》，立即赶印，在追悼会结束前送至会场，200份周刊瞬间售罄。

这时，冼伯言急匆匆找到恽代英，对他说："王督军对你恨之入骨，胁迫陈时校长解聘你，否则将封闭中华大学。"

恽代英听后坦然自若。他说："这个风声我在7月1日就有耳闻，还写在当天日记中呢。"

恽代英的日记是这样写的：

> 现谋我校者，因我之活动颇多借口。甚有逼散校长暂时他避之说。不知散校长能平安应付过去否？代英已告校长，如见有牺牲代英个人饭碗者，无以一人败全校。代英决不愿负一身败全校事之咎。且此事本代英独立意志所判断、所进行，于校长无涉，于全校亦无涉。代英明知此一

牺牲，影响于我校及同学，或至鄂学前途颇大，但代英只保此头颅与意志，在他处仍必有以慰故人者……代英自此事生，于饭碗之牺牲，久有决心……决不为个人计。[24]

午饭后，恽代英回到中华大学，会见陈时校长，覃寿堃先生在座。

陈时校长当然知道恽代英去留对中华大学的影响，他是不舍解聘恽代英的。一年前，中华大学中学部只有百余学生，经恽代英的大力改革，不到一年学生发展到300多人，广东、湖南、江西、河南、陕西等省的家长也愿意把他们的子弟送到中华大学中学部来。陈时校长还一直想从中学部的办学盈余中，抽些经费补贴大学部的经费不足。试想，一旦解聘恽代英，中华大学的发展前景怎样，很难预料。恽代英是人才，人才难得啊！

陈时校长见到恽代英，委婉地说道："因当局压迫，我不得已临时决定，由覃寿堃先生维持中学部校务。"

恽代英非常体谅陈时校长办学之不易，其时全国私人出资办学者，仅有张伯苓先生在天津办的南开大学，黄炎培先生在上海办的中华职业学校。与这两所学校相比，中华大学无论在师资方面，还是经费方面都是最差的。现在受当局的压迫又这么严重，所以，他不想让陈时校长为难。明确表示说："如以我去职可救一校，请勿惜我一人。"说完，当面将辞职信交给陈时校长。

"不是解聘你，你还是要继续在母校工作的！"

"我也是不愿离开母校的，即使离开了母校，我仍当帮助母校，待武人妖雾消灭后，如愿我回任，即使那时我虽已富贵，还是愿意回母校服务的。"

"这只是权宜之计，盼能理解。"

仅仅过了三天，陈时校长又找到恽代英，对他说："官厅表示，你继续在母校工作也行，但将派两个人进来，担任管理员，你虽不居主任名位，但实际上还是由你主任其事。"

恽代英说："此次之祸，由我所酿，我固不惜自屈，以救此校。惟恐此等不尴不尬的办法，怕中途做不下去！"[25]

恽代英在受到军阀王占元迫害的同时，也遇到了来自青年社团内部的挑战。其时，湖北第一师范学生张景武，字复初，仁社社员，曾与互助社社员的关系也比较好。但是，在当局的压迫下，他的思想发生混乱，向军阀妥协，写信给恽代英，说五四爱国运动为"乌合之群，不可与谋"，并指责恽代英不应参加学潮。故此次学潮，"应由代英负责"。为此，恽代英于7月5日、7月8日两次致信张景武，批评他的谬论。

恽代英在信中明确表示自己的政治态度，"有生一日，必为人类做一日事，且必要收一日之效"，[26]"代英所觉为重要之事，在唤醒工商及多数平民"，[27]"日人慭我必有甚于以往者，不可不卧薪尝胆图之"。[28]

恽代英认为，北京五四运动的发生，各省纷纷响应，这是顺其自然，顺乎群众心理发展的必然结果，每一个爱国之士，理应"尽力范围之内扶助之"。

恽代英严厉驳斥了"乌合之群，不可与谋"的谬论，明确指出，拯救国家，"正须以合群练习指挥群众，鼓策群众之能力。野心家利用群众弱点，以自私。足下独不思善用此弱点，亦可导入合当之境？"岂问足下，"除合群外，救国之法如何？"因此，对于爱国的群众运动，"实不应遏抑之，阻挠之"。"政府如今认贼作父，后患何堪设想，譬如悬性命于仇敌之手，亦不应有自由权利耶？"因此，当代人心潮流，不可不详察善导之。"潮流有变迁，即所谓难易亦有变迁，正确有识者随所至疏浚而利导之，不使逾越。不然，必有横决不可制之时。今日学潮，即其一端，若今之武人政客，逆时势行事，国人虽欲不动，必迫于世界潮流而不能不动。窃恐其一动而不可制也。"[29]

8月18日，恽代英去拜访从日本留学归来的预科同班同学夏维海。夏维海，湖北沔阳人，1915年预科毕业后留学日本应庆大学。这正是陈时校长曾留学过的一所私立大学。恽代英见到这位老同学后特别高兴，与他长谈，"劝其存反抗精神"，投入反对日本帝国主义的爱国潮流中去，并将昨晚写的两首诗抄赠予他：

（一）
闻道人间事，由来似弈棋。
本是同浮载，何用逐雄雌？
鬼妭千金子，人窥五色旗。
四方瞻瞅瞅，犹复苦争持。

（二）
每作伤心语，狂书字尽斜。
杜鹃空有泪，鸿雁已无家，
浩劫悲猿鹤，荒村绝稻麻。
转旋男儿事，吾党岂匏瓜？[30]

夏维海被恽代英的爱国精神深深感动。他也是个爱国男儿，比恽代英小1岁，听了恽代英的谈话，特别是见了恽代英赠给他的两首诗，眼眶里含着泪水，激动地说："子毅兄，我听你的话！"

恽代英是热爱自己母校的,他"视此校为生命,同学如兄弟"。是啊!经他近一年的大举改革,中华大学中学部有了长足的发展。这一切都凝聚着他的心血;他在中华大学还有一批朝夕相处的刚锐少年,现在正面临毕业,考什么样的高校、选择何种专业,都离不开他的指导。他要为这些弟兄负责,帮他们选择,使他们能有一个比较好的前程。

正是基于这些考虑,恽代英委曲求全,决定暂时留在中华大学。

时间过得很快,转眼到了年底。由于陈时校长屈服于湖北当局的压力,对恽代英"不尴不尬"的安排,伤了一批支持恽代英改革的教师的心,涂允檀(旂叔)、郑翔海、钱介盘(亦石)等一批优秀教师纷纷辞职,要想再聘到这样的好教师实在太难。优秀教师离开,学生必然流失一些,办学经费必将遇到新的困难;经费困难,更难聘得好的教师,请教员只好设套骗局,好的教师,非有交情不敢延请。学校的希望越来越渺茫。

恽代英见自己的改革成果将付诸东流,非常痛心。他心想,继续这样下去,同学的功课有什么进益,品行有什么感化,学生父兄的付托,我们不有愧么?学生父兄的期望,我们不惭怍么?倘若我没有能力让这学校比今天进步,倘若下学期校务仍然没有较好的希望,我只有自己找个向同学谢罪,向良心求宽恕的法子。想到这些,恽代英决定:"我一为免这良心残忍的责罚,一为教我力量用于更有效力的地方,不能不断然做这对不住同学的事……只好找比较可以安心些的地方安我的身……打我的世界去。"[31]

12月17日,恽代英正式向陈时校长写信,表明自己的态度,辞去中华大学职务。

... 注释 ...

01 《恽代英全集》第一卷,人民出版社,2014年版,第509页。
02 《恽代英全集》第二卷,人民出版社,2014年版,第260页。
03 《恽代英全集》第二卷,人民出版社,2014年版,第299页。
04 《恽代英全集》第三卷,人民出版社,2014年版,第197页。
05 《恽代英全集》第三卷,人民出版社,2014年版,第80页。
06 《恽代英全集》第三卷,人民出版社,2014年版,第299页。
07 胡治熙:《缅怀恽师》,《回忆恽代英》,人民出版社,2015年版,第149页。
08 《恽代英全集》第三卷,人民出版社,2014年版,第185页。
09 《恽代英全集》第三卷,人民出版社,2014年版,第186页。
10 恽代英:《新声创刊祝词》,载《新声》第1号,1919年3月1日。
11 《林育南文集》,人民出版社,2014年版,第9页。
12 《恽代英全集》第三卷,人民出版社,2014年版,第7-8页。
13 《恽代英全集》第三卷,人民出版社,2014年版,第23页。
14 《恽代英全集》第三卷,人民出版社,2014年版,第6页。
15 《恽代英全集》第三卷,人民出版社,2014年版,第56页。
16 见《时报》,1919年7月3日。
17 《恽代英全集》第三卷,人民出版社,2014年版,第235页。
18 《恽代英全集》第三卷,人民出版社,2014年版,第21-22页。
19 《恽代英全集》第三卷,人民出版社,2014年版,第32页。
20 《恽代英全集》第三卷,人民出版社,2014年版,第34页。
21 《恽代英全集》第三卷,人民出版社,2014年版,第248页。
22 《恽代英全集》第三卷,人民出版社,2014年版,第248页。
23 《绝命遗书》,《汉口新闻报》1919年6月18日。
24 《恽代英全集》第三卷,人民出版社,2014年版,第258-259页。
25 《恽代英全集》第三卷,人民出版社,2014年版,第262页。
26 《恽代英全集》第三卷,人民出版社,2014年版,第67页。
27 《恽代英全集》第三卷,人民出版社,2014年版,第62页。
28 《恽代英全集》第三卷,人民出版社,2014年版,第61页。
29 《恽代英全集》第三卷,人民出版社,2014年版,第73页。
30 张羽:《恽代英诗两首》,载《战地》增刊,1979年第4期。
31 《恽代英全集》第三卷,人民出版社,2014年版,第118页。

第三章

走向马克思主义

创建利群社

恽代英要打的到底是一个怎样的世界？是想入政界谋上一官半职吗？或者是寻一份工资高的职业吗？都不是。他殚精竭虑思考的，是要寻找如何拯救祖国的方法。

恽代英16岁时，曾对孙中山领导的辛亥革命寄予厚望，武昌起义胜利后，他就给《群报》和《"中华民国"公报》投稿，就时事发表评论，虽然"均不售"（没有被采用），但反映了他对国家前途命运的思考。

五四运动后，恽代英的思考更深入了。在没有掌握马克思主义这个思想武器前，他只能用传统文化的善恶观理论去分析中国的现实。他说："我敢说，民国元二年，同盟会及社会党的健全分子……后来都被恶势力压服了，吞灭了。所以我想，若没有善势力，我们是不能扑灭恶势力的。"[01]

他坚信善势力是能够战胜恶势力的："我们看见的恶势力，清室、袁世凯、张勋都失败了，即便段祺瑞亦失败了。几次中国的事不坏于恶势力不失败，而坏于恶势力失败的时候，没有善势力代它起来，所以仍旧被别种势力占住了。"

因此，恽代英一心想谋求培养善势力："我自信我的职业是最便于养成善势力的事业。我很信靠我同我的朋友的力量，一定可以养成更大的善势力。很信这善势力是受中国各方面欢迎的，很信中国一定可以靠他们得救。"

他发起成立武汉第一个爱国主义的团体互助社，就是为培养善势力的。而且这时的恽代英，更深刻认识到，拯救国家要依靠自己，不能依靠别人。

恽代英坚定地说："我们若将中国的前途依赖别人，中国便可说无望了。南方同北方，安福系、研究系同国民系，武人、政客同学生，都是一样昏，一样惰，一样不把国家的事当自己玩意，或者就自己的利益去办理他。这是可以把国事依靠他的么？中国的惟一希望是在我们——我们便是说恽子毅同恽子毅的朋友。"

恽代英下定了决心，要把救国的千斤重担挑在自己的肩上。

那么，恽代英辞职后究竟是怎样计划的呢？

他说："我的计划，若父亲就了事，我决在武昌专心做文化运动的事业。若父亲没有事，我便跑到上海去，打我的世界去。"02

因他的父亲这时仍在湖北德安村任职，所以他便留在武昌做文化运动了。

1919年3月，周作人在《新青年》第6卷3号发表《日本的新村》，评介了日本武者小路实笃的"新村运动"。新村运动开始传入中国。这是受无政府共产主义影响的小资产阶级空想社会主义。新村运动"提倡协力共同生活"。"第一，各人应各尽劳动的义务，无代价地取得健康生活上必要的衣食住；第二，一切的人都是一样的人，尽了对人类的义务，却又完全发展自己的个性。"它的目的，是要建立一个人人平等，互助友爱，日出而作，日入而息，消灭阶级，消灭国家，各尽所能，各取所需的社会。这实际上是融合了无政府共产主义，正好契合了中国先进分子追求真理，反对帝国主义侵略和封建专制主义，争取民族独立和复兴的思想，因而受到包括李大钊、陈独秀等在内的广大思想先驱者的欢迎。

11月1日，恽代英在日记中写道："我与香湘谈，都很赞成将来组织新村。我们预备在乡村中建造简单的生活，所以需费不多。村内完全废止金钱，没有私产，各尽所能，各取所需。举一人做会计，管对外金钱出入的事，举一人做买办，专办向外处购买或出售各事。村内衣服都要一致，能男女都一样更妙。会食在一个地方。设图书室，工作厂。对内如有子女儿童的教育事业，应该很注意，因为是新村全体幸福所托。对外鼓吹文化，改造环境的事业，亦要很注意。我想，我们的新生活，可以农业为根本，兼种果木，并营畜牧。这样做去，必然安闲而愉快。"

事实上，在恽代英辞去中华大学职务前，他已有了周详的计划："若我离了这学校，家里经济不必靠我支助，我不愿离了武昌。因为我觉得，我们总应在黑地下做工，教他放光明，那光明的地方原用不着我们去。所以，我假定我的事业是在办杂志及代销杂志，做一个稳健纯洁的新文化机关。"

内弟沈光耀建议："办杂志不如办《每周评论》式的报纸。"03

恽代英认为他说得在理："若按你的办法，似乎比杂志的鼓吹实际效果更好些。"

于是，恽代英将自己准备办的报纸取名为《武昌时报》。并计划与沈光耀、郑兴焕、魏以新等互助社成员组成一个读书会。

正在这个时候，王光祈、蔡元培、陈独秀、李大钊、胡适等在北京发起工读互助团。王光祈给恽代英写信，希望他在武昌也成立类似的组织。这与恽代英的思想一拍即合，恽代英极表赞同，并写了《我们的新生活》。

在恽代英看来，这是自利而且利人，并且逐渐发展社会的切实计划，得到了林育南、李书渠、廖焕星、萧鸿举等人的热烈响应。他们决定创办一个经销各种书报的商店，实行一部分财产公有，作为在城市实现新生活的基地。他们公推恽代英起草《共同生活的社会服务》宣言。这份宣言集中反映出这批有志建立新生活的改革家们改造社会的奋斗精神和对未来社会的展望。宣言初刊于《端风》第二号（1919年12月），定稿刊于《互助》第一期（1920年10月）。上海《时事新报》副刊《学灯》也于1920年1月20日转载了这份宣言：

> 我们几个完全彼此相互了解的朋友，现在正进行用自己及社会各方面合理的互助的力量，创办一个独立自给的共同生活，为我们同将来继续由彼此了解而加入的朋友为一切社会事业的根基。我们同时做两件事：
> 一、于城市中组织一部分财产公有的新生活；
> 二、创办运售各种新书报以及西书国货的商店。
> 我们为什么要做这两件事呢？笼统的说起来，我们恳切的盼望：（一）有一个独立的事业；（二）有一个生产的事业；（三）有一个合理些的生活；（四）有一个实验各尽所能、各取所需的生活的机会；（五）有一个推行工学互助主义的好根基；（六）有一个为社会兴办各项有益事业的大本营。04

他们将这种新生活的营业单位，定名为利群书局，正式营业时改名为利群书社，宗旨为"利群助人，服务群众"。

1920年2月1日，随着一阵喜庆的鞭炮声响过后，利群书社的店门正式打开，开始营业。

利群书社以互助社为核心，日新社、辅仁社、健学会等团体的大部分社员均参加，是武昌各进步团体的结合体。他们在一起共同生活、工作、学习，"轮流烧火做饭及市面服务"。虽然经常将饭烧得夹生或焦黑，但由于是自己劳动所致，因而也吃得香甜可口。他们还每天自己动手整理店堂，出售书报，为读者服务。穿长衫的人参加体力劳动，当时对他们自己，对社

*利群书社旧址

*1985年8月12日,恽代英夫人沈葆英(左一)与郑遵芳(右二)为华中师范大学恢复的利群书社剪彩

会都是一件破天荒的大事。他们学习在一起,打烊后,在灯下一起学习,各自自省,并填写"自省表",检查自己当日是否做了利群助人的事,始终洋溢着朝气蓬勃的气氛。

利群书社起初是"工读互助团性质相近的东西",是以恽代英为代表的武昌先进青年对未来理想社会在实践上的具体表现。它"最注意的,不在营业,在于介绍文化",主要经销《共产党宣言》《共产主义ABC》《马格斯资本论入门》《阶级争斗》等马克思主义著作和《新青年》《每周评论》《新潮》等进步杂志,客观上成为长江中游地区传播马克思主义的一个主要阵地,每天吸引着许多追求进步的青年和群众,犹如寒夜中的一束火焰,给苦斗中彷徨的青年展示了光明。吴德峰回忆说:"记得我在五四后要求进步,但找不到门路,看了一些无政府主义的书,被一位朋友知道了,介绍我到利群书社去看书。"从此,他学习到了马克思主义,阅读了进步书刊,很快走上了革命的道路。中国共产党早期著名的理论家萧楚女,也是靠在利群书社刻苦自学,打下了坚实的马克思主义理论基础。施洋也是书社的热心读者,在这里初步接受了马克思主义,逐渐摒弃无政府主义,通过革命的实践,最终成为坚定的共产主义战士。1920年秋,中共武汉地区早期党组织成立后不久,建立了武汉地区马克思主义研究会,其会员经常来这里阅读马、恩著作和讨论时事,并举行读书报告会,开展各种活动。

值得一提的是,毛泽东曾两次参观利群书社。

1919年12月6日。毛泽东携《驱张宣言》,率领驱张代表团前往北京,在路过武汉时停留了10天左右,拜访了正在筹建利群书社的恽代英。

湖南军阀张敬尧,和湖北军阀王占元一样,也是镇压学生运动的凶手。毛泽东回忆说:

这个家伙很坏。我们领导了一次学生总罢课反对张敬尧，要求撤换他……张敬尧查禁了《湘江评论》来报复学生的反对。[05]

毛泽东组织了驱张代表团，并起草了《驱张宣言》：

……去岁张敬尧入湘以后，纵饿狼之兵，奸焚劫杀；聘猛虎之政，铲刮诈捐。卖公地，卖湖田，卖矿山，卖纱厂，公家之财产已罄；加米捐，加盐税，加纸捐，加田税，人民之膏脂全干。洎乎今日，富者贫，贫者死，困苦流离之况，今人不忍卒闻。彼张贼兄弟累资各数千万……无非欲攫尽湖南财产，吃尽湖南人民……[06]

毛泽东与恽代英首次相见，犹如情深意厚的老朋友久别重逢。应毛泽东的要求，恽代英和利群书社的朋友们将《驱张宣言》张贴到武汉三镇的大街小巷。他们还通过武汉邮局，用快邮代电，将《驱张宣言》寄往全国各地。毛泽东在汉期间，恽代英还向毛泽东详细介绍了筹建利群书社的具体方案，毛泽东深表赞同，认为"这个办法好"。

1920年7月，毛泽东从上海到武汉，同恽代英商讨在长沙创办文化书社以及加强其与利群书社联系事宜。恽代英向毛泽东介绍了利群书社半年来的营业情况以及实行共同生活的经验，鼓励毛泽东尽快将文化书社在长沙建立起来，并且答应给文化书社做信誉担保。毛泽东听后信心倍增。回到长沙后，他立即与易礼容等发起筹建文化书社，并于9月9日正式开始营业。在10月22日由毛泽东等人写的《文化书社第一次营业报告》中可以看到，文化书社与利群书社、上海泰东书局、亚东图书馆、中华书局、新青年社、北京大学出版社等建立了业务往来关系。恽代英、陈独秀、李大钊等均为文化书社信用介绍人,文化书社进货时,各店可"免去押金"。

正是通过创办文化书社、利群书社的实践,毛泽东、恽代英等加深了对马克思主义的理解,开始从爱国主义者向马克思主义者转变。

翻译《阶级争斗》

1920年2月,陈独秀第一次到武汉。他是应文华大学(后改为华中大学,现华中师范大学前身之一)校长孟良佐的邀请,出席该校应届毕业生典礼并作学术讲演。在题为《社会改造的方法与信仰》的学术报告中,陈独秀强调,要打破遗产制度,"不使田地归私人传留享用,应归为社会的共产",宣传的正是《共产党宣言》"废除继承权"的思想。恽代英因故未能前往聆听报告,但通知了利群书社的社员。胡治熙回忆说:"代英通知我们,陈独秀在昙华林文华公书林讲演。我们一大群人,久慕其名,就从利群书社出发去听讲。"又据李伯刚回忆,在汉期间,"陈独秀曾请代英长谈过一次"。正是在这次长谈中,陈独秀邀请恽代英翻译考茨基的《〈爱尔福特纲领〉解说》一书。

陈独秀请恽代英翻译该书,一是因为恽代英英语好。1915年2月恽代英就用英文在《学生杂志》(英文版)发表文章,还在《东方杂志》《妇女杂志》等杂志发表了许多英文译作。二是因为恽代英的传统文化底蕴深厚,文史哲相关论文迭出。在陈独秀看来,恽代英是翻译此书的不二人选。

由于陈独秀在武汉宣传废除遗产制度,湖北当局十分惊恐,通缉陈独秀。陈独秀"愤恨湖北当局者压迫言论之自由"，于8日乘火车北上赴京。为避免遭北洋军阀政府迫害，李大钊亲自到永定门火车站接车并护送他经天津返回上海。陈独秀回到上海后，便给恽代英寄来了《〈爱尔福特纲领〉解说》的英译版。恽代英没有辜负陈独秀的期望，很快将该书高质量译完，并将书名定为《阶级争斗》。

陈独秀收到恽代英的译稿后，亲自校订，将其作为《新青年丛书》第八种，由新青年社于1921年1月出版。他还在《新青年》第8卷第6号上，亲自为《阶级争斗》做广告：

第八种　阶级争斗　定价五角

柯祖基著　恽代英译

"阶级争斗"是社会主义始祖马克斯所发现的重要学理，也就是俄国、法国、美国，以及其余进步国的人们"现今社会运动底基音"。凡要彻底了解近代各国社会思想，须得彻底明白"阶级争斗"是什么。这书原本是马克斯派著名人柯祖基做的，对于"阶级争斗"说得很详尽，在外国也算是一部名著，在我们这智识荒的中国更不消多说，要算是重要的粮食了。

总发行所　广州昌兴马路二十六号　新青年社

这则广告中的"柯祖基"现译考茨基，"马克斯"就是马克思。

该书揭示了阶级争斗的起源，揭露了资本家剥削工人的奥秘，分析了资本主义终将灭亡的原因，阐释了无产阶级革命爆发的历史必然性，号召无产阶级联合起来，通过阶级斗争彻底铲除资本主义制度。

综观全书，考茨基的《〈爱尔福特纲领〉解说》，对马克思

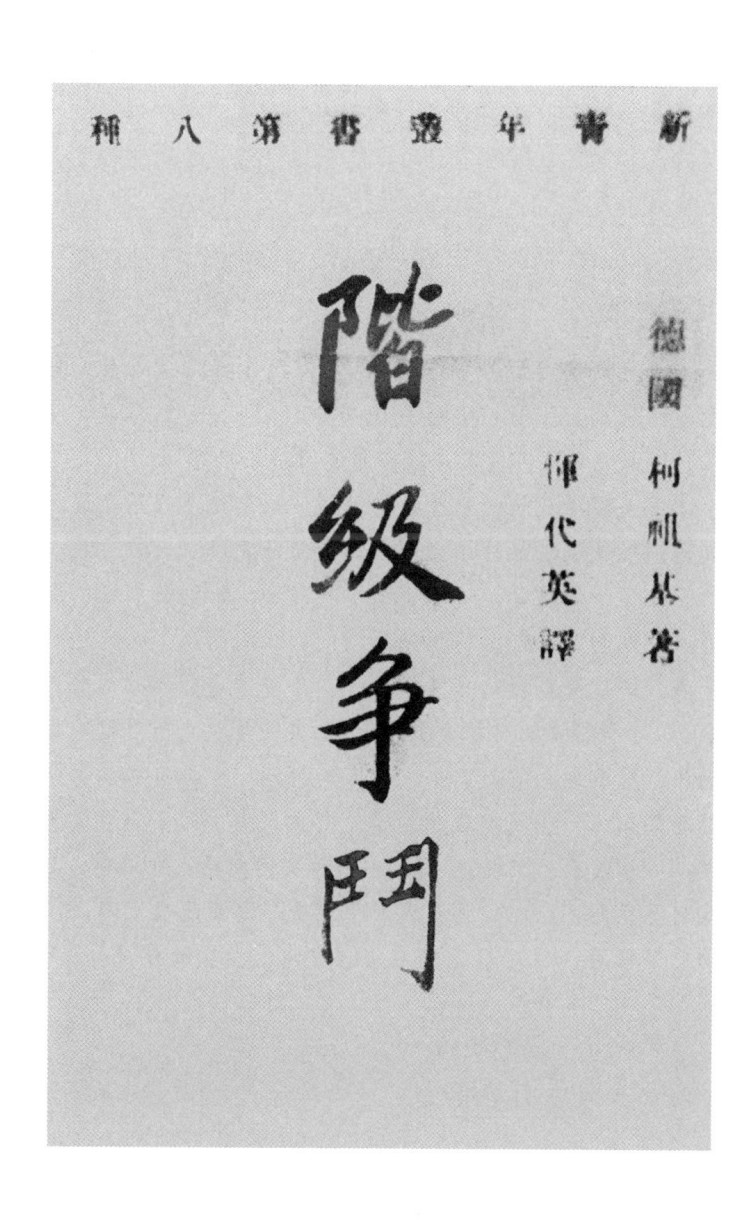

《阶级争斗》

的《资本论》《共产党宣言》等著作的相关章节的思想阐释,还是比较准确到位的,尤其在阶级分析和阶级斗争方面的思想比较符合马克思原著思想。因此得到恩格斯的肯定。1891年10月24日,恩格斯在致弗里得里希·阿道夫·左尔格的一封信中说:"这个草案,倍倍尔和我都是赞同的,它已作为新纲领的基础,即其理论部分的基础……这个纲领,除某些地方表述欠妥当外(也只是措辞含糊和过于笼统),至少在初读以后,提不出更多的意见。"他还在同年10月25日至26日致信卡尔·考茨基,对纲领草案在爱尔福特被通过"特此祝贺"。

恽代英翻译《阶级争斗》的过程,也是他学习马克思主义的过程,对促进他最终由爱国主义走向马克思主义的作用不能低估。他还一边翻译,一边将书中的内容讲给利群书社的朋友们听,使他的朋友们懂得了消灭剥削和压迫制度,必须进行阶级斗争。恽代英翻译的《阶级争斗》与陈望道翻译的《共产党宣言》、李季翻译的《社会主义史》,是中国共产党创建时期传播最广、影响最大的三本书,对五四时期一批具有初步共产主义思想的知识分子迅速成长为马克思主义者,起了重要的促进作用。毛泽东曾回忆说:"有三本书特别铭刻在我的心中,建立起我对马克思主义的信仰。我一旦接受了马克思主义与历史的正确的解释后,我对马克思主义的信仰就没有动摇过。"[07]他指的就是这三本书。

参加少年中国学会

为了追求真理,1920年4月,恽代英将利群书社工作安排稳妥后,来到了新文化运动的中心——北京。他是受少年中国学会的委托,负责编辑《少年中国学会丛书》的。

少年中国学会由王光祈、李大钊等人于1919年7月1日正式创立。其宗旨是"本科学的精神,为社会的活动,以创造'少年中国'",并奉行"奋斗、实践、坚忍、俭朴"的八字信条。9月,第一批加入学会的刘仁静,将学会的会务报告和规约等寄给恽代英,希望他入会。恽代英细心地研究了这些资料后,觉得这正是自己多年寻求的一个养成"善势力"、扑灭"恶势力"的团体。9月9日,他致信王光祈说:"我看你们的会员通讯,亦觉得真是充满了新中国的精神。假如我配得上做你们的朋友,我实在诚心地愿做一个会员。"[08]

于是,在王光祈介绍下,恽代英加入少年中国学会。从这时起到1921年7月,恽代英的思想迅速向马克思主义转变,并成长为一名坚定的共产主义战士。

这是恽代英第一次到北京参加少年中国学会的活动。

10日,在北京中央公园(现中山公园)举行的少年中国学会常会上,恽代英被学会执行部推荐为组织丛书编译部专员,与李大钊、黄日葵、王光祈等一起参与审查本会丛书编译工作。22日,为学会的名誉起见,恽代英提出对于编辑《少年中国学会丛书》方针的意见,认为所编译的丛书,"应为社会不可少的书","应为社会急切需要的书","应为可供学者研究的书"等6条意见,并拟定了马克司(马克思)及其学说、罗素及其学说、杜威及其学说等26种书目。恽代英将马克思及其学说放在研究图书的首位,反映了他对研究马克思主义的重视程度。

同时,恽代英致信少年中国全体同志,依据学会的宗旨,认为"我们的目的,在于创造响应少年世界的少年中国。社会的活动,一方是以创造少年中国为目标,一方亦以本科学的精神为条件。所以我的意见……总盼望我们学会成就一个健全的、互助的、社会活动的团体"。[09]

在北京期间，恽代英抽出时间，前往参观北京大学工读互助团，会见了王光祈、施存统、俞秀松、何孟雄等团员，考察了他们的经营状况，并交流了思想。

这个全国办得最早的工读互助团，艰难维持了三个月，现正处于倒闭边缘，恽代英很震惊。他想窥探其中的原因。

6月19日，恽代英在北京中央公园出席常会后返回武昌。但他依然与少年中国学会保持密切联系，参加学会的活动。

在安徽宣城

1920年深秋的一天，有四位身穿长衫，脚着草鞋，肩挑行李的青年，来到安徽宣城省立第四师范学校（简称宣城师范）校门口。门卫工友拦住了他们，其中一位年龄较大点儿的青年，放下行李，揩了揩额头上的汗水，微笑着说："我是受聘新来的教员。"

"教书先生？"工友好生纳闷，心想，"说是先生，天下哪有先生挑行李、穿草鞋的？说是苦力，天下哪有穿长衫、戴眼镜的？"

这位戴眼镜的青年就是恽代英，另外三位青年是随他读书的学生吴化之、李求实、刘茂祥，他们都是利群书社的社员。

原来，恽代英是受宣城师范校长章伯钧的聘请前来任教的。正在交涉时，章伯钧校长出来了，见到恽代英，惊异地问："学生们早到码头上去迎接你了，怎么没接到？"他立即恭恭敬敬地将恽代英一行迎了进去。

章伯钧，安徽桐城人，与恽代英同年，1919年8月于武昌高师（现武汉大学）英语系毕业后，被聘为安徽宣城省立第四师范学校英语教员，1920年出任该校校长。在武汉学习期间，章伯钧就仰慕恽代英的精神情操和才华，担任校长后，为回应学生强烈要求聘请有学问和改革精神的教师来校任教的呼声，他首先就想到了恽代英，聘请恽代英任教务主任。恽代英提出带三位学生来校读书，章伯钧也同意了。这样便有了开头的一幕。

章伯钧校长聘任恽代英来校任教务主任的消息不胫而走，全校同学满心欢悦。去码头迎接恽代英一行的几位同学心想，像恽代英这样有名的先生，一定是西装革履，气度非凡。他们的眼光一直注视着这样的旅客，所以没有接着恽先生，自在情理之中。他们在码头扑了空，匆忙赶回学校，听门卫工友讲恽先生自挑行李早已到校，被章校长迎进学校了。他们一个个感到很惊奇，更加佩服恽代英了。

第二天，学校贴出通告，少年中国学会会员、本校教务主任恽代英先生在理化教室讲演。吴蔚春回忆说：

> 同学们一齐拥到理化教室来。一会儿，一位青年教师走上讲台。呵，他就是恽先生。恽先生说的一口湖北话，初听时，有好多话不大懂。但是他讲演的姿态和表情，时时吸引着我们，而且越讲声音越高。他那流利的语言、奔放的热情、加以有力的手势，使每个听众都被他征服了。
>
> 从此以后，恽代英常和我们接谈。每到晚饭后，不论在哪个地方——在校园里、在校门口、在广场上，总有许多同学把他围着，而且越围越多。听他讲话，亲切有味，异趣横生。他的知识是那样丰富渊博。你问到哪里他谈到哪里。他把中国国内纷争的局面和国际列强竞争的动态，说得有条有理、有声有色、娓娓动听。他说，中国已处在列强蚕食鲸吞的时代，大家还不痛心疾首负起救国的责任

来吗？他不主张师范生进大学。他说，师范生是为国家培养后一代儿童的。普及教育、唤醒广大民众，急起救国，师范生是起一定作用的。他提醒同学要组织各种学社，相互砥砺切磋，研究学问，陶冶品德。[10]

恽代英在宣师除担任教务主任外，还兼教修身和英语。他破除旧的束缚，革新教育，采用在中华大学中学部时行之有效的一套办学方法，从教育原理和学生特点出发，主张学生自治。他认为，我提倡学生自治，根本便只是因为那是合于我的教育理想，即之前我说教育要顺着学生生长的原理，使他在心理方面和社会方面得着他合当的发展的意思，并强调说：

> 我以为学生自治是要逐渐使学校主权操于学生……我们要学生将来做主人，不可只顾叫他在学校里做奴隶。要他做社会的主人，须先让他做学校的主人，以练习做主人的能力与品性。我承认学生自治的性质是如此。[11]

在恽代英看来，学生对教师，爱便易信，信便易从。果然爱了信了，相见指挥如意。因此，教师从事教育事业，要以生为本。否则，不配做教师。教师也应当求教育方法的更新，正确引导学生。简言之，凡学校的事，应由学生严格监督教职员，教职员也要严格监督学生。

恽代英主讲修身课，废除旧教材，采用白话文，自编新讲义，紧密联系社会问题、家庭问题和个人修养问题，结合自己在中华大学互助社的实践，娓娓道来，成了学生最喜爱的课程。每逢他讲课时，课堂上总是挤得满满的，连窗外阳台上也站满了人。他要求学生树立远大的理想和正确的人生观，既反对"饱食终日，无所用心"，也鄙视"两耳不闻窗外事，一心只读圣贤书"，梦想通过个人奋斗的道路，达到成名成家目的的人。他经常在学生中举行人生观的讨论会，学生提出的一些问题，他总是不厌其烦地予以解答。他特别注意传播马克思主义，指导学生阅读《共产党宣言》《新青年》等进步书刊。他还通过李求实、吴化之、刘茂祥深入学生之中，帮助积极要求上进的学生组织了求我社、觉悟社、爱智社、新群社、互助社等爱国进步的社团组织，培养学生的自治能力，上任才两个月，便使宣师校园形成了良好的积极向上的氛围。

这年5月，恽代英应芜湖学联的邀请，去芜湖五中讲学。在这里，他会见了少年中国学会的好朋友沈泽民，他俩畅谈了改造中国教育的问题。恽代英主张，青年学生到民间去，到社会去，特别是要到农村去了解农民的疾苦，找到中国社会的病根，大家合力都去拔病根，救中国。沈泽民完全同意恽代英的观点。

这时，来自江北和县和含山县的两位学生代表慕名而来，找到恽代英，请恽代英为他们即将出版的《和含学会会刊》创刊号写篇序言。

原来，安徽和县和含山县两县在外地读书的进步青年，为乡土运动团结起来，成立了一个进步社团"和含学会"。为指导学会的工作，交流工作方法，他们创办了《和含学会会刊》，创刊号的文稿都编好了，就缺一篇发刊词。

恽代英听了两位青年的介绍，非常高兴："你们全为讲学做事而结合，一定是很有希望的。"还鼓励他俩说："你们的结合，完全不同于那些为了私心感情、营谋私利而结合的同学会、同乡会。你们的结合，是为社会正当的结合。中国正是需要有你们这样的青年！"

随后，恽代英泼墨挥毫，一气呵成《〈和含学会会刊〉创刊序言》：

和含学会，是和县同含山同志的青年，为乡土运动而团结起来的……在结合了之后，用什么法子可以对社会多生些功效呢？我可以说，少做场面上的事，多做骨子里的事。少做扎空架子的事，多做切实的事。少做与人捣蛋的事，多做改进自己改进团体的事。这样和含学会，可成为中国乡土运动一个模范团体。

学会的个人修养圆满了，团体实力充实了，三五年后，自然可以改造乡土。人只怕不好，好人只怕团结不起来，团结起来只怕中途变坏了；不然我们年纪一天天长大，学问一天天进步，声望地位一天天继长增高，为什么愁不能改造乡土？乃至改造中国呢？

和含学会的同志努力了！[12]

和含学会会员受到恽代英的鼓励，对当时安徽的乡土改革，更主动积极了。

恽代英在宣师废寝忘食地埋头工作，每天达10小时以上，有时一天撰文竟达1.5万多字。由于他过于专心，经常忘记进餐的时间，等他到食堂时，卖饭师傅早已离去，以致常挨饿。后来他和同事巴叔海约定，每次餐前，巴叔海经过他的门以筷子敲打饭碗为号，表示开饭时间已到。恽代英闻号才搁笔，去进餐。他的生活十分简朴，行李仅有一条棉被，半垫半盖，以度严冬。一把雨伞，一包换洗的衣服，就是他身边的长物。衣物更换，均自己洗涤，从不借手他人。他的月薪较丰，在百元以上，还时有稿费，但却省吃俭用，除资助李求实、吴化之、刘茂祥三位学生外，还要资助其他家境贫寒的学生。有两位贫苦农民家庭出身的学生，因家乡闹饥荒，无法继续读书。恽代英知道后，立即找到这两位学生，热情地对他们说："一个有志青年，要不怕困难和挫折，你们要读下去，要刻苦学习；更要关心国事，为民分忧，将来做国家的栋梁。"他拿出钱，资助这两位学生，使他俩免于辍学。

宣师监学唐石亭闻讯，恶意地说："恽先生是有知识的人，如何竟同乳臭未干的穷学生亲如手足呢？"唐石亭是占田万亩的劣绅，平时盘剥克夺，打骂学生，不以为耻。恽代英正气凛然地回敬他："为官不为民，不配当官；教师不爱生，不配当先生！亏得是你监学讲屁话！"

唐石亭气得五孔冒烟，对恽代英怀恨在心，处处排挤打击他。恽代英对唐石亭的腐朽教育思想和恶劣行径进行了坚决的斗争。有一次，一个学生为生病同学煎中药误了课，唐石亭罚他的站。恽代英气愤地说："监学管教无方，理应陪站。"搞得唐石亭十分狼狈。

恽代英十分关爱宣师附小，专为附小写了一首校歌，热情寄望今日少年，将来成长为亚洲主人翁：

> 敬亭拱北，宛水环东，
> 山川明秀郁葱茏。
> 高斋荫影，叠嶂重重，
> 吾校巍然镇其中。
> 今日少年，断粥身躬，
> 将来东亚主人翁。
> 前程万里，毛羽须丰，
> 一旦奋起何其雄。[13]

这首饱含热情、激人向上的校歌，至今仍在传唱，鼓舞新时代的少年奋发图强，立志做无产阶级革命事业的接班人。

1921年5月来临了，恽代英以更高昂的英雄气概投入战斗。他在纪念五四、"五七"国耻日的群众大会上，慷慨激昂地发表演讲，以朝鲜亡国的惨痛教训，激发民众振作起来，投入救国的运动中。他愤怒揭露反动军阀媚外卖国的罪行，无情鞭挞土豪劣绅鱼肉乡民的无耻行径。他大声疾呼："朝鲜就是我们的一面镜子。我们如再醉生梦死，帝国主义就会很快地来侵略我们，中国腐败政府，只知仰赖帝国主义任其宰割，这就是捆锁四万万人民的一条大铁链。"在他的鼓动和率领下，宣城掀起了爱国的热浪，爱国学生和青年纷纷走上街头，捣毁了一些专售日货的商店，宁静的"宁国府"沸腾起来了。

6月中旬，宣城的地方反动势力对恽代英的革命活动恐惧万分，县商会会长朱洞词和监学唐石亭联名拍电报给安徽省政府，诬指恽代英"组织党羽，煽动学生，图谋不轨，大逆不道"。安徽省军阀张文生接电后，立即下令通缉恽代英。

章伯钧校长有权邀请恽代英来宣师任教导主任，却没有能力阻拦恶势力对他的迫害。

恽代英闻讯后，被迫离开了宣城，带着李求实、吴化之、刘茂祥和宣师的进步学生梅大栋、李延瑞等，与宣师师生依依不舍挥泪而别。他们一行笠帽跣足，到黄山进行了为期近半个月的旅游调查。

在安徽宣城中学校史馆，藏有一份珍贵的历史文物。这就是《梅大栋日记》，记载有恽代英一行当年在泾县南陵及黄山山区旅游及农村调查5天的活动情况，实在难得，特录下：

6月19日，下午5时，抵太平县城寓西街王大顺客栈。

6月20日,早上将零物交店主保管。七时半,出太平县南门行十里至三口镇,市面很好,再走三十里至谭家桥,进食后向左走小路上山,行二十里至三岔,过乌泥关、天都保障小城后,约计十里抵歙县汤口,宿三岔。

汤口烟火数十家,但买菜无门,饭需自煮,真奇俗也。

6月21日,七时入山,计行七里至小补桥(古名卧龙桥)过桥为汤池浴,半小时入紫云庵饮茶,门额题曰:"第一茅棚",又曰"第一洞天"。寺宇颇广洁,寺外箩条亦不见天,少进石折,登罗汉级之千余重,三里抵朱砂庵(即慈光寺),坐朱砂峰,面紫云峰。右进石级越险,终止悬崖上,凿石恰容一足,下临无地(即中心坡),过天都峰,上刊"观止"二字,十五里到文殊院进食,颇寒,复行至莲花沟。鳌洞天、阎王壁、狮子林宿十五里。天海以后为下岭,积石指路颇妙。

6月22日,五时出狮子林寺,登始信峰,白云在脚下数十丈如雪,青峰出没于其间,真云海也!下山回寺进食,此行为六里。饭后由寺后石上观凤凰柏、卧龙松,又上清凉台,观石笋峰及各种怪石。此台有破石松,已枯,尚有对面一破石松,此处刊有"奇特"二字。复前行十五里至松谷庵,又下十五里至岭村,路过油潭清龙,越岭五里,满村八里,绕村十二里至太平县。已五时,饭后访此地高小,今足观这校还好。

早成律诗三首,对梅大栋等说:"韵考不住。"

(一)

我生暇日本无多,为爱名山作此游。
凿石悬崖恰容足,攀登绝顶尽开怀。

苍茫天壤四望阔，绰约奇峰一眼收。
珍重大家健腰脚，终南华岳未全过。

（二）
我曾三度上匡庐，如此奇峰到处无。
初试汤池水刚热，又看黄海雪平铺。
草埋幽径人少过，风送深岭有鸟啄。
犹恨未能登绝顶，莲花峰外数天都。

（三）
久闻人说黄山好，今日欣登始信峰。
列嶂有心争俊秀，古松无语兀能钟。
置身霄汉星辰近，俯目尘寰烟雾封。
到此方知是云海，下藏幽壑几千重。

6月23日，上午八时起行，同出西伊，恽代英、李求实、吴化之往九华。

与梅大栋分别后，恽代英等继续进行农村调查。

当年一直陪同恽代英的吴化之回忆说，在黄山的半个月，"每天步行十里，有时住在农民家里，有时住小店或山林古庙。我们自己买米，借农民的锅做饭。我们边走边看，同当地农民交谈，了解农民生活和教育状况。虽然我们对农村经济情况、租佃关系、剥削关系也做过调查，知道那里的地主和佃农对田里粮食的收入大半用的四、六开，感到那里的农村破产，但我们当时偏重的还是农村教育。在皖南山区旅行途中，代英很关心农民疾苦，和老人们谈他们怎样移进山区，怎样耕作；和青年人谈学习识字，如何摆脱愚昧落后的状态。他十分喜欢山区农民的勤劳质朴生活。他认为中国农村面貌，应该是有志青年的责任，尤其是师范学校的青年人，必须立志到农村去，到田间去，了解农民的痛苦，找寻摆脱痛苦的方法，教育他们去为解除自己的痛苦而奋斗。他认为，真正了解农民生活的人，才会同情于农民，这种人说的话做的事才能打中农民的心坎，才能为农民所信任；能得到群众信任的人，是世界上最幸福的人"。

独立探索建党

在安徽宣城的这段时间，是恽代英由爱国主义向马克思主义快速转变的时期，也是他独立探索建党的一个重要时期。

中国共产党是马克思主义与中国工人运动相结合的产物，它是在中国社会本土内生的，是中国近代社会发展的必然结果。

1920年8月，中共武汉早期党组织成立后，中共上海早期党组织曾致信包惠僧（时任中共武汉早期党组织书记），要他与恽代英联系，吸收利群书社的优秀分子入党。但由于各种原因，恽代英始终没有与包惠僧及共产国际代表联系上，从而走上了在中国独立探索建党的道路。

与陈独秀、李大钊一样，恽代英这时也开始在工人阶级的沃土中播撒马克思主义的种子。创办利群书社后不久，恽代英又在武昌大堤口创办了利群毛巾厂。这既是他试验"共同生活"的另一个基地，也是他与工人阶级联系的一个重要据点。在这里，恽代英结识了第一批工人朋友。他经常深入工人群众之中，向他们宣传劳工神圣、妇女解放等道理。林育英（张浩）、陆若冰等人就是在这里学习到马克思主义并走上革命道路的。1920年4月，恽代英又和施洋、李书渠等人发起成立湖北平民教育社，专门招收经济困难、没有上过学的工人及其子弟。恽代英、施洋等人经常关注工人的艰难生活状况，在教学中启发他们的阶级觉悟，深受工人群众欢迎。他还和林育南、林育英在黄冈林家大湾恢复了浚新小学。由此可见这时恽代英已将关注的目光从青年学生扩展至贫苦的工农之中，从单纯的先进思想文化宣传转向了实际的革命活动。

恽代英在去安徽宣城时，已接受了马克思主义的一些基本观点，但还没有完全剔除掉非马克思主义的思想杂质。到宣城后，他的思想又不断向前发展。工读互助主义从本质上讲是空想社会主义。企图用这种改良主义的方法改造中国社会，注定是行不通的。果不其然，北京大学工读互助团最先成立，也最先失败。上海沪滨工读互助团勉强坚持到年底，也因经济困难、无法维持而被迫解散。恽代英在武昌的"共同生活"试验，也面临重重困难。何孟雄在北京工读互助团失败后，从空想社会主义梦想中惊醒过来。他大声疾呼："我在这里，忠告我们青年们，自己慎重点！社会的黑暗，比家庭更黑暗呢。不要听文化运动功臣们的门面话。自己没有本领，只管蓄本领去，不要上当呢！"[14]

听了何孟雄的话，恽代英头脑也清醒了许多。他说："我们血气方刚的少年听着，这是深受其害的人所说的。我们要知道工读虽是好事，但对于生活能力不充实的人，不是容易做到的事，不要轻易地盲从妄动呢。"恰在这时，《新青年》开展了社会主义大讨论。这场大讨论促使恽代英迅速地向马克思主义转变。1920年12月，陈独秀在批判张东荪改良主义的同时，对恽代英的《未来之梦》也提出了批评。他指出："在全社会的一种经济组织、生产制度未推翻以前，一个人或一个团体绝没有单独改造的余地。试问福利社以来的新村运动，像北京工读互助团及恽君的《未来之梦》等类,是否真是痴人说梦?"¹⁵这使恽代英的思想受到极大震动。

1921年初,在芜湖省立五中任教的沈泽民致信恽代英说:"教育问题,正如一切问题一样,不把全部社会问题改造好了,是不会得到解决的。"

恽代英完全同意沈泽民的观点,回信称赞沈泽民看问题深刻,"目光如炬"。

4月21日,林育南致信利群书社朋友,介绍了刘仁静与他讨论马克思、安那其问题的意见:

> 昨天仁静来,他说暑期约代英在武昌开"社会主义的辩论大会",于是我们就大谈起社会主义了。他力言马克[斯]思主义是怎样的彻底,方法是怎样的切实,并且说无政府主义是空空洞洞的,所以他是信仰马克[斯]思主义,而不大满意于无政府主义的.我们又谈到小组织的(这小组织是指向外宣传主义,用教育和其他组织的力量去改变旧社会建设新社会的雏形的非个人主义的)平和运动和大破坏的激烈运动的种种问题。谈论的结果,他是主张后者,但亦不反对前者。我的意见是二者须同时并进,互相为用,不可缺一。¹⁶

6月,林育南又致信恽代英,诚恳地批评了《未来之梦》的空想主义,他说,共同生活不能实现,亦觉实现无必要。"总而言之,我们这种理想仿佛是对的,但审查社会情形和我们的力量,恐怕终究是个'理想',终究是个'梦'呵!"¹⁷

陈独秀的批评和挚友林育南的信,促成恽代英信仰了马克思主义。

恽代英在参观北京大学工读互助团时，曾与王光祈、何孟雄探讨过该团失败的原因。

王光祈说："主要是缺乏管理经验。"

何孟雄不同意王光祈的观点，"认为主要是经济能力不足"。恽代英当时只是认真地听，没有发表意见。

看见陈独秀的文章和林育南的来信，再结合自己的实践和处境，恽代英接受了何孟雄的观点。6月15日，他致信王光祈说："你很不信经济压迫，能力不足，为工读互助团失败的理由……但以我一年来利群书社的生活，深信都市中作小工商业，实有不免受经济压迫的地方……我们真的饱受了经济压迫的况味。"[18] 后来他又回忆说："记得我从前痴想以为我开办了一个小商店，便可以由怎样的发展以至于完全改革社会，于是做了一篇《未来之梦》，大发其狂热……但是事实上证明我这只是一个荒诞的空想，改革社会绝不是像这样做下去就能有功效的。"[19]

恽代英是怀抱着远大理想，企图通过改造教育达到改造社会，实现"未来之梦"美好愿望来到安徽宣师的，但却受到旧社会恶势力的残酷迫害和经济的无情压迫，使他在宣师一度感到十分"怅惘"。他曾写过一首诗《一刹那的感想》表达了自己苦闷的心情：

> 昨天蓦然地想起来，这魂魄不曾有个地方安放。
> 这飘零的生活，令心中每觉怅惘。
> 我待要不努力，眼看见许多天使样的少年，
> 一个个像我样的堕入劫障。
> 我待要努力，这罪孽深重的人类啊！又处处的打消了我的力量。

是我对不住人类么？要人类对不住我么？

我愉快的灵魂，亦似乎感觉痛苦了。这似乎是我听见了我的灵魂哀唱。

我知道我应该努力，但我应该有更合宜的努力地方。

长铗归来乎！何处是我的家乡？

令我这一颗柔软的心儿，永远的这样系思怀想！[20]

"更合适努力的地方"究竟在哪里？"何处是我的家乡？"恽代英没有悲观，还在苦苦地寻觅着。

恽代英一行结束黄山旅游农村调查后，来到芜湖大通码头，在这里分手了；李求实、刘茂祥乘船逆行而上，回到武昌与利群书社工作；吴化之和李延瑞等重返宣师学习；恽代英则只身乘船顺江而下，去南京参加少年中国年会。

1921年7月1日至4日，少年中国学会在南京高等师范学院梅庵举行年会。就在这次年会后，恽代英确定了自己的马克思主义世界观。

年会在讨论学会宗旨和主义时，邓中夏、高君宇、刘仁静等坚决主张学会应确定社会主义的方向；左舜生、陈启天、余家菊等则主张学会应成为从事"社会活动"的改良主义团体。这实际上是马克思主义和改良主义争论在少年中国学会内的反映。恽代英起初在年会上采取调和态度，以免"伤感情，生隔阂"，造成学会分裂。但当他见学会分裂已经不可避免时，便坚决支持邓中夏等人的社会主义思想观点。会后，他在致少年中国学会会员杨钟健的信中说："我在南京曾力为学会作调和派。调和非我本意，然当会及会后均见学会有树立一定明确旗帜的必要，实无调和的余地"，"我私意近来并很望学会为波歇维式（即布尔什维克式）的团体，这是年会后思想的大改变。"[21]

1921年7月15日至21日，恽代英从南京返回湖北后立即召集受利群书社影响的林育南、林育英、唐际盛等24位进步青年在黄冈浚新小学召开会议，宣布成立具有共产主义性质的革命团体共存社。其宗旨是："以积极切实的预备，企求阶级斗争、劳农政治的实现，以达到圆满的人类共存为目的。"[22]这与随后召开的中国共产党第一次全国代表大会通过的第一个纲领的基本精神完全一致。中共一大召开后不久，恽代英获悉了中国共产党正式成立的消息，立即宣布解散共存社，与林育南、林育英、李求实、萧云鹄、李书渠、廖焕星等先后加入中国共产党。他们从此为共产主义理想不懈奋斗，直至生命的最后一刻。

共存社虽然名称与中国共产党有别，但它事实上是带有无产阶级政党性质的革命组织。新解密的俄罗斯档案印证了这一点。1922年1月21日至2月2日，林育南代表共存社出席在苏俄伊尔库茨克召开的远东各国共产党及民族团体第一次代表大会。林育南抵达苏俄后，用中、俄两种文字填写了一张《调查表 中华共产党部》，其中第5栏"现有什么委任状？"林育南写道："有共存社的委任状"；第6栏"原属什么党派或团体？"林育南写道："共存社（共产主义团体）的社员。"[23]共存社的成立，说明建立一个全国统一的无产阶级政党来领导中国革命，已经成为当时中国革命者的共同愿望。

恽代英独立探索建党的实践，表明中国的无产阶级政党迟早也会成立，这充分证明中国共产党的诞生是历史的必然。

... 注释 ...

01 《恽代英全集》第三卷,人民出版社,2014年版,第99页。
02 《恽代英全集》第三卷,人民出版社,2014年版,第118页。
03 《恽代英全集》第三卷,人民出版社,2014年版,第341页。
04 《恽代英全集》第三卷,人民出版社,2014年版,第124页。
05 [美]埃德加·斯诺,《西行漫记》,三联书店,1979年版,第129页。
06 《毛泽东早期文稿》,湖南人民出版社,2008年版,第587–588页。
07 [美]埃德加·斯诺,《西行漫记》,三联书店,1979年版,第131页。
08 《恽代英全集》第三卷,人民出版社,2014年版,第98页。
09 《恽代英全集》第四卷,人民出版社,2014年版,第41–42页。
10 吴蔚春:《恽代英在宣城师范》,《回忆恽代英》,人民出版社,2015年版,第253页。
11 《恽代英全集》第五卷,人民出版社,2014年版,第1页。
12 《恽代英全集》第四卷,人民出版社,2014年版,第545–546页。
13 存安徽宣城中学校史馆。
14 《恽代英全集》第四卷,人民出版社,2014年版,第174页。
15 陈独秀:《关于社会主义的讨论》(十三),《独秀复张东荪信》,《新青年》第4号第23页,1920年12月1日。
16 《林育南文集》,人民出版社,2014年版,第28页。
17 《林育南文集》,人民出版社,2014年版,第32页。
18 《恽代英全集》第四卷,人民出版社,2014年版,第500页。
19 《恽代英全集》第八卷,人民出版社,2014年版,第41页。
20 《恽代英全集》第四卷,人民出版社,2014年版,第493–494页。
21 《恽代英全集》第四卷,人民出版社,2014年版,第533页。
22 《浚新大会纪略》,载《我们的》第7期,1921年8月10日。
23 中共一大会址纪念馆:《中共首次亮相国际政治舞台档案资料集》,上海人民出版社,2016年版,第328页。

第四章

巴蜀播火

初抵川南师范

1921年10月,已经成为马克思主义者的恽代英,满怀革命激情和新的希望,从汉口江汉关码头,乘"同和"轮溯江而上,离开白云黄鹤的地方,前往四川泸县(现泸州市)川南师范学校。

他是11日启程的,行1440里,14日晚至宜昌。船上空气和伙食极差,上岸又是阴黑天,正下着雨,致眼光眩黑二次,不敢马上换船,在宜昌休整一天。

16日,转"安宁"轮,行960里,过长江三峡,17日抵四川万县(今重庆市万州区)。因没有去泸州的通行证,被川兵"扣住",带到驻军团部。

"你叫什么名字,到四川干啥子嘛?"一脸横肉的团长斜视了恽代英一眼,漫不经心地问。

"我是恽代英,川南师范学校校长王德熙受杨森师长之委托聘我去任教导主任的,不信打电话问你上峰去!"恽代英生气地回答,"我在船上就对两个弟兄讲了,他们不信,硬要带我来见你。误了我的行程,你要负责!"扣了杨师长要请的人,这还了得!团长听了恽代英的回话,屁股像触电一般,立即站起来,满脸堆笑连声说:"误会了,误会了,对不起!对不起!"他转过身,对押解恽代英来的两个卫兵大声吼道:"还不快点送先生乘船。"

等恽代英回到码头,"安宁"轮早已驶离。他只好重买18日的"大来喜"轮船票,继续西行。当船行915里离重庆还有45里时,"大喜轮"撞沉了一艘民船,船主怕行至重庆船被学生扣留,不敢前行。恽代英无奈,只好另雇民船,直到21日清晨才到达重庆朝天门码头。

*

泸州川南师范学堂旧址

恽代英急忙去拜访老友陈愚生，陈愚生仍在从北京回来的途中；他又去重庆夏令营访邓中夏，邓中夏因学生夏令营结业了，讲完学后已离开了重庆，也没见到。恽代英曾和陈愚生、邓中夏约定在重庆谋面的，结果阴差阳错，一个也未见到，心中难免有点失望，便到川东师范闲踱，从门卫师傅处了解到，川东师范校长张明纲在小井刘泗英家。刘泗英和陈愚生、邓中夏都是少年中国学会会员，也是恽代英的朋友。恽代英便前往小井，想去拜见刘泗英。不巧，张明纲、刘泗英都不在，也没会着。

恽代英只好给刘泗英留下一张便条，仍回到船上。晚上，刘泗英和少年中国学会的另一名会员彭云生找到船上，邀请恽代英上岸，并告诉恽代英，陈愚生刚回到家。于是，恽代英上岸，住到刘泗英家里。

第二天，陈愚生、刘泗英、彭云生与恽代英一起畅谈理想和未来，无比兴奋。

恽代英来到重庆的信息不胫而走，像他这样五四时期涌现出来的教育家，当地学术界岂能轻易放过，纷纷慕名而来，请他前去演讲。

23日，恽代英应邀到重庆联合中学演讲，激起强烈反响。次日，联中教务主任偕学生代表10余人，前往刘泗英家，恳请恽代英担任重庆联合中学训育主任，大有"拦劫"之意。

"恽先生，联中全体师生都欢迎你，你就留在我们联中吧！"

"不能呵！"恽代英婉言谢绝道，"我已接受了泸州师范的聘请，不能失信于人呢！"

联中师生代表知道恽代英是个特别讲诚信的人，只好作罢。

25日，恽代英又应川东师范校长张明纲的邀请前往该校讲演，也是大受欢迎。演讲毕，张明纲告诉恽代英，前往泸州的船停开，没有往泸州的船票。

恽代英无奈，只好雇请了一架滑竿，走旱路，于26日离渝赴泸，一路攀山越岭，行走得十分艰难，整整走了5天，才于30日抵达泸州。11月，恽代英在致友人杨效春的信中说：

> 重庆至泸，三百八十里，坐轿。臂部、大腿、脚跟均有疮患，颇不便。坐轿全是忍痛，只因性急要走。[01]

王德熙校长在川南师范门口热情相迎："总算将你盼来了！"

恽代英无比感慨地说："我这次真的体会到'蜀道难'的滋味了！"

泸县是四川永宁道的道府，物产丰富，尤以盛产泸州大曲酒而驰名中外，被誉为"川南的明珠"。又因地形险要，扼川南的咽喉，历来为兵家所争，故有"铁打的泸州"之称。五四运动后，这儿又是新思想十分活跃的地方，黑暗与光明展开了殊死的搏斗。一批受到新文化运动熏陶的先进知识分子，先后来到这里耕耘。地方实力派人物，为笼络人心，巩固自己的统治地位，也趋向新潮。

1921年，四川陆军第九师师长兼永宁道尹杨森，极力标榜民主，主张改革，提出了"推行新政，建设新川南"的口号，起用一批进步知识分子，实施一系列改革活动。在教育方面，他聘请《川报》主笔卢思（卢作孚）为道尹公署教育科长。这年暑假，卢思赴重庆，找川东道尹秘书长陈浼（陈愚生）商量如何改革川南师范学校问题。

卢思特别提出，请陈浼为其推荐川南师范学校校长和教务主任。陈浼推荐王德熙任校长，恽代英任教务主任。卢思是王德熙、恽代英等介绍于1921年冬参加少年中国学会的，所以，他欣然同意。王德熙暑假后就上任了,他正焦急地等恽代英快点来泸州呢!

川南师范学校是1901年兴办的一所新式学堂,也是川南25县培养小学师资的唯一学校,1913年改名为川南联合县立师范学校。

恽代英初来乍到,这所学校给他的第一印象是:

> 校舍太坏而小:(一)无游戏地方;(二)无练习体育地方;(三)小学在旁唱歌或喧戏,而本部授课,殊为不宜。而附近又无隙场……交通不便,书物设备,远水不救近火,真正无可奈何。[02]

但也有令恽代英高兴的方面:校长王德熙勤朴真诚,聘了一批少年中国学会会员来校任教,如穆济波、周晓和等,还有附小的胡兰畦、秦德君也都是女性中新派人物。因此,校内气象颇好,犹如当年中华大学中学部一般,比起安徽宣师同事中一部分"狂士名士,公然认做教员是为自己"的风气,有着天悬地隔。所以,在恽代英看来,这所学校,人才"济济多贤","比较或尚有改造之望"。[03]

这些又激发了恽代英高昂的革命热情。他除了受聘任教务主任外,还兼任全校学生的英语老师。

"实行新教育"

恽代英到泸州后,顾不得休整,立即投入紧张的工作。第二天上午,王德熙校长为恽代英主持召开欢迎会。卢思科长莅临会场,包括附小教师在内的全校200余名师生,都急切地想一睹这位新来的教务主任的风姿,早就来到学校的"风雨操场"等候,秩序井然。他们中不少人,曾读过恽代英的论文,在恽代英到校之前,王德熙校长又向他们介绍过恽代英在武昌中华大学中学部和安徽宣城任教的情况,因此,师生们对恽代英无比尊敬和期待。所谓"风雨操场",就是在校内院坝梯级处盖的一栋简易房子,刮风下雨时,学生就在这里上体育课,师生集会和学术讲演,一般也在这里举行。不一会儿,王德熙校长、卢思科长陪同一位身着灰色长袍,脚穿青布鞋,光头,戴着高度近视眼镜的青年先生,健步来到会场。

王德熙校长主持会议。他西装革履,十分潇洒,先请卢思科长致欢迎词。卢思热心教育,有志在泸州"彻底改革教育,以青年的行为为教育中心"。他身着青布长衫,头戴瓜皮帽,长衫外加了件马褂。这是当时官场上流行的着装。

卢思讲话还比较实在。他简要介绍了在泸州"推行新政,建设新川南"的愿景,代表教育科欢迎恽代英来川南师范任教,寄望恽代英为建设新川南献智献策。

王德熙校长接着向师生们介绍了恽代英来泸州的艰辛旅程,表达了对恽代英的无比崇敬的心情,随后请恽代英讲话。

恽代英微笑着,亲切而又热情地说:"我是被建设新川南的口号所感动而来到川南的,卢思科长,德熙校长都是有志推行新政、建设新川南的志士,我深受鼓舞呢!"

恽代英接着说,"建设新川南,人才是关键。人才哪里来?靠培养。川南师范是川南25县培养人才的基地,现在有在校生200余名,也就是你们诸位。你们毕业以后,将成为川南各地小学的新教师,经过你们,就能培养数千名学生,你们了不起呀,所以我认为,建设新川南,你们是主力军,就靠你们诸位了。只要一致努力,假以时日,这个目的是能够实现的!"

恽代英热情洋溢的讲话，鼓舞了全场师生，大家报以热烈的掌声。

欢迎会结束后，王德熙校长与恽代英又单独讨论了学校的改革问题。

11月4日上午，王德熙校长主持校教职员会议，由恽代英报告全校教育标准。他说："本校教育以养成品性才能学识完满合格之小学教师，此项教师能为社会负责，与儿童以合理的教育，且同时能从事于各项有益的社会运动为宗旨。"04 也就是说，学生学习的目的，不是为了饭碗主义，毕业以后找个教师职业以糊口，而是为了改造社会。

接着，他进一步做具体说明，"在品性方面要特别注意培养学生诚信、勇毅、勤俭、敬慎、急公、负责、博爱、进取八德。教师在训话或授课时，都要遵循八德的要求，与八德相悖的行为，绝对不加提倡，同时，要注意考查学生的个性，发现有违八德者，要及时勤戒辅进。"

在才能方面，恽代英说，"要特别注意培养学生成为健全的事业家，须使学生敏决、有计划能力、善观察环境、善与人协力做事。所以，在训育方面，要多使学生练习处理实地事务，如自治会及其他课外事务；要在课业上及课外事务上，培养学生计划事务的能力；要多使学生参观调查与他们将来事业密切相关的社会情况，要多注意学生团体的训练，以增进其群处的能力。"

王德熙校长和全体教职员工都聚精会神地听，认真记笔记。

恽代英继续说，"讲到学识，当然必须是为民造福的、社会实用的各种知识。作为小学老师，他们的知识面要广而博，不在专和深。凡社会所需的人文、社会、历史、地理、博物、理化等基本知识，都要在校内打下良好基础。所以，认为只要能写日常应用文的人就可以任小学教师的看法是荒唐可笑的。"05

恽代英关于教育标准的讲话，得到王德熙校长的支持和全校教职员的拥护。

恽代英根据自己提出的教育标准，大刀阔斧地改革，积极拓展革命阵地，宣传马克思主义，将革命的火种播撒巴蜀。

他在课堂上对学生进行马克思主义的教育，在社会上进行新思想新风尚的宣传。还在进步学生中成立"学行励行会"和"读书会"，将他们团结在自己的周围。

五四运动以后，马克思主义和各种新思想，吹进了闭塞的"天府之国"。川南师范学校的学生，思想呈现出一派活跃景象。但是，有的学生受无政府主义等错误思潮的影响也很深。为了教育学生，恽代英深入学生之中，组织学生各抒己见，展开热烈的讨论。他用摆事实、讲道理的方法，结合自己的思想转变，循循善诱，指导学生认识无政府主义等错误思潮的危害性，帮助他们端正学习目的，树立正确的人生观。同时，在教学内容上，他改国文课为语体文，选用《新青年》等报刊上的优秀文章作教材，并鼓励学生阅读新书报刊。他还利用自己擅长英文的特点，利用教外文的机会，积极向学生宣传马克思主义，并把自己翻译和保存的马克思主义的经典著作秘密在进步师生中传阅，把他们团结在自己的周围。教师刘愿庵，敬佩恽代英的道德品质和才华，追求真理，常和恽代英一起学习《共产党宣言》《阶级争斗》等马列著作，讨论时事政治。在恽代英的影响下，刘愿庵立志"以谋中国人民及全世界被压迫者的胜利为终身事业"，1925年加入中国共产党，曾任中共四川省委书记，因叛徒出卖于1930年5月7日英勇牺牲。

为了扩大革命影响，恽代英还走向社会，宣传马克思主义和新文化。

为建设新川南，教育科长卢思，在白塔寺创办了一个通俗讲演社，许多富有新思想的进步人士，常轮流登台演讲。恽代英将这个场所视为宣传的重要阵地，每逢星期三和周末就来到这里作演讲。他向人民群众精辟地分析国内外政治形势，讲解中国人民近代以来特别是五四运动后彻底反帝反封建的英雄史实，使广大人民群众提高了思想觉悟。附小教师秦德君回忆说：

> 他讲的每一个问题都分析得很清楚。他一口湖北话，却口齿清晰，辞藻不仅通俗而且雅俗共赏。态度和蔼而严肃，吸引力极大。听讲的人愈来愈多，会场容纳不下这许多听众，但是他们情愿站在会场外面隔窗倾听。那时没有扩音设备，可是代英同志嗓音洪亮，谈吐从容，使距离很远的人们，也都能听得很清楚。[06]

恽代英改革教育，就是要使教育成为改造社会的工具，把教育改造与社会改造结合起来。在他看来，改造社会最紧迫的事，莫过于发展社会教育，使广大的贫苦农民和工人的孩子能够读书识字。为此，恽代英积极向卢思建议，在泸县兴办平民夜校，并与王德熙校长商议，将平民夜校首先在川南师范实行起来。

王德熙校长支持恽代英的意见。平民夜校很快在川南师范建立起来，并影响到泸县其他学校，也办起了平民夜校。

川南师范平民夜校第一期招收学生36名，由恽代英直接负责。

平民夜校是免费的，开设国语、数学、训话、自由谈4门课程。国语教材是恽代英亲自编写的，将普及文化教育和启迪思想觉悟有机结合起来，思想性强，又通俗易懂。

在泸州市委党史研究室，保存有恽代英当年编写的平民夜校《国文》第一期课文，今天读来，也是感人至深：

◇ 第一课　起来
起来做什么，不要做奴隶的奴隶，我们要做国家新主人。

◇ 第二课　革命
人人要革命，革命要有人，工农大团结，祖国有前程。

◇ 第三课　心何忍
中国地大人又多，特产丰富，洋鬼子太可恶，把我们中国当块肉，鲸吞蚕食心太狠，国破大家心何忍，心何忍？

◇ 第四课　气
志气、朝气、勇气，有了这些气，什么都不惧，革命胜利再胜利。

◇ 第五课　最宝贵
过去现在将来，昨天今天明天，天天在变化，时代在前进，社会在发展，革命时间最宝贵，一刻不能缓。

◇ 第六课　比和想
资本家有金钱，地主有田园，哪来的金钱？哪来的田园？工人们苦又穷，农民们穷又苦，年年劳动，年年穷苦。为什么两个样？我们比一比，我们想一想。

◇ 第七课　谁作主
工人作工，农民种田，劳动创造一切，劳动真伟大，劳动创造世界。国家谁作主？人民坐江山，工人掌天下。

◇ 第八课　新方向
变政必先变俗，变俗必先教育，树立新思想、新风尚，改变旧封建，旧风俗。世界上社会上，新的就是新方向，民族兴旺，国家兴旺。

◇ 第九课 打倒

不当奴隶，不当奴才，大家站起来，打倒列强，打倒军阀，打倒卖国贼，打倒贪官污吏。我们要顶天立地，继往开来。我们有希望，我们是未来。仇要报，恨要消，国家兴亡，人人有责。起来，站起来，革命在今朝。

◇ 第十课 争

团结起来争，争自由，争平等，争民主，争和平。列强也在争，世界也在争，争就前进，不争就后退。我们一切都要争，坚决争到底。一争就是幸福，不争就是耻辱，争出一个新世界，争出一个新中国。[07]

旅行讲演团

春节，是我国最重要的传统节日，亲人团聚，吃团年饭，晚辈祝长辈健康长寿，长辈祝晚辈快乐成长，其乐融融，幸福和谐。可是，1922年的春节，恽代英没有回到武汉和家人团聚。为了建设新川南，扩大革命影响，唤醒民众，他积极倡议，利用寒假，组织旅行讲演团，到农村去，宣传农民，调查农民的生活现状。

恽代英的倡议得到学校师生的热烈响应，大家纷纷报名参加。经过认真挑选，一个由教师6名、学生24名组成的"川南师范旅行讲演团"宣告成立。恽代英自任团长，童子军教练谢啸仙任副团长。

1月上旬，24名参加旅行讲演团的学生一律穿着整齐的童子军装，带着洋鼓洋号，打着"川南师范旅行讲演团"的旗帜，在恽代英、谢啸仙等老师的带领下，从学校出发了。

按照旅行讲演团出发前颁布的纪律，全体学生一律步行，身体不适和年长的老师可以乘坐滑竿。彼时，恽代英的脚生疮，走路很不方便，特别是走山路很吃力，但他背着简单的行李，脚穿草鞋，坚持与同学们一起步行，晚上就盖着一条绒线毯御寒。他最喜欢吃四川的烤红薯，每到一地，肚子饿了，就买几个烤红薯充饥。有团员问他："恽老师，你认为四川的小吃啥样最好？"恽代英不假思索地回答："烤红薯，既便宜，又好吃，还很有营养。"

生活虽然艰苦，但恽代英精神却十分愉快，一边走，一边还哼着他喜爱的"梅花三弄"曲子，并填写了新歌词——《"梅花三弄国耻歌"》。这首歌词一传十，十传百，不仅旅行讲演团全体团员都会唱，而且沿途不少受过宣传影响的农民，也能哼唱出来。

> 游行警告我同胞，国家耻辱可知道？
> 四年五月九日事，大家不要忘记了！
> 是谁抢夺我高丽？是谁割我台湾岛？
> 是谁蚕食我满洲？是谁占我山东道？
> 忽然提起条件来，海陆军队同时到。
> 看它气焰多凶横，我们应当如何好？
> 二十一条何由来，世人谁个不知晓！
> 限我四十八点钟，完全答应毋违拗。
> 可怜政府太荒唐，可怜国民空嚎咷，
> 看看不能再延迟，只好全盘答应了！
> 如今整整过七年，这样深仇犹未报。
> 何时合力保中华，都得责成我同胞。[08]

旅行讲演团从泸县出发，步行百余里，到达第一站隆昌。隆昌有个文庙坝。恽代英在这里做了第一场讲演。来听讲的多是隆昌中学的青年学生。于是，恽代英重点向他们介绍了新文化运动和五四爱国主义精神。他特别讲述了自鸦片战争以来中国逐渐沦为半殖民地半封建社会的过程，气愤地说："帝国主义列强根本不把中国人当人看，居然在上海公园门口挂着'华人与狗不得入内'的牌子，真是莫名其妙，欺人太甚！"听了恽代英的演讲，青年学生们义愤填膺，高呼"打倒帝国主义"的口号。

旅行讲演团离开隆昌后，又步行到自贡大山铺。自贡享有"千年盐都"之美称，是四川井盐的中心。但是井盐工人却过着十分悲惨的生活，工人们创造的财富，都落到了帝国主义和军阀的手中。

川南师范学校许多学生的家就住在大山铺，旅行讲演团的到来，自然受到学生家长以及回乡过年同学的热烈欢迎。当天晚上，恽代英在大山铺演讲，前来听讲的各界群众达400余人。

恽代英操一口标准的湖北话大声地说："日本帝国主义亡我之心不死，提出了灭亡中国的二十一条，我们能答应吗？"

"不能！不能！不能！"听众发出了愤怒的呼声。

"是的，天下兴亡，匹夫有责，"恽代英继续说，"救国的责任已经落到了我们的肩上，我们要团结起来，以俄国人为榜样，推翻军阀反动统治，将帝国主义从中国的领土上驱逐出去，建设一个没有剥削、没有压迫的独立、民主、自由的新中国。"

随后，恽代英率旅行讲演团到自贡大坟包盐场考察。盐场工人生活牛马不如。他们成天被驱使在盐井上，随着车杠不停地在泥泞中转跑，将盐水抽上来，稍慢一点就要被车杠打伤；火灶烧盐时，工人要日夜守在高温火灶旁，累得满头大汗。

可是，工人们的工资每月仅6元左右，难以维持家庭生活。而且，资本家根本不管工人的死活，生病无钱医治，死亡后草席一裹，埋入黄土了事。真是"车水一条龙，越车人越穷；血干筋骨碎，席裹露两头"。这就是当时工人生活的真实写照。

通过参观考察，同学们受到了深刻的阶级教育，对恽代英平时给他们讲的《阶级争斗》的思想内容，也有了比较深刻的理解。

1月中旬，旅行讲演团抵达富顺县城，先表演洋鼓洋号。老百姓纷纷出来看稀奇，待群众聚集后，再由学生进行演说，造成很大声势，富顺县县长也出面招待，盛赞讲演团学生的爱国主义精神。

恽代英带领旅行讲演团来到富顺县赵化镇，到戊戌变法六君子之一的刘光第墓前凭吊。他向同学们讲述了戊戌变法失败的历史后说："改良主义的道路在中国是行不通的，血的教训告诉我们，要拯救中国，只有走苏俄十月革命的道路。"

大年初一这天，旅行讲演团来到了富顺县的飞龙观。这所庙里，正殿供有几尊菩萨。飞龙观是富顺、南溪和泸州三地的货物集散地，商贸较发达，人流量大，当天上山朝拜的人络绎不绝。洋鼓洋号演奏起来后，立即引起轰动。恽代英站在石阶上，行拱手礼，先亲切地向前来观看的群众拜新年。接着就像拉家常一样和群众攀谈起来："你家几口人？""今年光景还好吧？""粮食是否够吃？"

一位中年老哥说："啥子光景好不好呢，穷人生来就是个苦命！"

恽代英笑着问道："你这位老哥，为啥子穷人命苦嘛？"

中年老哥嘿嘿地笑着，没有回答。

恽代英又问："你家有几亩田？"

中年老哥回答:"只有2亩山地,不够生活,另租种东家6亩水田。"

恽代英接着问:"租田是要交租子的,你是咋样交的?"

中年老哥回答:"对半嘛!"

这时,旁边一位年纪稍长的农民说:"对半交还算好的,有的还是四六开,甚至更高。"

这次简单的调查,使恽代英对川南农村土地占有情况有了初步的了解。

前来观看旅行讲演团洋鼓洋号表演的群众越来越多。恽代英马上趁机发表演说。他称赞中国农民勤劳、朴实、吃苦、耐劳的优秀品质,号召农民兄弟团结起来,不畏强敌,英勇斗争,为争取民族独立和人民解放而斗争。

旅行讲演团离开富顺后,经南溪到宜宾,然后顺江而下,经江安、纳溪到达合江县。这是演讲的最后一站。在县城斗姆宫前广场,恽代英登上台阶向群众演讲。他说:"人间的种种不平等,都是人剥削人的制度造成的。这种不良的经济制度必须打破,彻底改造。只有这样,才能真正消灭人间的不平等,铲除剥削和压迫,达到人人平等自由。"

合江县城一个叫李元杰的青年,当时升学无钱,谋生无术,兼以父亲早逝,寡妇孤儿,受尽土劣欺凌,社会压迫,反抗无力,彷徨于艰难的人生道上,找不到出路。恽代英慷慨激昂的演说,拨动了他的心弦。他感到恽代英讲的道理,正是自己思索了很久,而又始终找不到正确答案。他主动拜访恽代英。经过长谈,恽代英一一回答了他提出的关于人生及社会的许多问题。他深受启发,决心按照恽代英的话去做,参加了社会主义青年团,走上了革命道路。李元杰回忆说:"我一见到恽代英,就感到从来不曾有过的温暖。这样代英就不仅真正成了我的名副其实的老师,而且成了我在那个残酷无情的旧社会里的唯一亲人。"[09]杨翰笙这时也慕名找到川南师范学校,恽代英热情地接待了他。杨翰笙后来回忆说:"恽代英和我谈了七个晚上,我听了他的一番教诲,如同在黑暗中认清了光明的方向。我得出了一个结论,那就是,只有社会主义才能救中国。但是靠个人的力量是不行的,革命青年必须组织起来……在以后的岁月里,他的教诲一直都深刻印在我的脑子里,对我走上革命的征途,起了决定性的作用。"[10]

恽代英感到,在富顺飞龙观前与农民的简单谈话,虽然对了解川南农民有一定助益,但还是很不具体。他提议旅行讲演团深入农村,去更具体地去了解农民的生存状况。这个提议得到大家一致支持。于是旅行讲演团到合江县农村,对雇农、佃户作了一次比较深入的调查研究。

通过对合江县农村的实地调查,旅行讲演团成员受到了一次深刻的农村社会阶级教育,既提高了思想认识,又增强了社会活动能力。调查结束后,写成《四川合江县农民状况》的调查报告。1924年,恽代英将这篇调查报告发表在《中国青年》第22期上,署名"天培"。

"川南师范旅行讲演团"的活动,时间虽短,但在全国影响极大。当年出版的《少年中国》3卷7期以《四川会员近况》为题作了报道:

> 这次讲演团由教员六人,学生二十四人组成,涉足隆昌、内江、自流井、富顺、南溪、宜宾、江安、纳溪、合江等县往返一月,行二千余里,讲演二十余次,沿途考察社会状况,顷方返校。

川南师范学校在社会上的影响越来越大,道属20余县的有志青年络绎不绝慕名前来求学,远离泸县的雷波、马边的青年也成批前来报考。恽代英为满足川南广大青年的学习要求,川南师范扩大了招生名额,并在忠山设立了分校。

创建青年团

恽代英到川南师范任教,还有一个特殊的使命,就是建立中国社会主义青年团组织。

上海、北京、长沙、武汉等地中国社会主义青年团组织,都是在中国共产党早期组织建立后不久建立的。与这些地方不同的是,四川的社会主义青年团组织则比中共四川早期党组织的建立要早一些。

1922年5月来了。这是一个多么激动人心的月份。

5月5日,是马克思104周年诞辰纪念日,就在这一天,中国社会主义青年团第一次全国代表大会在广州东园正式开幕,来自北京、广州、长沙、武汉、南京、唐山、天津、保定等15个地方团组织的25名代表出席了会议。中国共产党的领导人陈独秀、张国焘等和青年共产国际代表达林莅临指导。5月6日至10日,大会听取了各地代表和临时中央局的报告,讨论通过了《中国社会主义青年团纲领》《中国社会主义青年团章程》等文件,选举施存统、高君宇、张太雷、蔡和森、俞秀松为第一届团中央执行委员,施存统为书记。

团的一大闭幕后,施存统致信恽代英,请他在泸州发展社会主义青年团,并给他寄来了团的一大文件。施存统还要求恽代英直接与他联系。

实际上,恽代英到川南师范学校任教后,就开始在学校宣传马克思主义，在学生中成立读书会和励进会等进步社团，率领他们到企业及农村考察，使马克思主义与青年运动相结合，已经为在泸县建立社会主义青年团奠定了基础。

正是在中国社会主义青年团一大召开的当天，恽代英在泸县发起组建了"马克思主义研究会"，以研究马克思主义学说为宗旨。研究会每星期举行一次活动，或由恽代英向会员讲解《共产党宣言》等马列著作以及他翻译的《阶级争斗》，或由会员自由讨论，交流学习心得。研究会的活动轮流在泸县城外的忠山、百子图、西昌馆、邓家花园、龙马潭等地举行。研究会还订购了《新青年》《少年中国》《新潮》等宣传马克思主义和新文化的杂志，供会员学习。泸县的"马克思主义研究会"已具备了社会主义青年团的雏形。

5月9日，是"五九"国耻纪念日。泸县数千民众在小校场举行"五九"国耻纪念大会。

恽代英在大会上发表慷慨激昂的演说："同胞们，同学们，国不可不救，看看我们的国家，现在已经成了列强任意宰割的牺牲品了。救国家，就是救我们自己，我们一定要团结起来，向着侵略中国的帝国主义和军阀走狗奋斗，惟有奋斗才有出路，不然便是一条死路。我们要雪国耻，雪"五七"国耻，雪"五九"国耻，要把帝国主义强加在中国人民头上的一切耻辱都雪洗干净。"

当天，30多名朝鲜流亡志士也参加了集会。恽代英又深情地说："朝鲜已经灭亡了，我们无论如何不能步朝鲜的后尘，我们一定要把日本侵略者从中国赶出去，一定要反对卖国求荣的军阀政府。"

会后，恽代英率川南师范、泸县中、小学校师生走上街头，游行示威。反帝爱国的浪潮席卷泸县每一个角落。

泸县社会主义青年团建立的具体时间与地点，首批团员李元杰回忆说，是一个"星期天下午二时在忠山亭子上"建立的。

四川省委党史研究室宋键据此考证，认定为5月28日。

这天下午恽代英根据施存统代表团中央寄来的团的纲领和章程等文件精神，在泸县凉亭召集余泽鸿、张霁帆、曾润百、陈湘、陈泽煌、李元杰6名马克思主义研究会的成员开会，宣布成立泸县社会主义青年团，选举陈湘为书记。从此，团中央与泸县社会主义青年团的联系不再由恽代英中转，而由陈湘负责。

恽代英要求，每个团员都要严格服从组织、遵守纪律、保守秘密，执行组织分配的工作任务，并通过了《泸县社会主义青年团成立宣言》：

<u>泸县社会主义青年团成立宣言</u>

没有人应当受到别人的无理压迫，亦没有人应当加以无理的压迫于别人。

然而虎狼似的军阀资本家，有什么权利不耕而得美食，不织而得美衣；而一般人民终岁劳动，却只是受他们的侵剥削套，终不免于挨饥受冻呢？

然而外国的资本家，有什么权利在我们国内横行无忌，既敲骨吸髓以涸竭我们的财富，復明唆暗助以增进我们的祸乱，使我们永劫无以自己拔救呢？

我们应当进行一种有组织有把握的改造运动：这便是我们所以依照全国社会主义青年团的章程与议决案组织这个泸县社会主义青年团的原故。

我们相信一切被压迫者——农民、劳工、军士、教员、学生、妇女以及一切失业者——应当表同情于我们的主张，我们应当唤起他们，以一体加入我们作战的军队。

我们的目标是：

（一）要求生产者的独裁政治。

（二）作政治上的直接行动。

（三）打破国际帝国主义。

（四）打倒军阀。

（五）实现共产主义。

这样纷乱的社会，亦应得整理一下了。一切被压迫者联合起来啊！

泸县社会主义青年团[11]

1923年1月3日，陈湘首次向团中央高君宇写信报告泸县团的成立和团证问题，要求团中央予以承认。27日，团中央执委会召开第27次会议，贺昌、阮永钊、施存统、蔡和森（中共中央代表）列席会议。会议决议泸县社会主义青年团"为本团地方团"。[12]

恽代英在泸县创建的社会主义青年团组织，是四川第一个社会主义青年团组织。团组织成立后，恽代英明确提出了团的三大任务：

第一，整顿川南师范。拥护支持校务民主，经费公开，学生自治，选聘教师，改革教学。

第二，团结组织进步青年。在学校内尽可能组织读书会、足球队、文学社等团体。

第三，开展宣教工作。宣传新文化运动，办夜校、讲演、办校刊，在《新川南日报》和其他刊物上发表文章，宣传新思想，反对旧思想。

随着形势的发展，团组织又陆续从泸县各校进步青年中吸收一批积极分子入团，团组织的力量逐步发展壮大起来，在学校公有运动中发挥了骨干作用,也为1924年中共四川党组织的创建准备了条件。

学校公有运动

1922年5月,王德熙调任富顺知事,校长由恽代英继任。其时四川教育界和全国一样,人事和财政都受到军阀和官僚的牵制,教育界内部也是派系倾轧,严重影响教育事业发展。据此,恽代英从人事制度、组织管理等方面进行改革,发起了"学校公有"运动。

他坚定地说:

> 要校长或少数教职员不能利用特权,以排斥异己,引用私人,把持位置,吞噬公款,必须学校公有。
>
> 要校长或少数教职员不能任自己的方便或性癖,以常时改变学校用人行政的根本计划,使学生受损失,必须学校公有。
>
> 要外力不能倾轧排斥学生表同情的教职员,使其可以安心作长久的计划,必须学校公有。
>
> 要教职员不靠结交外援或求校长欢心,以保全位置,庶免分对付校事的心力,必须学校公有。
>
> 要学校用钱及用人,能使大家贡献最好的意见,使进行得最经济而有效力,必须学校公有。
>
> 要不良的教职员,不能借情面要约以滥竽充数,要不良的学生,不能借群众嚣躁以破坏校事,必须学校公有。[13]

为实现学校公有,在恽代英的倡导下,学校设立了最高权力机构——校务委员会，校务委员会吸纳教师、学生代表参加，学校各种计划以及学校款项的支配，均由校务会议决议，全校严格遵守。校务委员会还由七人（不拘是学生还是教员）组成经济委员会，轮流查核用款情况，实行"经济公开"；学校聘请或续聘某教职员，也应征求学生意见，学生可以"择师"，学生若不愿聘请或续聘某教职员，可说明理由，校长即召开教职员会议，选出代表3人，到校监督投票，如果有三分之二不赞成，就不得聘请或续聘。同时，也不得无故撤换教师。学校公有运动产生了较大影响，正如《川南师范的学校公有运动》一文按语所说："川南联合师范学校，一年来力谋改革，最近该校教务主任恽代英君，更提出《学校公有运动》一文，主张财政公开，用人须得学生同意，颇能力矫历来校长中饱校款与任用私人之弊。"经过"择师运动"，几个不学无术的"封建古董"被撤掉了，有些课一时无人讲授，恽代英旋即顶上。他博学多才，文理都兼，应付自如，全校师生无不惊叹佩服。

随后，恽代英大举进行教育改革，先后从武汉、重庆、成都、上海等地聘请萧楚女、李求实、刘愿庵、穆济波等革命青年为教师，使学校充满了前所未有的民主空气。《新四川通讯》报道说："该校教师，大多是富有新思想之教育家。教育制度上采用新学制，适合新教育原理，教材采用适应新思潮之课程，校内组织采取委员制，委员会由学生与教职员共同组织，凡事均由委员会决定。凡有束缚学生之思想、身体的一切不良管理，必须打破。培养学生自治能力，对于校内外秩序极端遵守。闲暇时，常与教职员互相探讨关于学生之讨论，教职员偶有错误，学生每而（面）斥其非，教职员不以为忤，而学生每有意见，教职员亦竭诚容纳交付委员会。"[14] 因而，川南师范学校迅速改变面貌，学生"精神活泼，显著进步"。

1922年暑假，川南师范学校争取到1000元拨款，由恽代英亲赴上海购置图书、仪器。就在他去沪期间，四川政局生乱，军阀重新开战。杨森所属的第二军败北，东下湖北宜昌。另一个军阀赖心辉所属的第一军乘机攻占泸县，任用下属旅长张英（挺生）为川南道尹，取代杨森。张英和当地土豪劣绅狼狈为奸，摧残教育事业，将从前教育经费一概取消，并造谣攻击恽代英"挟财远逃，不会再回"，遂委罗毓华（廷光）为代理校长。罗毓华是"择师运动"时被撤换的教员之一，他来校后，秉承张英的旨意，进行大清洗，将学校原建设规划全部推翻，把经过"择师运动"聘请的学生信赖的思想进步、学有专长的教师概行撤聘，另用私人；又以"有损校长威权"之名，撤销校务委员会。废除学生自治权利。泸州的封建势力和原被撤退的教职员一齐活跃起来。他们原来就反对革新教育，现在更是有恃无恐，借题发挥，攻击污蔑川南师范为"罪恶渊薮"，叫嚣"所有从前教职员及所创办之新事业都连根拔除"。

这种倒行逆施的行为，激起了川师全体学生的无比愤怒。9月1日，他们发出《快邮代电》，强烈抗议张英、罗毓华摧残教育、摧残青年。电文说：

> 同学目睹黑暗，身受欺凌，以川南二十五县培植人材之学校，竟作少数奸人植党营利之投机事业，四万万人生命所系之神圣教育，遭此非理摧残，谁非血气之伦，宁甘隐忍？[15]

同学们结队前往道署请愿，坚决提出"要恽校长，不要罗校长！"要求学校公有，办事用人，不得加以非礼干涉；所扣经费，须一律退还；将罗毓华及所聘教职员请出校外，由学生另行推举。全体同学在《快邮代电》中坚决表示："同学等坚定一心，甘牺牲事务及青年热血，破除我们生命和人格自由的恶魔，保全二十五县属培植教育人才的学校，打灭全国教育进行的道路上一大障碍，此学校公有运动，非到目的，宁死不止。"[16]

张英悍然拒绝了学生的要求，两次电请川军总司令兼省长刘成勋取缔新思潮和限制传播新思潮的教员和学生，同时下令开除6名学生，妄图采取高压手段，压服革命学生。同学们针锋相对，坚决不肯离校，继续坚持斗争。他们坚信："我们的恽校长一定会回来！"并发表声明："川南二十五县属教育灭亡了，我们当然共其命运！"表达了斗争决心。

张英为镇压学生运动，又采取了更愚蠢的行动，命令所属各县学校，"凡稍带有新思潮色彩及沾染新思想之教员学生完全辞退或开除"，又令泸县图书馆和县属各学校，将所有宣传新思潮的书籍，尽数收缴，不准借出，或者全部焚毁。

恽代英在上海办完公务，即给川南师范学校回电，告知不久将返回学校。全体同学接电，欣喜若狂，顿时觉得有了依靠。9月下旬，恽代英回到学校，革命同学含泪相迎。恽代英的返校，戳穿了反对派的谎言，更鼓舞了学生的斗志。恽代英在上海采办图书仪器时，已得知四川政局变化，估计到川南师范改造的成就将前功尽弃，但他没有料到，川南师范学潮竟发展到这样尖锐对立的严重局面。为使学生既得到锻炼，又少受损失，恽代英因势利导，说服教育学生，只要保住学校的新制度便可，至于谁任校长，不要执意；并坚持每天给学生补习英语，讲社会发展史。同学们在恽代英指导下一面学习，一面出《半周刊》和《课余》两种小报，继续进行学校公有运动的宣传。

所谓恽代英"挟财远逃，不会再回"的谣言破产后，曾被解聘的那帮封建遗少，又遵照反对当局的旨意，盗用"川南师范学校全体学生"的名义，发传单，写呈文，诬蔑恽代英"恋栈""争薪水""经济不公开"等，请求张英"彻底解决"。其实，恽代英生活艰苦朴素，向为全校师生所共知。他每月工资和稿费都在二百元以上，但他规定自己只用四元，夏天只有两套学生服，冬天一套青布学生制服和一条用过多年的绒毯。除给家里寄一定的生活费外，绝大部分都资助穷苦学生读书和捐献革命活动。

道尹公署接到这帮无赖的"呈文"后，于10月中旬的一天，佯称召开教务会议，无理扣押了恽代英，并对川南师范实行经济制裁。

张英自以为得计，以为如此这般，便可以平息学潮，结果适得其反。消息传来更激起了全校革命师生的公愤，他们掀起了罢课浪潮，坚决反对无理扣押恽校长。同学们成群结队，携带食品，前往监狱，探望自己敬仰的老师。他们还结队游行，日夜轮流到道署请愿，并多次发表宣言，谴责张英的罪行。

同学们严厉质问："监狱是关押犯人的地方，为什么要把我们的老师押在这里？""恽校长挟财远逃，既属诽谤，为什么要撤换？"他们还派十多名代表，带上被盖，要前往陪监。

张英见事态扩大，担心不可收拾，不得不亲自出马，宣布撤销罗毓华的校长职务，由自己兼任，但他同时进一步迫害进步学生，开除罢课学生100余人，而且嘱咐省内各校不许接收被开除的学生。被开除的学生，虽无处求学，而"运动之志，仍不稍衰"，他们在社会上继续宣传，经受革命的考验。留在校内的学生，继续开展斗争。泸县城镇各级学校，也融成一条战线一致声援川南师范学校学生的正义斗争。四川各地的学校，也纷纷起来响应，掀起了全省空前未有的大学潮。

色厉内荏的张英慑于革命潮流的威力，一再请求吴子俊先生（川南师范学校化学教师）出面斡旋，并请他出任代理校长，以求缓和矛盾。同时请成都高等师范学校校长吴玉章和吴子俊出面，保释恽代英。

11月8日，恽代英被释放回校。

渝蓉之行

川南师范革命师生欢呼雀跃，奔走相告。"恽校长回来了！""我们胜利了！"

第二天，恽代英致信友人说：

> 承你们关注援救，我已于昨日释放回校了。我于此次，很感激四川持正论的一些先生，尤其感激川南师范一般可敬爱的真挚青年，这种扣留虽不算一回什么事，却赢得了这些浓厚的同情，比平平稳稳的学讲演，功效大了十倍。自然那些盗用同学名义的传单，是没有一辩的价值。我本是个狂人，真正要赚钱混饭，便要计较薪金或且预支薪金，果然如此，则现在此校状况，我简直以为无讨论的价值。或者有些人很信我，到此校确不是为的赚钱，只是有心来与他们捣蛋。其实我在四川与谁有什么仇怨？再则我深知教育不是在教育本身办得好的，所以我近来亦早不把教育当一件事，更无论一个学校，更无论一个僻处川南的学校。至于他们这些人，我还不知道他姓张姓李，谁管得这些麻烦细事。要改造社会，应当捉住他的关键，我久

已不赞成零碎解决，何至于问到他们这些人身上来。

明知泸州恶势力逆袭，为什么还要返回泸州，恽代英在信中也作了明确答复：

> 我这一次入川，其实是不免世俗之见。第一，我带了这么多款子出去，不愿不来亲手清交；第二，学校已出于意外的闹到这样子，不能不求设法收拾，总望同学稍吃一点亏，至于实在不能不吃亏的地点，我又有什么法子。我现仍如未被扣留时一样，一方帮他们上一点课，一方赶办移交。上课是学校方面请求的，亦是同学所要求的，但我移交清后，决定早些离去。我并不与他们任何人存任何闲气，只是在此与他们恶作剧未免可怜，还不如畅遂他们驱逐出境的希望的好。

代英十一月九日 [17]

恽代英心里想的，还是学校的利益，可爱学生的利益。

恽代英返校后，川南师范学生纷纷请求他继续留任校长主持校务。他感激同学们的信任和支持，为"不愿学生久荒学业"，积极为学生补课，又对同学们说"不必争执校长问题，只求校务进行，不违反校中旧订规约，任委何人，均可承认。"

不久，恽代英向张英正式上书，提出辞职，因为有更重要的革命工作等待着他。

1923年1月，恽代英与泸州社会主义青年团团员张霁帆、余泽鸿、穆世济、秦云阶等8人从泸州东门码头，雇了一艘木船顺流而下，驶向重庆。

恽代英一行原打算借住重庆公学。这是萧楚女、杨效春、熊禹治等专为成都、重庆、泸州等地因学潮而失学来渝的青年创办的。

当他们到达该校时，只见大门上贴着封条，原来该校已被官厅勒令解散。恽代英一行只好到江北刘家台租了三间房子休息。在这里，恽代英会见了萧楚女。他俩一起去大观坪拜访了因杨森败走而辞职回家的卢思和《新蜀报》的创办人陈洧。恽代英向陈洧推荐萧楚女，萧楚女从此成为《新蜀报》的主笔。他以该报为阵地，以辛辣、尖锐的笔锋，揭露了黑暗社会的丑恶，在中国近代报刊史上抒写了光辉的一页。

恽代英还与重庆社会主义青年团的负责人取得了联系。

重庆社会主义青年团是1922年10月9日成立的，共有团员10名。"票选周钦岳为书记部干事，董宝琪候补；李光斗为经济部干事，唐伯焜候补；李守白为宣传部干事，李纬候补。复由书记、经济、宣传三部当选人互选，周钦岳当选为重庆地方团执行委员会书记。"

1月29日，团中央书记施存统致信恽代英，向他咨询重庆社会主义青年团的工作。经过座谈和调查研究后，2月28日，恽代英回复施存统，谈了他对重庆社会主义青年团的看法，同时还坦率地汇报了他对政治形势的认识。

他说，我在川做事标准，"一方我或造比较可靠的人，一方设法使之加入军队以谋在相当机会时可以化之有用，亦注意结交一切有用的人，以便破坏和建设中可有补助"。

他又说，"我颇信《向导》对于时局的解释，不过我不信中山派能舍弃利用军阀的故智。"

他继续说，"我信劳工因为有力……故我鼓吹兵为劳农之友的理想，对此事我们有所组织。"

他最后说，"我信唯物史观是告我们造历史的途径。欲根据历史进化的原则以改造历史，故必须权力集中。"

同时，恽代英报告施存统，"再寄函成都西南公学，因后日启程，大概在彼处半年。"

3月初，恽代英一行徒步从重庆向成都进发，并沿途进行社会调查，16日抵达成都，先落脚在臬台衙门监狱学校，不久移居西南公学，并与社会主义青年团成都的负责人成都高师教务长王右木取得联系，参加了成都团委的领导工作。

1922年春，信奉马克思主义的王右木联系进步学生童庸生、刘亚雄、刘弄潮、李硕勋、阳翰笙、雷兴致等，根据《先驱》杂志上刊登的《中国社会主义青年团章程》自发成立四川社会主义青年团。这是四川进步青年在马克思主义的影响下，在四川建立共产主义组织的最早尝试。同年8月，已经是中共党员的王右木到上海，见到了中共党团领导人陈独秀、施存统、张太雷等。王右木受他们的委托，带着中国社会主义青年团的章程、纲领等文件，回到成都，于10月15日召集成都社会主义青年团分子在其家里开会，正式建立社会主义青年团成都地方团执委会，共有团员13人。经过选举，童鲁任执行委员会书记，郭祖劼、张治国任经济部主任，傅双无、吕式宪任宣传部主任。

恽代英一行到成都不久，王右木即来拜访。

王右木邀请恽代英去给他领导的马克思主义读书会讲《阶级争斗》，还邀请他到成都高师执教和讲演。恽代英愉快地说："讲讲《阶级争斗》不成问题，至于到成都高师执教的问题，尚待商榷。"

恽代英的讲课大受青年学生欢迎。吴玉章回忆说："一次讲演立刻名满成都各校"，"恽代英同志是最受学生欢迎的教师，他在成都高师期间，把马克思主义的宣传活动推向一个更高的阶段。"1961年10月7日是川南师范学校60周年校庆，吴玉章挥毫题诗：

> 六十年间事，薰莸日益明。
> 创始虽有伪，维新自有真。
> 代英高亮节，更树马列根。
> 青年需努力，永矢慰忠魂。

吴玉章饱含对战友的深情，热情讴歌了恽代英在川南师范传播马克思主义的丰功伟绩。五一劳动节就要来到了。这一天，社会主义青年团成都地委在岱庙召开庆祝成都劳工联合会成都大会。恽代英亲自撰写了纪念五一国际劳动节的宣传传单，并亲自送工厂印刷。这次会议开得十分热烈，通过了保护工人权益的各种提案，并举行了盛大的游行。媒体报道称："这是成都工人破天荒的盛举。"

紧接着，恽代英和王右木一起筹备在西南公学召开纪念马克思诞辰105周年纪念会。

5月5日下午1时，成都各校先进青年约400人齐聚西南公学，聆听恽代英关于马克思生平和著作的讲演。会后成立了马克思主义读书会，50多名进步学生报名参加。

恽代英在成都青年中的威信越来越高。6月16日，他应邀出席团成都地委会议，讨论对社会主义者全国第二次代表大会的提案。会议选举王右木为团成都地委书记。恽代英虽然另有重任，不久将离开成都，但被选为候补委员。

6月21日，恽代英致团中央信，肯定了团成都地委的工作："此地王右木君，确为热狂而忠于中央者，近举执行委员五人：王右木为书记……我望中央能为川中慎于发令,使王右木得合当指导,则川中前途尚可为也。"[18]

恽代英还报告团中央说:"我约十日后离此……约七月下旬到鄂,八月初到沪,得暇或仍当到京、津求一晤谈机会。仲澥劝我下季在沪,我因川中军事政治上两无可着手地,则诚不应躲避于此,故意极欲能如所言。"

王右木致团中央信,也高度评价了恽代英在四川的工作,真是惺惺相惜。信中说:"读书会,此种已一年余,恽代英来为之一振。彼本能讲书者,颇能引动一般崇拜名士者之拜倒……彼之赤诚热情,亦可感也。"

恽代英巴蜀播火,在他牺牲19周年时,郭沫若撰文作了全面评价:

> 代英在四川泸县做过师范教育工作,四川的青年受他的思想影响的,因此也特别多。假使我们从事调查,那时从四川那样的山坳里,远远跑到广东去投考黄埔军校的一些青年,恐怕十个有九个是受了代英的鼓舞的吧?[19]

··· 注释 ···

01 《恽代英全集》第四卷,人民出版社,2014年版,第526—527页。
02 《恽代英全集》第四卷,人民出版社,2014年版,第527页。
03 《恽代英全集》第四卷,人民出版社,2014年版,第527页。
04 《恽代英全集》第五卷,人民出版社,2014年版,第12页。
05 《恽代英全集》第五卷,人民出版社,2014年版,第12—13页。
06 《回忆恽代英》,人民出版社,2015年版,第145—146页。
07 中共泸州市委党史工作委员会办公室编:《恽代英在泸州》1987年内部印刷,第70—71页。
08 中共泸州市委党史工作委员会办公室编:《恽代英在泸州》,1987年内部印刷,第72页。
09 《回忆恽代英》，人民出版社，2015年版，第92页。
10 《回忆恽代英》，人民出版社，2015年版，第14页。
11 中共泸州市委党史工作委员会办公室编：《恽代英在泸州》，1987年内部印刷，第73页。
12 中央档案馆、四川省档案馆编：《四川革命历史文件汇集》（1922—1925年），内部印刷，第47页。
13 《恽代英全集》第五卷，人民出版社，2014年版，第19-20页。
14 中共泸州市委党史工作委员会办公室编：《恽代英在泸州》1987年内部印刷，第4页。
15 中共泸州市委党史工作委员会办公室编：《恽代英在泸州》1987年内部印刷，第14页。
16 中共泸州市委党史工作委员会办公室编：《恽代英在泸州》1987年内部印刷，第14页。
17 《国民新报》，1922年11月21日。
18 《四川革命文件汇编》甲1，第125-126页。
19 郭沫若：《纪念人民英雄恽代英》，《中国青年》第38期，1950年4月7日。

第五章

主编《中国青年》

"向着灯光走上去"

1923年8月,中国社会主义青年团第二次全国代表大会于南京举行,选举恽代英为团中央候补委员,不久增补为中央委员,负责宣传工作。会后恽代英来到上海,住在法租界辣斐德路186号(现复兴中路196号),和邓中夏筹办《中国青年》。

10月20日,团中央机关刊物《中国青年》正式创刊。它是我国最早以马列主义教育青年的刊物之一,犹如一盏明灯,照亮了千百万追求真理的青年的路程。《中国青年》开始是周刊,因帝国主义和军阀的迫害和摧残,只能不定期地出版。尽管反动军阀勾结帝国主义,一再通令禁止邮局寄送《中国青年》,查禁刊物和封闭印刷厂,但它仍以不同的渠道,源源不断输送到全国各地,送到广大青年读者手中,并受到热烈欢迎,发行量一再扩大,从最初的3000份上升到50000余份。这个数字,与当时公开发行的刊物相比,是惊人的。

《中国青年》最早的编辑有邓中夏、恽代英、林育南、萧楚女等,其中恽代英担任编辑的时间最长。他除精心编辑外,还以"代英""但一""FM"等笔名发表220余篇文章和通信,受到广大青年的衷心爱戴和崇敬。

《中国青年》第一期由邓中夏题写刊头,恽代英写了《发刊辞》《怎样才是好人》和《对于有志者的三个要求》。

"政治太黑暗了,教育太腐败了,衰老沉寂的中国像是不可救药了。"《发刊辞》开宗明义说。

"但是我们常听见青年界的呼喊,常看见青年界的活动。"恽代英对中国青年寄予厚望,"相信中国的惟一希望,便要靠这些还勃勃有生气的青年"。[01]

恽代英明确指明了创办《中国青年》的目的:

中國青年

中華民國十二年十月二十日發行

中華郵政特准掛號認為新聞紙類

第一期

發刊辭	實庵
青年應當怎樣做	代英
怎樣纔是好人	尼鏗
曹錕登台以後	尼鏗
長江聯合艦隊與海軍示威	代英
對于有志者的三個要求	代英

每冊大洋二分全年連郵一元六角半年連郵六角三分

編輯者　中國青年社

通訊處　上海接棣路德一八六號但一君轉

*

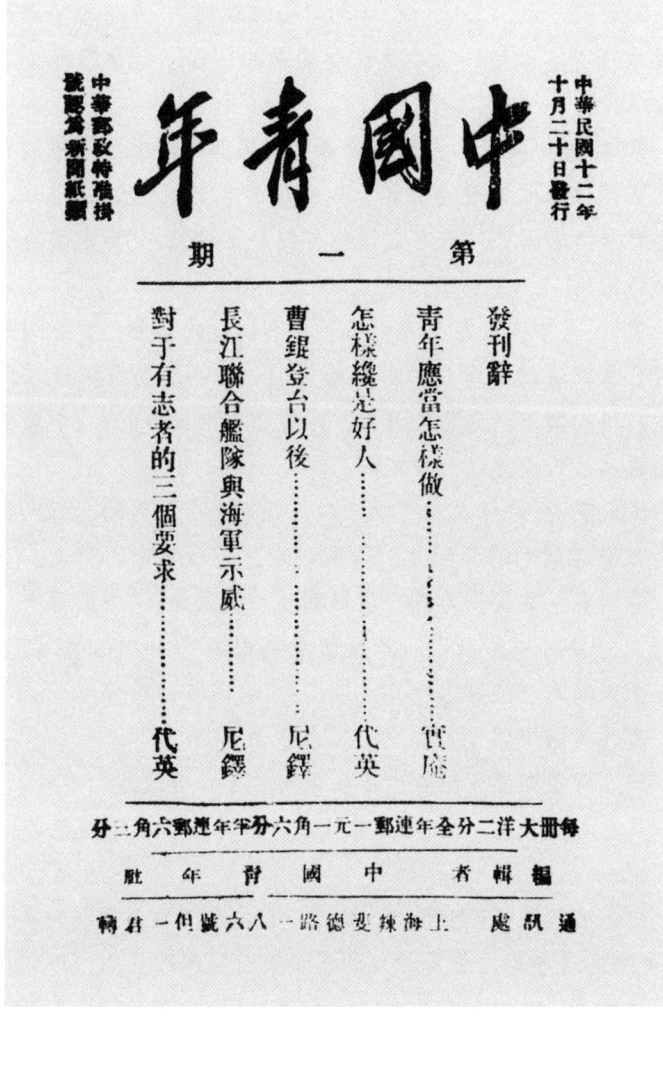

《中国青年》第一期封面

第一,《中国青年》要引导青年到活动的路上,向他们介绍一些活动的方法,总结一些活动所得的教训。"青年要学做事,要用做事以学做事。青年是需要读书的,要读指导怎样做事的那些书。"

第二,《中国青年》要引导青年到强健的路上,向他们介绍一些强健伟人的事迹与言论,以洗刷青年苟且偷懒的恶弊。中国需要强健的国民,只有强健能打倒一切魔鬼,"为中国前途开一个新纪元"。

第三,《中国青年》要引导青年到切实的路上,要介绍一些切实可供研究的参考材料。要给他们一些不容易在学校学到的切近合用的知识。虚骄的浮夸,不是中国所需要的。"中国青年必须百尺竿头,更进一步才好。"[02]

恽代英说:"好人是有操守的,好人是有作为的,好人是要能为社会谋福利的。因此,要做好人,先硬起你的脊梁,多做事,多研究,多存心为社会谋福利。"他认为,"中国要有一万个好人,便可以得救",并殷切希望中国青年自愿加入,"做一万个中间的一个好人"。

恽代英向中国青年提出的三个要求是:

一、每星期至少牺牲六小时做有益于社会改造的事业。

二、每星期至少牺牲六小时做时事与社会改造理论与办法的研究。

三、有收入时至少捐其十分之一做有益于社会改造的事。[03]

《中国青年》出版后,立即在全国引起强烈反响,得到广大读者的推荐,其中很多文章被上海《民国日报》《时报》等报刊转载,南京、上海等地许多中学国文教师,采用《中国青年》的文章作为国文教材。长沙、保定等市,各销售到1000份。

恽代英始终以《中国青年》为阵地,向中国青年进行马克思列宁主义教育，指导青年读马克思主义的相关书籍以及怎样读书，还先后在该刊开辟了"列宁特号"（第 16 期）、"苏联革命纪念特刊"（第 52 期）、"列宁李卜克内西纪念特刊"（第 63 期、第 64 期合刊）、"十月革命号"（第 139 期）等专刊，使中国广大青年了解到十月革命的真相和马克思主义的基本知识，增强了革命的信念。陈养山回忆说："1924 年 2 月，《中国青年》出版列宁逝世特号，给了我极为深刻的印象。我这时才知道俄国是世界上的第一个社会主义国家，是工人阶级推翻了地主、资产阶级之后建立的工农政府，是列宁领导的。"[04] 胡乔木也回忆说："我第一次接触《中国青年》后，才接触到中国的共产主义运动。""像《中国青年》这样以马克思列宁主义教育青年的专门刊物还是第一个。"[05]

恽代英把理想比作光明之灯，号召革命青年一心一意向着灯光走上去。

他说，倘若我不忍看见中国人民受外国资本家或本国军阀压迫，倘若我明明白白看出来救中国的道路，"我自能如在黑夜长途中看见前面一盏电灯一样，我自能一心一意地向着灯光走上去，任何别的事情，不能阻碍了"。[06]

他又说，中国青年，要去做一个改革社会国家与打倒帝国主义的人。"你要在黑暗的广漠之境有些恐怖么？你多找几个勇敢同行的人，而且一路的呼应，便可以壮你胆气。你若能研究得到一种信念，知道国家社会是一定可以改造的，那譬如你在黑暗中见了灯光，你的胆气自然更要大了。"[07]

他还说，觉悟了的青年们，在黑暗中间，要尽你们的力量，转输光明于你们周围的群众，而且为这一个更大的光明奋斗！"我们总有一日在这一个更大的光明中间相见的。"[08]

有青年问恽代英:"人生正当的希望,是求快活,还是求痛苦?"

恽代英回答说:"这是很难说的。你们打足球的时候,因为你们跑,你们踢,你们困乏而流汗;旁边的老婆婆说:'你们真是自寻苦恼啊!'这是痛苦呢?还是快乐呢?你们游山的时候,爬了一坡,又爬一坡。正在爬的时候你真说不出那是苦还是乐。爬上去了便会快乐。人生便是如此。我们面前是会遇到困难的,正像爬坡一样,爬了一个又有一个,我们只要肯爬上去,总可以有筋血流畅爽快的好滋味。怕困难的人,坐在山坡下面,望着山叹息,这是懒的蠢材,天罚他永远享受不到爬山的快乐。"[09]

还有青年问恽代英:"意志往往不能战胜情欲,不知何故?"

恽代英回答说:这是不知意志情欲的关系。情欲是根于生理之自然,如饥而思食,便是一种情欲。其他各种情欲,也都是生理作用。所谓意志,不过是因为感情附着于较远的理想目的。因为对于那个目的有一种热烈的兴味,便自然一意向前直进,不注意别的较小的情欲了。所以,"越有力的情欲,越不易为对于较远的理想目的的感情(意志)所克制","越热烈的对于较远的理想目的的感情,越可以支配各种情欲"。[10]

理想是靠奋斗实现的。恽代英认为,确立了理想和奋斗目标后,就应该时常省察自己,看看每日或每周所做的事,是不是合于所立之志,是不是在为之奋斗。在他看来,一个人最大的毛病,就是嘴巴会说,实地不肯去做。这样是不能实现理想的。只有去做,拣你能做的事去做,自然会取得成效的。所以,恽代英希望革命青年,自己选择了一条正确的道路后,就要坚定不移地走下去。自己的利益总要靠自己的力量奋斗,唯有奋斗才有希望达到目的,实现理想。山虽高,没有爬不上去的;路虽远,没有走不到的。"还有人气的青年,上去吧!只有奋斗可以给你们生路，而且亦只有奋斗可以给你们快乐。我们要忍受一切的困难与艰苦，咬着牙齿地奋斗过去。不要让你们的精神有一份散漫，不要让你们有一点逃避责任的念头。你们要永远地望着这些中国的耻辱与危险，永远地振刷你们的精神，像古人的卧薪尝胆一样。"[11]

恽代英特别号召中国青年，压迫我们的恶势力——帝国主义、军阀的力量是强大的，仅仅靠我们个人去奋斗是很不够的，必须将一切同样受压迫的人团结起来，大家都来一起奋斗。尤其要与广大的农工平民相结合，使他们都站起来共同去奋斗。中国四万万农工平民是巨大的革命力量，推翻中国恶势力的统治，必须依靠他们。

这就极大地鼓舞了中国革命青年树立远大理想，为理想而奋斗的坚定信念。

指航引路

中国大革命高潮兴起后，广大青年踊跃投身革命，但是他们不知道怎样革命，纷纷投书《中国青年》编辑部，询问中国新民主主义革命的一系列基本理论问题。这也是中国共产党的早期领袖们正在探索的问题。在1925年1月中共四大召开前后，陈独秀、李大钊、瞿秋白、毛泽东、恽代英、邓中夏等相继发表论文和讲演，积极探索中国新民主主义革命基本思想理论问题，都对中国新民主主义革命理论的形成做出了重要贡献。

新民主主义革命基本思想理论，是关于对中国社会和革命性质、革命的领导权、革命动力、革命对象、革命任务和前途等问题的基本认识，其中最重要的是对无产阶级领导权的认识。只有认清上述问题，才能懂得怎样进行革命。

恽代英把马克思列宁主义与中国革命实际相结合，科学地回答了革命青年关心的以上问题。

面对鸦片战争以降，中国逐步沦为半殖民地半封建社会，国家蒙辱、人民蒙难、文明蒙尘，中华民族饱受西方列强的侵略，领土主权丧失、国债累累，海关、邮政、铁路等事业都掌控在列强手中，国家四分五裂，在其卵翼下的军阀兵祸迭起的现状，恽代英明确告诉中国青年说："中国不啻一处半殖民地，也可说是一个半亡国。"因此，中国首先应该实行资产阶级民主革命，对内打倒压迫人民的军阀，对外打倒侵略中国的帝国主义。"不打倒军阀，便不能组织革命的人民政府，以引导全国的民众，以反抗帝国主义；同时，我们不打倒帝国主义，便不能灭绝外国的经济侵略，更不能救中国实业的发展。"[12]

恽代英更是坚定地说，帝国主义和军阀表面看虽然"强盛凶横"，但并不可怕，军阀是一定要打倒的，"帝国主义是一戳便穿的纸老虎"。[13]

恽代英又继续说，在资产阶级民主革命中，无产阶级要做其他阶级的"中心与领导人"。[14]农民是无产阶级的同盟军，占人口的大多数，是革命的大力量，"农民哪一天觉醒，改造的事业便是哪一天成功"。[15]若不是能得着大多数民众的赞助，不容易有力量而进于成功。中国的资产阶级分为"大商买办阶级"和"幼稚工业资本家"两种，大商买办阶级"依赖外国资本主义而享其余利，所以他们对于打倒外国资本主义的国民革命，一定是反革命的"[16]，而幼稚工业资本家（民族资产阶级）"一方挟无产阶级以与帝国主义争自己的利益，一方挟帝国主义以制无产阶级不敢摇动自己的权利"，所以，要联合这个阶级，但在同民族资产阶级合作中，无产阶级必须保持高度警惕，要"善于应付"他们，而"不牺牲自己的利益"[17]。小资产阶级也是革命的动力之一，但"每是怯懦而自私的"，无产阶级要团结教育他们。

通过对中国社会各阶级的分析，恽代英明确指明了中国革命的主要动力是工人阶级和农民阶级。因此，他强调，打倒国内军阀和帝国主义，就必须对内发动民众，对外联络各国被压迫的人民。而且恽代英特别说，实现资产阶级民主革命的胜利，"必须有一个伟大的党，由这个党的指挥"。[18] 这个党"必须建筑在被压迫的农人工人的上面，他们一定是代表着农人工人的利益，而且一定要是农人工人的团体"。[19] "党应该是由各种民众中的进步分子所组成的，这样的分子，每个人都要活动，每个人都要逐渐具有号召指挥他那一方面的民众的能力。"[20]

恽代英同时向中国青年指明了新民主主义革命的前途和胜利后中国发展的道路。他坚信中国新民主主义革命胜利后，前途必然是社会主义。建设社会主义要学习列宁的新经济政策，走工业化的道路，对外开放。

恽代英拥护列宁的新经济政策。他认为新民主主义革命胜利后，中国搞建设也应如此。

他说："在产业后进的国家不经过相当的资本主义的发展，是不能进于低度的共产主义的……产业后进国家可以实现共产主义，但必须用新经济政策做他中间一个长的阶梯。"[21]

他又说，"中国共产党必须酌量地重建资本主义，然而亦必须使资本主义的发展，只是以巩固无产阶级的政权，而不至于妨害他才好。[22]"他特别强调说，"解决中国的问题，自然要根据中国的情形，以解决中国的办法。"[23]

恽代英说，新民主主义革命的主要目的：一是"国家拨款辅助农人，小工人，都市贫民，组织消费合作社"。二是"取消租界,否认不平等条约,没收国内的外国的工厂、银行,归为国有","国际贸易由国家独占"。三是允许私营经济存在,"但我们必须将租税加重到资产阶级身上,他们的事业,亦必须受国家的管理与干涉,有时甚至于为国民的利益,须酌量没收一部分财产"。[24]

特别难能可贵的是,恽代英还认为,经济落后的中国,经济建设必须对外开放,引进外贸。他说:"欲开发富源,就事实而言,终不能不借人外资。"[25]并指出,"以苏俄共产主义精神的租税制度,他们还是不能不利用外资,以助国内产业的发展。中国将来是应当仿效苏俄的。"[26]

第一次世界大战期间,由于西方列强自顾不暇,中国曾出现了短暂的兴办资本主义工业的热潮,迎来了中国民族工业发展的"黄金时代"。但好景不长,一战结束后,列强卷土重来。1920年至1921年,民族工业企业纷纷陷入倒闭危机。这时,中国传统的以农为本的经济思想抬头,主张不需要做任何制度性改革,而应退回到"农本社会"。

1923年8月12日,章士钊发表《业治与农(告中华农学会)》。他在该文中说:"吾国当确定国是,以农立国,文化治制,一切使基于农。"

10月25日,董时进发表《论中国不宜工业化》。他说:"农业国可以不需工业国而独立。""因为农业为独立稳定的生活,而工业常有生产过剩之危险。"

年轻的恽代英不同意章士钊、董时进的思想观点,写了论文《中国可以不工业化乎》,与他俩进行辩论。他指出:

> 二十五日有董时进先生论中国不宜工业化一文。此问题殊有可研究之价值也。董先生以为当今之世,农国求过

> 于供，工国供过于求。中国处此工国多余之时，不可以工业化。若董先生立论只系为全世界综合的求农国工国之供求平衡，而非为中国人切身利害计较，则此文似不与感贫乏之中国人有何关系。我意董先生之心当不如此。
>
> 董先生以为农业为独立稳定的生活，而工业常有生产过剩之危险，故曰农业国可以不需工业国而独立，工业国不能离农业国而存在。我于董先生所述工业国情形，认为信然。但彼言农业国情形则殊未可信也。[27]

接着，恽代英用中国《海关报告册》中统计的大量数据，驳斥了所谓"农业国可以不需要工业国的观点"。

他说，在"中西未交通之时"，闭关自守的中国尚可以用传统的农业和手工业维持自给自足的自然经济状态，但是"及其既交通也"，西方工业国家"有进步的机器、伟大的工厂"，其各类产品成本低、质量好，大量涌入中国市场，已经导致中国传统农业和手工业破产。在这种情况下，中国怎么可以不需工业国而可以独立呢？因此，以工立国是关乎国家生死存亡之大事。否则，中国永远只能成为列强的原料供应地和商品销售地。要摆脱中国成为西方国家"原料供应地＋产品销售地"的被动局面，摆脱殖民地的悲惨命运，"中国亦必须化为工业国然后乃可以自存，吾以为殆无疑议"。[28]这就向中国革命青年指明了如何革命及革命的方法与前途问题。

良师益友

《中国青年》编辑部每天都收到大量的读者来信，还有许多青年朋友，不远千里，慕名到编辑部找恽代英请教。无论多么忙，读者来信（一天数十封甚至上百封）中具有代表性的问题，恽代英都会刊登在《中国青年》上，并及时表述自己的意见；有来访者，他都热情接待，为朋友答疑解难，深受青年朋友的敬重和喜爱，称恽代英是他们的良师益友。

1924年3月，山东青州青年刘俊才、南昌青年崔豪致信《中国青年》编辑部，请问怎样研究社会科学？并请推荐读什么样的书？

恽代英答："我们研究社会科学，包含下述几层意思：（一）研究社会的构造与各种势力的关系；（二）研究社会进化的原理；（三）研究各国与中国的财政与社会政策；（四）研究各国与中国农工商业的发达与衰败的原因及现状。要求能使上述的研究进行得圆满，我们必须有历史与时事的知识，各种社会主义国家的理论与进行计划。"并建议"最好是从历史与时事的知识入手"[29]。

接着，他热情地向读者推荐了书报的详尽目录，包括书报的名称、出版单位和定价等。推荐的主要报刊有：上海《民国日报》《中华新报》《商报》；北京的《晨报》《东方时报》《东方杂志》《银行月刊》，还有《向导周刊》《前锋月刊》《新建设月刊》等；推荐的主要图书有：《西洋近百年史》《中国近代外交史》《清史纲要》《华盛顿会议》《开国史》《劳农政治研究》等。还特别介绍了"最值得注意"的重要文章，如《中国资产阶级的发展》《一九二四年世界政治状况》《由华盛顿会议到何东的和平会议》《俄国新经济政策》《俄国经济政策之剖析》《一九二三年苏俄之回顾》等。

1924年5月，在江苏省南通师范读书的王盈朝与徐家瑾、丛允中等同学，受《中国青年》的影响，成立了进步学生团体"晨光社"，他们从上海秘密购入《共产党宣言》《共产主义ABC》《资本论入门》《唯物史观》等图书,孜孜不倦,认真学习。他们还兴奋地将晨光社成立的信息报告给《中国青年》编辑部。恽代英收到王盈朝等人的信后非常高兴,马上在6月21日出版的《中国青年》第36期上,以记者的名义,报道了南通师范同学组织晨光社的新闻:

> 南通师范少数同学组织了一个社团,名晨光社。他们的宗旨是:训练团体精神,应用于实际生活上。他们的计划是:1.在校内设立图书室、平民读书处;2.在校外通俗演讲;3.在假期间内做教学的实习,调查农民实况;4.研究中国青年思想问题与今后新中国的教育问题。他们还设想设立通信讲演机关,请当代名人指导。[30]

这则新闻报道,极大地鼓励了王盈朝和晨光社的同学们。他们更加积极,要求上进。王盈朝还亲自到上海,向恽代英汇报自己的思想,表达了自己愿意投身革命事业的心情。

1925年10月28日,王盈朝致信恽代英,要求加入中国社会主义青年团。信中说:"我想,我要献身于革命事业上,那当然无须徘徊不前,应该赶快地毫不犹豫地站在农工的利益上,集中我们革命的力量。不然,我便是本阶级(无产阶级)中之叛贼了,我不愿反我本心的真正愿望,所以我要决定加入CY。你来信说的话,也是我确认而应该从事努力的。"[31]

恽代英收到王盈朝的来信特别高兴,11月,他亲自介绍王盈朝入团。

王盈朝入团后没辜负恽代英的期望,积极参加革命斗争,发展当地进步青年加入组织,组建了共青团如皋特别支部,任支部书记。大革命高潮中还组建了县农民协会。1926年,恽代英又介绍王盈朝参加中国共产党。1927年中共如皋县委成立后，王盈朝出任县委书记。恽代英还介绍王盈朝参加了当地国民党组织。王盈朝的公开身份为国民党县党部特别委员兼宣传部长。这为他大革命失败后坚持隐蔽斗争发挥了重要作用。

1924年6月25日，四川省无产阶级革命家杨闇公不远千里，从成都到上海，找到《中国青年》编辑部。恽代英与他彻夜促膝长谈。原来，1月12日，杨闇公和吴玉章等20余名先进青年在成都组织了中国青年共产党，并创办了《赤心评论》作为党的刊物。中国青年共产党的组织原则是民主集中制，以反对帝国主义和军阀，争取无产阶级解放，实现社会主义为目的，并努力成为全国性的独立政党。但这时的中国青年共产党，还没有与中国共产党取得联系。

杨闇公和恽代英一样，也是一位有远大理想的青年。1922年他在成都加入中国社会主义青年团，从吴玉章那里就知道了恽代英的名字，一直很敬佩恽代英。这次晤谈，恽代英向他坦诚地讲述了自己对中国政局以及国际形势的看法，讲述了中国共产党的政纲，使杨闇公思想深受启发。在当天的日记中，杨闇公写道：

> 此君谈话，很有一部分真理在。他研究的方法，都是从实际入手，不是像他们先唱高调，漠视一切，故我很有动于中。他非常注重向民间去的工作，与我所主张的很相同……有研究的人，开口就看得出。代英对于现实的情况，一定了解无余，故很重视行动的工作。[32]

经过与恽代英谈话后，杨闇公的思想迅速向马克思主义转变，返川后不久便加入中国共产党。1925年杨闇公任中共四川地方委员会书记。1927年4月4日，杨闇公不幸被军阀刘湘派出的特务抓捕，4月6日英勇牺牲于重庆浮图关。

1925年5月18日，一位名叫乔刚的中学生投书《中国青年》编辑部，讲述了山西学生为反对阎锡山"强征房屋税""发行流行券"而掀起的抗税斗争的故事。

那是5月18日清晨，正在山西省立国民师范学校念书的乔刚（即薄一波），以"不破楼兰终不还"的英勇气概，勇敢地投入这场斗争中。

当天上午，山西省中等以上学校学生二三万人在文瀛公园（现人民公园）集合后，便整队出发，开始游行。他们沿途散发传单，高喊"取消房屋税，中止流行券""非达目的誓不罢休"等口号。许多市民被爱国学生的革命精神所感染，也参加到示威请愿的队伍中来。游行队伍来到省议会时，那些议员早已逃避。学生们封上议会大门，特书"民众查封"四字，然后秩序井然地向督军署迈进。督军署门前卫兵岗哨林立，拦住学生，不准进入，学生们便往里面冲。不得已，卫兵只好让各校代表进去，其他学生皆聚集在督军署门前。此时不少学生仍然拥挤着前进，但被卫兵推出。有的学生便向卫兵喊话："你们家就没有房屋么？难道你们就甘心做走狗不问问你们家的税费吗？"卫兵竟开枪威胁，于是学生们以石头砖块为武器与卫兵搏斗起来。卫兵们赶紧关住了督军署大门。愤怒的学生一齐动手，将督军署门挂着的"司令部公署"等一切牌子统统捣毁。

经过青年学生的坚决斗争，阎锡山终于被迫答应取消房屋税，中止流行券。斗争取得了完全胜利，同学们都高兴地唱起了凯旋歌，返回各校。同学们在返校途中，还惩罚了这次征收房屋税的帮凶和走狗杨兆泰、贾景德、徐一清，捣毁了他们的家宅。太原市民见学生们的斗争取得了胜利，都高兴地说："这回学生们闹得真痛快,实在是山西学生干政的第一次!"市民们还说:"这回学生给老百姓出了口气,不然就是哑巴吃黄连一样,只得死受罢了!"还有的市民高呼:"学生万岁!"

薄一波返回学校后心中久久不能平静,随即奋笔疾书写了《山西学生抗税运动》一文,以笔名乔刚的名义,投给他心仪已久的《中国青年》杂志社。

正在编辑《中国青年》的恽代英,读到这篇稿子以后,倍感欣喜,立即将这篇稿子安排在第101期发表,并且为该文写了跋语:

> 我很高兴乔刚君给我这一张稿子,因为这不仅使我们知道山西学生抗税运动的实况,并且描写加入游行以前不知道这事原委的一个青年的心理也十分生动。山西青年能够在阎锡山高压之下,代表本省民众利益而奋斗,自然是很值得各地青年仿效的。在这件事发动的时候,当然不能不守相当的秘密,参加这个运动的青年,当然有一部分在事前并不能知道这事原委;然而这绝对不发生什么被人家利用的问题。除了阎锡山或是他的走狗,谁能说山西青年的抗税运动是完全受人利用,而且因为受人利用,所以做出各种犯法的暴举呢?我们与其坐着看人民"哑子吃黄连"的受军阀官僚的痛苦,不如提倡山西青年这种犯法的暴举,与一般民贼搏斗,捣毁他们的家宅,让我们与一般人民都痛痛快快的出一口气,并且我们借这,将他们引至有系统计划的革命运动上来。[33]

薄一波收到第101期《中国青年》杂志后深受鼓舞,从此走上革命道路,1925年12月加入中国共产党。这件事在薄一波的一生中留下了深刻的印象。2005 年 5 月 1 日，他致信恽代英的母校华中师范大学：

> 获悉你校即将召开纪念恽代英诞辰 110 周年学术讨论会，十分高兴！
>
> 恽代英同志在早期共产党人中颇负盛名。他坚定的革命信念，热烈的革命精神，高尚的道德情操，在当时的革命青年中有口皆碑，一时为之传唱。我就是深受恽代英思想影响的一个人。《向导》《周报》《中国青年》是当时我们最爱读的刊物。1925 年 11 月，我还在《中国青年》第 101 期上发表了《山西学生抗税运动》一文。[34]

实事求是地说，如果不是薄一波晚年亲自回忆这件事，读者很难知道，乔刚就是薄一波。

恽代英对一般青年读者的来信，也是循循善诱，正面引导。这些信的内容，涉及思想、政治、经济、教育、婚姻、家庭等方方面面。他的每一封回信，都像暖暖的春风，沐浴着青年的心。

杭州青年付克乐、保定青年王中举看了《对于有志者的三个要求》后致信恽代英，问青年应该读什么书与怎样读书？

恽代英当即热情推荐了《社会问题总览》（李达译，中华书局发行，价一元二角）等三本书。并且告诉青年读书的方法：

恽代英说："我看见许多青年，他们买了一本书要包扎得很讲究，他们不肯写一个字在书里头。他们若要自己加些圈点，便从书的第一句起，一句一句地圈到第末一句……"这其实是没有必要的。因此，他主张：

第一，我不主张在书中一句一句地去打圈点。只是认为好的地方或可疑的地方，或认为不好的地方，为它打几个点，或者三角记号。"这可以于将来翻书寻找材料的时候，有些方便"，除了这些地方，其他"我全然以为没有道理"。[35]

第二，我主张读书的时候，若有什么觉得要反驳补充的意见，应即刻批注在书本上面空的地方。这也是为将来便于翻阅参考。他特别说："人家的著作，并不是什么不可批评的圣经贤传。年纪小的人批评人家，愚者千虑，亦未必便没有对的地方。"[36]

至于贫寒家庭的青年，自己无钱买书，只好到图书馆或朋友处借书看。在这种情况下，"读者应备一个抄本，将凡应打圈点加批注的地方，抄下来，再加述自己的意见"。"古人抄书，不敢改动原文一个字，不敢删节原文。这种笨法子，我们是不应该学习的。"凡可以不抄全文的，总要不抄全文。凡可以改一两个字，于原意无甚出入是可以改的。抄录的时候，尽可以在后面记明见原书第几面，以便将来参考。[37]

杨效春致信恽代英说："《中国青年》颇得一般青年信仰……惟望不能把学术看得太轻了，我们要希望大家多多注意国事，但不希望青年反对学术也。"

保定一位叫中秀的朋友致恽代英信说："研究社会科学有什么用呢？不过只是做到破坏的工作罢了，怎么能够建设呢？还是多多注意自然科学，以为将来的建设预备罢！"

这两封信，正是"学术救国""科学救国"在青年思想中的反映。为此，恽代英写了《学术与救国》，答复这两位朋友。

他说："一个国家要拨乱反正转弱为强，必定有它应遵循的途径。我们要在社会学者的理论中，古今中外历史的教训中，去寻出这种途径，我们便能有把握地救中国。怎样能反对学术呢？"[38]

他继续说,"中国政治上了轨道,能够有足够的本国技术家,自然是再好不过的。我们并不反对人学技术科学。但是我们以为单靠技术科学来救国,只是不知国情的昏话。越是学技术科学的人,越是要希望有能研究社会科学,以使中国进步的人,好使他们可以用技术为中国切实地做事。技术科学是在时局转移以后才有用,它自身不能转移时局。若时局不转移,中国的事业,一天天陷落到外国人手里,纵然有几千几百技术家,岂但不能救国,而且只能拿他的技术,帮外国人做事,结果技术家只有成为洋奴罢了。所以,我们觉得要救中国,社会科学比技术科学重要得多。"[39]

一位署名正厂的青年致信恽代英说:"你的学术救国论,以为只有社会科学能够救国,所以劝大家都来研究社会科学。弟以为未免立论太偏。"他认为,"自然科学是建造文明的工人,社会科学是工程师。只有工人而无工程师,便造得不合式。但只有工程师而无工人,也只有计划而不能实现。"所以,社会科学是每个人应该研究的,但并不是要每个人都只研究社会科学。

恽代英对正厂所说"是完全同意的"。并明确表示:"我对于研究自然科学并不反对……现今中国一般学自然科学的人,他们忘了他们工人的地位,以为他们便可以假冒工程师,用不着再有什么人研究社会科学,这是我所反对的。同时我要声明,我所谓社会科学,是主张用科学的方法,去研究社会现象的,有人以为我看轻了'科学',这是因为他们只知道自然科学是'科学'的原故。"[40]

家庭婚姻是青年最关心的热点问题。恽代英收到这方面的信也比较多,他付出极大精力,引导青年如何正确对待这个问题。

南方大学王永德致信恽代英：他的一位"是马克思主义信徒"朋友，"很能工作而且很热心"。可是现在消沉了，"除去恋爱以外都不能引起他的兴趣"。你以为应该怎样劝告他？从哪里着手？是不是可以不理他？

恽代英回答说："你的朋友当真是马克思主义的信徒，一定知道在经济制度未完全改造以前，是没有美满的恋爱生活可言的。马克思主义者并不反对恋爱，他们愿意牺牲一切以谋改造经济制度，使人人得着美满的恋爱。但马克思主义者为了要改造经济制度有时要牺牲一切（包括恋爱在内），若在工作上所必要牺牲的不能牺牲掉，甚至于因为贪恋任何事物，反牺牲了他的正当工作，这只是愚昧的鄙夫，决不配称为马克思主义的信徒……只看他为了恋爱便厌倦工作，可知他一定不了解马克思主义。你们自然应当劝诱他，但他若自甘堕落，谁亦不能为他想什么救济的法子。不要可惜堕落了一个青年，在这种社会里，因愚昧贪鄙而堕落的不知凡几，只有希望真正的马克思主义者加倍努力，从速改造这种经济制度，才根本可以救这些可怜的糊涂虫。我希望你的朋友不要是个糊涂虫，倘若他竟然是一个糊涂虫，我只有请一切真正的马克思主义者加倍努力，去救济他及与他同类的人。"[41]

阜宁的刘小梅，因受经济的压迫，担心结婚堕入苦恼人生中，"不得已而抱独身主义"。想抱孙子的老母亲为此"悲泣厌世"。这使他感到很为难，于是致信恽代英："我将怎样好呢？"

恽代英回答说："你本应当有结婚的权利，因为每个男女青年都应当有这种权利的……你的结婚并不是为你的祖宗或老母，乃是为了你自己的幸福。怎样争你自己的权利呢？你应当宣传联络在阜宁和你一样受经济压迫的青年，使他们知道为自己的利益而争斗，酌量你们的实力，向雇主要求加增工作的代价，这样，你们亦许有结婚的希望。自然最好的办法，还是把一般青年联络于代表你们自己利益的团体之下，谋改革中国的政治。那时，你的读书问题、生活问题、结婚问题，才可以完全解决。"[42]

这样的类似信件还很多，还有的青年来信反映，很不情愿"父母之命，媒妁之言"的旧式婚姻，"而恋爱结婚又不容易如他们的愿"，因此感到精神烦闷。有的已婚青年来信说："因困于家庭婚姻问题，自己不能升学读书，是离婚呢？还是升学呢？"，等等。恽代英也都热情回复，慰藉了青年朋友的心。难怪郭沫若说："在大革命前后的青年学生们，凡是稍微有些进步思想的，不知道恽代英，没有受过他的影响的人，可以说没有。"[43]

恽代英主编《中国青年》期间，与危害青年运动的国家主义派也进行了坚决斗争。

… 注释 …
01 《恽代英全集》第五卷，人民出版社，2014年版，第102页。
02 《恽代英全集》第五卷，人民出版社，2014年版，第104页。
03 《恽代英全集》第五卷，人民出版社，2014年版，第102页。
04 《回忆恽代英》，人民出版社，2015年版，第28页。
05 李海波编：《红色时尚一本杂志的传奇》，中国青年出版社，2003年版，第23页。
06 《恽代英全集》第六卷，人民出版社，2014年版，第198页。
07 《恽代英全集》第七卷，人民出版社，2014年版，第148页。
08 《恽代英全集》第七卷，人民出版社，2014年版，第333页。
09 《恽代英全集》第六卷，人民出版社，2014年版，第199页。
10 《恽代英全集》第六卷，人民出版社，2014年版，第197页。
11 《恽代英全集》第六卷，人民出版社，2014年版，第346页。
12 《恽代英全集》第六卷，人民出版社，2014年版，第402页。
13 《恽代英全集》第六卷，人民出版社，2014年版，第588页。
14 《恽代英全集》第七卷，人民出版社，2014年版，第58页。

15 《恽代英全集》第六卷,人民出版社,2014年版,第333页。
16 《恽代英全集》第七卷,人民出版社,2014年版,第90页。
17 《恽代英全集》第七卷,人民出版社,2014年版,第338页。
18 《恽代英全集》第六卷,人民出版社,2014年版,第259页。
19 《恽代英全集》第六卷,人民出版社,2014年版,第580页。
20 《恽代英全集》第六卷,人民出版社,2014年版,第587页。
21 《恽代英全集》第六卷,人民出版社,2014年版,第155页。
22 《恽代英全集》第六卷,人民出版社,2014年版,第154页。
23 《恽代英全集》第六卷,人民出版社,2014年版,第155—156页。
24 《恽代英全集》第六卷,人民出版社,2014年版,第127—128页。
25 《恽代英全集》第六卷,人民出版社,2014年版,第294页。
26 《恽代英全集》第六卷,人民出版社,2014年版,第295页。
27 《恽代英全集》第五卷,人民出版社,2014年版,第127页。
28 《恽代英全集》第五卷,人民出版社,2014年版,第130页。
29 《恽代英全集》第六卷,人民出版社,2014年版,第187—188页。
30 记者:《南通师范同学组织晨光社》《中国青年》第36期,1924年6月21日。
31 中共江苏省委党史工作委员会、江苏省档案馆编:《江苏革命斗争纪略》,档案出版社,1987年,第157页。
32 《杨闇公日记》,四川人民出版社,1979年版,第118—119页。
33 《恽代英全集》第七卷,人民出版社,2014年版,第312页。
34 原件存华中师范大学档案馆。
35 《恽代英全集》第五卷,人民出版社,2014年版,第234页。
36 《恽代英全集》第五卷,人民出版社,2014年版,第234页。
37 《恽代英全集》第五卷,人民出版社,2014年版,第235页。
38 《恽代英全集》第五卷,人民出版社,2014年版,第312页。
39 《恽代英全集》第五卷,人民出版社,2014年版,第221页。
40 《恽代英全集》第五卷,人民出版社,2014年版,第281页。
41 《恽代英全集》第七卷,人民出版社,2014年版,第192—193页。
42 《恽代英全集》第七卷,人民出版社,2014年版,第108—109页。
43 郭沫若:《纪念人民英雄恽代英》,《中国青年》第38期,1950年4月7日。

第六章

在上海执行部

主编《新建设》

1924年1月20日上午,广东高等师范学校礼堂。中国国民党第一次全国代表大会在这里正式开幕。1月31日,也就是大会闭幕后的第二天,孙中山主持召开国民党中央执行委员会第一次全体会议,决定在北京、上海、汉口、四川、哈尔滨等地设立执行部,指挥和监督各地党务之进行。

恽代英受中共中央的指派,和毛泽东、邓中夏、向警予、李立三、沈泽民、罗章龙等人,参加国民党上海执行部的工作。上海执行部是国民党中央的派出机构,直接管辖江、浙、皖、赣四省和上海的党务。毛泽东任执行部组织部秘书兼文书科代理主任(部长戴季陶)。恽代英任宣传部秘书(部长叶楚伧)。邓中夏在工农部任职,向警予在妇女部工作。各部部长均为国民党人,但实际工作大多由共产党人负责。恽代英还负责宣传部下属的宣传委员会和教育委员会,并任《新建设》的主编。

从台北市中国国民党文化传播委员会党史馆陈列的一份档案资料看,在国民党上海执行部工作的人员,月工资为40至120元大洋。支120元大洋的仅6名,恽代英和毛泽东名列其中。[01] 足见他俩的工作能力和所承担工作的重要。

顾名思义,《新建设》是续接《建设》的。

1919年8月1日,孙中山领导的中华革命党在上海创办了大型理论刊物《建设》月刊。孙中山撰写了发刊词,规定该刊的宗旨是:"广传吾党建设之主义,成为国民之常识,使人人知建设为今日之需要,人人知建设为易行之事功。"该刊主笔有胡汉民、汪兆铭(汪精卫)、朱执信、廖仲恺、戴传贤(戴季陶)等。1920年12月1日出版第3卷第1期后停刊。国民党一大改组前后复刊,改名《新建设》。

《新建设》杂志第一卷第一期目录

1923年11月20日,《新建设》第1卷第1期出版,孙中山题词"建设新基"。恽代英写了《发刊辞》:

> 这几年亦不少的志士仁人为国家为社会的事呼号奔走。但总之事没有功效。一直到了现在只令觉得前途更暗淡了。
>
> 我们可看出他们所作的事有两种错误的地方。一种是没有明了正确的主张,一种是没有坚固伟大的团结。他们的行为是盲目的,而且又只有毫无计划的人自为战。所以结果都失败了。[02]

在恽代英看来,国民党做不出有功效的事来,不是国民党没有正确的主张,关键是有了主张而不曾用力宣传,使人民不明白其主张的内容。他说:"许多人不知道国民党三民主义五权宪法的主张究竟是些什么意义,因而使国民党终究未得着民众的赞助。这是十分可惜的事。所以,我觉得从各方面宣传国民党的主张,这是对于国民必要的事情,也是对于中国必要的事情。"

《发刊辞》又指出:

> 政局越是黑暗,越是紊乱,国民党所负的责任越是重大,一般国民亦越是有赞助国民党以实现他的主张的必要。不要让孙中山先生等少数人永远为这种孤忠的奋斗啊!
>
> ……
>
> 宣传国民党主张的,在民国来最有价值的,怕要算建设杂志。但是可惜他不能继续的出版。我们的能力自然是很薄弱的,但是我们希望办一个与建设杂志一样的刊物,

因此定名为《新建设》。这不是我们的不自量,这是我们为责任心所迫促而不得不然。[03]

恽代英最后表示,不希望读者为这杂志虚荣地夸奖,而应不客气地指出其不足的地方,"使这杂志真配得上做国民党有价值的宣传刊物。我们不是专为的国民党,我们是为的中国"。"盼望我们用的力量,总能够生得出我们所希望的影响。"[04]

然而,令人遗憾的是,因经费困难的原因,《新建设》出版了第一卷1至6期,第二卷1至2期后还是停刊了。尽管如此,恽代英为宣传孙中山先生的三民主义和政治主张,还是尽心尽力,先后为该刊写了《论三民主义》《革命与党》《中国经济状况与国民党政纲》《民族主义》《中国革命的基本势力》《中国财政状况述评》《不平等条约研究》等16篇重要论文。

恽代英说:"为什么必须实行三民主义呢?因为民族不强,则国势危弱。民权不昌,则内政紊乱。民生不遂,则祸乱永无停息。"[05]

"孙中山所主张的三民主义,具体地说起来,民族主义是要使中国成为一个完全民族的国家。民权主义,就是要采取瑞士式的直接民权。民生主义,是用各种社会政策发展实业,而同时以限制私人生产事业,预防贫富不均之弊。"[06]

恽代英认为,三民主义值得大家研究。"我觉得三民主义,在中国总要算最有系统的、最有眼光笼罩及各方面的、最切实合于国情的。"[07]但是一般国民,甚至许多国民党员,仍然是很忽视的,不肯加以斟酌研究。这实在是辜负了孙中山的热忱,太不顾国家前途利益了。

恽代英评介了中国的经济状况与国民党的政纲。在他看来,要了解国民党政纲的重要而切合实际,需先了解中国经济的实际情形。在具体详列了中国的国债、国民租税的负担、对外贸易亏损的详尽数据后指出,在这种情况下,"人民生活越苦则一般中下等家庭,其命运日趋于困难"。

他说,中国在这样复杂的病状之中,"自然非把北京政府打倒不可;然而北京政府打倒以后,必须从速修改条约,清理国债,安置平民生计,而加增其福利,如此然后可以使一般人民有可安的生活,可以恢复社会秩序,然后中国有复兴之望"。[08]

由此,国民党政纲对外值得注重的:一是要取消一切不平等条约;二是对于外债的政策,在使中国政治上实业上不受损失范围内的债务,保证并偿还之;但如贿选窃僭的北京政府所借的外债,不负偿还之责任。对内可注意的:一是注意地方实业,二是改良租税制度,三是确定国家经营大生产的规模。

恽代英说:"我单提这五层,是感觉这于中国今日经济状况之下最能有救治的功效……这五层是彼此关联,须同时同样注意的事。因为倘若不修改条约,便产业不易发达。不审定国债,便政治实业处处受其妨害。不注意地方事业,便不易恢复秩序,图谋人民的福利。不改良租税,便无以苏民困,而用合当方法,以筹急需的用款。不举办大产业,终无以最后打倒国际资本的压迫。这五件事同时进行起来,然后中国的国运,有挽转的希望。"[09]

1924年8月20日,《新建设》第二卷第2期出版后停刊,实为无奈之举。所欠结算费大洋600元,迟迟不能付清。债主催索甚急,恽代英屡次函请国民党中央执行委员会诸位,均未蒙答复。直到1925年10月12日,恽代英与韩觉民再次致国民党中央执行委员会,函请汇寄《新建设》杂志社结束费,才得以解决:

中央执行委员会诸公钧鉴：

前上数函谅邀惠览，《新建设》杂志社结束费大洋六百元屡次函请拨给，迄未见汇，现各方债主催索甚急，实无辞以对。明知中央财政支绌难于应付，但代英、觉民实有不得已之苦衷。务恳俯念下情，迅将此款寄来，以便了结，则不胜迫切待命之至。

特此敬请

公安，并希

示复！

恽代英　韩觉民

十月十二日 [10]

这封信是由韩觉民敬烦邵力子先生带交广州中央执行委员会秘书处的。10 月 30 日，林伯渠主持中央秘书处第 117 次会议，作出决议。11 月 2 日，中央执行委员会秘书处复恽代英、韩觉民："即日拨付。"

这样，压在恽代英、韩觉民身上一年多的债务包袱终于卸下了。

反对国民党右派

1923 年 6 月 12 日至 20 日，广州东山恤孤院后街（现恤孤院路）的一栋两层小楼里，中国共产党第三次全国代表大会在这里召开。这次会议正式确立以党内合作的方式，即共产党员以个人的名义加入国民党的方式，实现第一次国共合作。这对促进革命统一战线的建立和革命形势的发展，具有重要的历史意义。

恽代英虽然没有出席这次会议,但在会议召开期间,于6月15日,就"讨论中国社会革命及我们目前的任务",致信中国社会主义青年团书记施存统说:

> 以中国经济之落后,工人之无团结,或团结而无力量,欲求社会革命之完成诚不易言。吾人取加入民主主义联合战线政策殊有意义。但我视此举只认为我们借此改造民党,借此联合一般真诚热心于民主的人向恶势力奋斗,因此握取政权,为无产阶级专政树立确实根基如俄国前例。[11]

这是恽代英最早对统一战线的意见,他一开始就强调要在统一战线中,保持中国共产党的独立性和无产阶级对统一战线的领导权。

1924年1月20日上午,中国国民党第一次全国代表大会在广东高等师范学校礼堂正式开幕。孙中山致开幕词说:"今天在此开中国国民党全国大会,这是本党自有民国以来的第一次,也是自有革命党以来的第一次。"他还特别说,"此次国民党改组有两件事:第一件是改组国民党,要把国民党再来组成一个有力量有具体政纲的政党;第二件事就是用政党的力量去改造国家。"

这次会议的召开,标志国共合作的第一次统一战线正式建立。

国民党的改组,一开始就受到国民党内一些代表大地主、大资产阶级的右派分子的激烈反对。在国民党一大上,冯自由之流就提出禁止党员跨党,反对共产党员以个人名义加入国民党。他随后还组织"国民党同志俱乐部",继续进行破坏、分裂统一战线的活动。6月18日,国民党监察委员邓泽如、张继、谢持不仅上书孙中山,指控中国共产党,而且向国民党中央执行委员会提出"弹劾共产党案",诬告共产党"违反党义,破坏党德","希望从速严重处分"。

这场斗争在国民党上海执行部自始至终激烈展开。

"弹劾共产党案"提出后,北京、上海、广州等地的国民党右派分子跟着效仿,掀起了一股反共逆流。

8月1日,国民党上海第三、四两区党部(非全体的)召集各区代表会议。国民党右派曾贯吾、喻育之略为报告之后,"即向各同志分发彼等早已拟就致总理之电文并立刻提出向各代表签字"。这份电文要求"开除跨党分子",旨在破坏国共两党的合作。第五区党部的共产党员姚绍虞,会前接到三、四两区部会议通知。他认为国共合作的目的都在于革命,何分彼此,何况国民党还要联合民众,增加革命战斗力,以达国民革命之速成。因此,只要遵守国民党宣言、总章,就不应该排挤共产党员以分散国民党的战斗力。姚绍虞再三考虑,若不出席这次会议,诚恐右派分子"捏造意见,欺骗总理及中央",遂决定代表第五区党部出席会议。共产党员顾修代表第二区党部也出席了这次会议。

当曾贯吾、喻育之等右派分子强行要求各与会者签字时,姚绍虞、顾修等认为,该电文内容"实为违反本党纪律,不信任中央委员会之措辞",便"不肯签字,请求退席"。不料,曾贯吾、喻育之、何世桢、凌昌策等一拥而上,声色俱厉,拳脚交加,并扬言"不签字者即共产党,非打死不可"。他们一面将门户把守不许退席,一面大打出手,殴伤第五区党部常务委员、国民党左派黎磊。姚绍虞、顾修等在面临生命危险之际，欲退不行、欲进不能，"只可暂时屈服，以党员资格签字，以脱危险"。

第二天，在驻上海执行部国民党中执委叶楚伧的纵容下，喻育之等率三、四两区部20余人，涌入上海执行部，强迫叶楚伧盖印，并打伤了时为共产党人的邵力子，反共气焰十分嚣张。

为了打退国民党右派的嚣张气焰，维护革命统一战线，1924年8月11日，在上海执行部工作的共产党人毛泽东、恽代英等联名致孙中山总理，报告冬日（按"韵目代表"，冬日即1日）会议情形：

> 孙总理钧鉴（广州）：
>
> 　　东日三四两区部曾贯五等，集少数党员秘密开会，强迫签字于致总理电文，黎磊被殴伤。更日，该两区部喻育之等二十余人拥入执行部，强迫楚伧盖印于致总理电文，邵力子被殴伤。党纪扫地，若无制裁，何以励众。再，楚伧主持不力，迹近纵容，并乞明察。
>
> 　　沪执行部　毛泽生（应为毛泽东）　恽代英　施存统　邓中夏　沈泽民　韩觉民　王基永　杨之华　李成　刘伯伦　叩蒸[12]

这份保存在台北市国民党党史馆的档案资料，毛泽东的"东"误写成"生"，归类在中国国民党汉口档案目下，编号为09170，标题是《呈报东日三四两区部开会情形》。

8月13日，大元帅批复："汇交大会。"[13]

8月15日至9月10日，国民党第一届第二次中央执行委员会全体会议在广州召开，会议集中讨论"弹劾案"问题。原提案人张继、谢持列席会议。张继首先发言，他避而不谈右派的分裂破坏活动,却指责加入国民党的共产党员接受共产党的领导,保持自己的独立性,是在国民党内发挥一种秘密党团的作用,国民党内的种种纠纷即由此而来,"名义上跨党,徒滋纷扰"。为免除这种纷扰,只有"以分立为要",公然揭起了分裂统一战线的旗号。

国民党右派的提案,在会上遭到共产党人和国民党左派的坚决反击。瞿秋白代表共产党人义正词严地指出,国民党既然允许共产党人跨党加入,那么共产党人保持自己的独立性,近似党团是无可非议的。问题在于他们的行动有无违反国民党的宣言和章程,"若其行动有违反宣言及章程之处,则彼辈既以个人资格加入本党,尽可视为本党员,不论其属于共产派与否,概以本党之纪律绳之",否则,就没有分立的理由。"若不分立,则共产党的发展,即系国民党中一部分之发展,何用疑忌"。[14]瞿秋白的答辩合理合法,一针见血,体现了共产党人坦荡的胸怀和英勇无畏的革命气概。国民党左派也指出,"救济党内纠纷方法,不必在分立论上讨论"。

在共产党人和国民党左派的联合反击下,"弹劾案"遭到否决。会后,国民党中央执行委员会发表了《有关容纳共党分子问题之训令》。该训令指出:"谓本党因有共产党员之加入,而本党主义遂以变更者,匡谬极戾,无待于辩。即谓本党因有共产党员之加入,而本党团体将以分裂者,亦有类于杞忧。证之本党改组以后发展情形,亦可以无疑。"这就彻底粉碎了国民党右派反对共产党,妄图分裂革命统一战线的阴谋。随着国民党右派"弹劾共产党案"的被否决,上海执行部及其各区党部右派分子的反共活动也得到了遏制。

毛泽东、恽代英等致孙中山总理电,将国民党右派在上海的反共活动及时反映,既使孙中山和国民党中央能够迅速知晓下情,明察国民党右派的活动,又体现了共产党人拥护孙中山的三民主义、坚持国共合作、反对分裂革命统一战线的严正立场和光明磊落的情怀。

同年10月10日,为庆祝双十节,上海执行部等团体在上海北河南路天后宫召开市民大会。国民党右派纠合工贼流氓大打出手,将上海大学学生黄仁(青年团员、国民党员)从高台上打落台下而死。这是国民党右派向共产党和国民党左派挑衅的严重事件。

10月18日,恽代英在上海《民国日报》发表重要声明,痛心地说,此次黄仁同志,不幸死于帝国主义走狗之手,"但愿同志等因此更当淬厉精神,为反对一切军阀一切帝国主义而作战,以不负黄仁同志未竟之志"。[15]

10月27日,上海大学召开追悼黄仁烈士大会。大会由陈望道主持,瞿秋白、恽代英相继发表"极壮烈激昂"的演说。他俩愤怒谴责国民党右派甘心充当帝国主义走狗,破坏革命战线,残害革命同志的罪行,号召革命同志,化悲痛为力量,沿着革命先烈的道路走下去。

作为中共早期著名的理论家,恽代英更是站在理论斗争的前沿阵地,与国民党右派进行针锋相对的斗争。他先后写了《国民党中的共产党问题》《国民党左派与共产党》等著名论文,从理论上批驳了国民党右派的种种谬论,从思想上武装了共产党人和国民党左派。

国民党右派一再鼓噪"禁止跨党"。

恽代英深刻论述了国共合作的必要性。他指出,"中国共产党的民主革命纲领和孙中山先生的三民主义是基本一致的,这就为国共两党的合作奠定了政治基础。国民党在今天革命势力还很薄弱的时候,要想单独完成国民革命的使命是不可能的。

这是国民党改组前的历史已证明了的。自民国六年至十三年，国民党可以说是在一个很混沌的状态之下，孙先生所说的三民主义，没有人去研究宣传，人民自然更不会了解相信。国民党只有和共产党合作，注意发动工农民众，才有前途。"

恽代英说，"在今天革命势力还很薄弱的时候，正应当向各方面活动联络，本不应当有排斥共产党不使之加入合作的道理。"[16] 排斥共产党，不过是国民党右派威胁异己的一个武器，"根本便是要扫灭国民党中一切比较进步的势力罢了"。[17] 中国共产党，"认定了眼前最大的急务，是尽力与国民党合作，而且扩大国民党的组织与势力于全中国民众。"[18] 所以，共产党加入国民党，是帮助孙中山先生等实现其志愿的必要。"他们加入国民党，是根据于他们要促成国民革命；那便国民党只要一天还真有志于国民革命，在他们自身方面，终是要加入的。实在说，只要国民党一天不变成完全像头发、马蜂等私党，共产党人终不肯放弃国民党方面的工作的。你便明白和排斥他们出去，他们为了促成国民革命，终究不免要秘密地参加进来。他们总要帮助国民党，督促国民党，早些完成国民革命的工作。"[19]

国民党右派散布谣言，说共产党加入国民党，国民党就要"亡党"，就要被"赤化"。

恽代英驳斥道："国民党右派'自己不做革命事业，人家要求帮助他们时，他们说这不是亡党了么？于是不但共产党人来帮助他们，谓之为亡党，便是纯粹的然而进步的国民党员来了，亦谓为亡党'。可见'亡党'论只不过是他们排斥异己的一种卑劣手段。"

恽代英又说，国民党宣称要领导工农实行国民革命，共产党在今天也只望做成国民革命，目的相同怎会亡党？国民党右派反对共产党帮助、督促国民党完成国民革命的大业，实质就是放弃国民革命，"这才是亡党呢！"[20]

恽代英继续说："赤化"论原本是帝国主义和反革命分子挑拨离间，分裂革命力量的鬼蜮伎俩。国民党改组后，帝国主义就称国民党为红党，于是，国民党的右派先生们便觉得不自然起来。为什么怕帝国主义、反革命分子称国民党为红党呢？"红是革命标帜，国民党的旗子明明是'青天白日满地红'，党员倘若是革命的，会跟着反革命党怕起红色来了么？"[21]他质问国民党右派：共产党是要打倒一切压迫中国劳工的帝国主义军阀资本家的，自然帝国主义军阀资本家要痛恨他；国民党也要反对帝国主义和军阀，也反对资本家压迫农工，与共产党根本没有什么冲突和不容之处，为什么身为国民党员，却要与帝国主义军阀资本家一同起劲痛恨共产党呢？

国民党右派说：共产党既有自己的主张，"就不应当到国民党内来，用国民党的名义做各种活动"。

恽代英反问道："共产党因为见到要渐进于共产主义，必须联合各阶级打倒帝国主义，为打倒帝国主义而加入以民族主义为号召的国民党，这是他们自己的主张，亦便是国民党的主张，为什么他们不可以用国民党的名义做各种活动呢？"[22]

国民党右派攻击："共产党既加入国民党，就不应该在国民党内吸收共产党党员。"

恽代英理直气壮地说，共产党作为一个政党，发展党员是理所当然的事。它在国民党中吸收党员，"犹如他们在任何地方吸收党员是一样；假令共产党的理论与主张，敌不过国民党，为什么国民党员会被吸收去？假令共产党的理论与主张，确实比国民党要好些，有什么力量能够禁止共产党在国民党中吸收党员呢？"[23]

国民党右派还污蔑共产党人批判国民党右派和督促国民党中派是"挑拨"。

恽代英严厉痛斥:"国民党包含许多敷衍妥协的元素,这是十余年他不能完成民族革命使命的原因。"右派的破坏,中派的左右摇摆就是这些元素。共产党加入国民党,批判揭露右派的破坏活动,督促中派向左转,使国民党全部的精神都振作起来,担负起国民革命的重担,又有什么可指责的呢?"为什么不应当对于这种敷衍妥协的元素痛痛快快地加以打击,使国民党全部的精神都振刷起来?为什么打击这些元素,还要负挑拨的罪名呢?"[24]

恽代英还一针见血地指出,国民党右派排共的阴谋,是企图将国民党拉向右转,压迫国民党变成帝国主义、反动军阀奴役中国人民的工具。

对于改组后的国民党,逐渐分化为左、右。恽代英说,这是国民党自身的一种进化,是国民党改组后大量吸收了革命青年的自然结果,共产党员的加入,更促进了这种进化。在共产党影响下的革命的青年国民党员,团结真正推行孙中山先生新三民主义的老党员,肩负起改造国民党,扫除一切党内堕落妥协于反革命的分子的责任,这就是国民党中的左派。国民党要完成国民革命,实现新三民主义,就不应害怕在国民党中分左、右派。"国民党的改造,共产党是关心的;然而倘若只让共产党关心国民党的改造,国民党本身不赶快造出有力的左派,以自己扫除党内的右派势力,那不能说不是国民党的羞耻。"[25] 他号召:国民党左派要尽一百二十分的努力,壮大自己的力量,和国民党右派作斗争,这是改造国民党的必要步骤。共产党人和革命青年,要不顾一切困难,联合国民党左派,"为了改造国民党,为了改造中国而努力奋斗!"[26]

1925年3月12日，孙中山在北京逝世，举国震惊。国民党上海执行部当即发出讣告，并设立了上海治丧所开展悼念活动。恽代英担任治丧所文牍员，还负责接待吊唁者。

孙中山在世时，国民党右派震慑于他的威信，还不敢特别放肆。孙中山去世后，中国共产党及国民党左派与国民党右派新的斗争，不可避免地将更为激烈。

在五卅运动中

1925年1月，中国共产党在上海召开第四次全国代表大会，第一次提出了无产阶级领导权和农民同盟军的问题，为迎接全国革命高潮做了思想上和组织上的准备。为贯彻党的四大决议，中国社会主义青年团于1月26日举行第三次全国代表大会，通过了宣言和张太雷、恽代英起草的《一般被压迫青年的决议案》等文件，决定将团的名称改为中国共产主义青年团，选举张太雷、恽代英、任弼时、贺昌、张秋人、刘尔崧、夏曦、涂正楚、刘伯庄9人为中央委员，张伯简、林育南、李逸、陈乔年、刘昌群5人为候补委员。

30日，张太雷主持召开团中央执委会第一次会议，决定由张太雷、恽代英、任弼时、张秋人、贺昌组成团中央局，张太雷任书记，恽代英为宣传部主任兼学生部主任。

这一年，祖国辽阔的大地上，到处响彻着"打倒帝国主义"的怒吼。中国共产党领导的以工人阶级为主力军的五卅反帝爱国运动，在蓬勃发展的革命形势下爆发了。

2月2日，上海小沙渡的日纱厂内外棉八厂日本工头在粗纱间殴打女童工，引起工人反抗。厂方竟以此为借口，将粗纺部50名男工开除，以"养成工"替代。消息传出后，工人群情激愤。在邓中夏、李立三领导下，9日，沪西工友俱乐部发动内外棉五厂、七厂、八厂、十二厂约万名工人罢工。12日，内外棉11个纱厂全体罢工。2月15日上海印刷工人联合会召开成立大会，恽代英应邀讲话。他说："工人须有坚固组织，才能跟资本家做斗争。"同日，党通过上海国民会议促进会，召集各工厂、学生团体及沪西四马路商界联合会等47个团体开会，成立"上海东洋纱厂罢工工人后援会"。18日，罢工浪潮波及整个上海，从而掀起了反对帝国主义的二月大罢工高潮，揭开了五卅运动的序幕。

为了适应不断高涨的斗争形势的发展，党指派恽代英和侯绍裘等，于4月28日在国民党上海执行部内组织宣传委员会。宣传委员会委员共30人，均由各区分部负责宣传工作的同志担任。恽代英分析形势后指出：

> 自总理逝世，有三种现象不得不使我们组织宣传委员会从事努力工作。此三种现象为：一、从各地连续不绝之追悼会中可看出一般民众对本党（指国民党）了解情形，此实一种新机。二、反动派此次乘总理之丧，造谣愈甚。三、本党为谋欲达救国目的起见，惟有扩大本党成为一般国民的党。对于第一项，我们应注意不失此机和利用此机，得尽量使一般民众对于本党愈益明瞭。对于第二项，应尽量对于同志或非同志解释，使不为反动派计策所中。对于第三项，需最妥宣传材料与方法。[27]

从二月罢工的浪潮中，恽代英看到了工人阶级的伟大力量。他撰写了《上海日纱厂罢工中所得到的教训》，热情地讴歌：

"产业工人确实是革命的主要力量,只有他(们)能做民族革命的主要军队……上海最近的工人运动,更不过只是半年的事,居然便引起四万余人的大罢工,我因此想:产业工人简直是一个火药库啊!资本阶级制成了这样的火药库,安放在可以致他自己的死命的地方,只需一根火柴进去,便会轰然地爆裂起来。"[28] 果然,上海不久便像火药库一样猛烈爆炸起来了。

5月15日,日商内外棉七厂工人为抗议日本资本家借故关闭工厂,停发工资,冲进工厂,遭到残暴镇压。日商资方元木、川村竟然枪杀共产党员、该厂工人顾正红。当日晚上,中共上海地方委员会(以下简称中共上海地委)召开会议,决定李立三赶赴小沙渡,领导工人斗争。顾正红事件激起了中国人民的愤怒,一场新的反帝爱国风暴从黄浦江两岸掀起,迅猛地席卷神州大地。

5月16日,上海日商内外棉五、七、八厂工人,连同昨日已罢工的十二厂工人一律举行大罢工。同日,各厂罢工工人2万余人在潭子湾集会,成立罢工委员会。同日,上海印刷厂工人联合会及工、商、学界等35个团体举行联席会议,组成"日人残杀同胞雪耻会"。第二天,上海学生联合会在恽代英的领导下举行会议,商定发起反帝宣传和募捐活动,以救济罢工工人。18日,顾正红遗体入柩后移放闸北潭子湾。

5月24日,上海各界在闸北潭子湾荒地召开追悼顾正红大会,工人、学生和市民10000余人参加了大会。公祭以后,恽代英慷慨激昂地发表演说,鼓励群众团结一致,坚持罢工和斗争,为烈士雪耻报仇!他激动人心的讲话极大地鼓舞了群众,群众振臂愤怒高呼:"誓为顾正红报仇!""打倒帝国主义!"这次空前规模的追悼大会成了全市工人和学生的誓师大会。

具有光荣革命传统的上海爱国学生立即行动起来声援工人

阶级的斗争。在上海执行部宣传委员会和上海学联的号召动员下，上海大学和复旦、交通、政法、美专等大专院校的学生和部分中学生，组成 30 多个小分队，每天分头到南京路、新世界、东新桥、大世界等闹市区，向行人募捐。从 5 月 18 日开始，一周之内就募款 3100 余元，除一部分给顾正红亲属，其他都交给罢工后援会，援助罢工中生活困难的工人。上海爱国学生们的这一正义行动，引起了帝国主义的极端仇恨。公共租界当局公然逮捕宣传、募捐的学生达 19 名之多。

中共中央决定进一步发动上海市民，兴起一场规模更大的群众反帝示威运动。根据中央指示，恽代英负责领导全国学生总会和上海学联积极开展反帝宣传。5 月 26 日，全国学生总会开会，决定扩大宣传活动，发表宣言，抗议帝国主义枪杀中国工人、逮捕学生的罪行，提出废除不平等条约等政治主张，同时上海学联也举行会议，讨论募捐援助罢工工人，设法营救被捕学生和开展爱国宣传等具体事项。

5 月 27 日，恽代英在同德医学专科学校，召集上海大学、文治大学、大夏大学等校学生代表开会，作出三项决定：一、印发传单和宣言，揭露帝国主义的暴行；二、募款救济工人；三、营救被捕学生。

不识时局的租界当局，气焰嚣张，28 日公然宣布，要在上海"增加码头捐"，"取缔印刷附律""交易所注册"。这直接侵犯了中国商界的利益，于是，民族资产阶级也起来反对帝国主义。一个工、商、学联合反帝的统一战线在上海初步形成。

当天，中共中央在陈独秀主持下，举行了会议。李立三、恽代英、蔡和森、郭景仁等出席。蔡和森建议把工人的经济斗争转变为反对帝国主义的斗争。中共中央采纳了他的意见，决定在公共租界迅速举行反帝示威运动。

5月28日晚，中共中央和上海党组织召开联席会议，陈独秀、瞿秋白、彭述之、恽代英、李立三、蔡和森等出席。与会者围绕如何组织学生上街宣传和发动社会各阶层共同反对帝国主义这个主题，展开热烈讨论。

李立三说："必须扩大社会的运动势力，发动各团体学生起来援助工人。"

蔡和森说："群众运动要有明确的统计，应向社会各方面活动，向各方面散发传单，引起社会同情，学生最好和工人一起出发。"

恽代英说："到各校宣讲宣传，只由学生接待恐怕还是不够，由勇敢的学生先行出发，而后必能引起一部分同情的群众也走上街头。"

陈独秀说："上海的党团员一共不到200人，单独干不成气候。这次宣传要和反对码头捐、印刷附律、交易所注册等提案结合起来，这样才能广泛发动社会各阶层。"[29]

经过讨论，一致通过了扩大反帝运动和组织五卅大示威的决议，并立即分别进行紧张的组织、宣传准备工作。恽代英接着召集国民党上海执行部宣传委员会开会，贯彻党的指示，决定每一个委员带一名工人代表，赴各校报告日本帝国主义虐待、迫害、屠杀中国人民的罪行。29日，工人代表到各校演讲，用亲身的经历，控诉帝国主义压迫、剥削、屠杀工人的暴行，激起青年学生对帝国主义的无比仇恨。这一天深夜，宣传委员会的28个委员向执行部报告，各校定于5月30日停课一天，学生到租界区进行演讲示威。

中共中央原希望国民党上海执行部作为5月30日反帝示威运动的总指挥部，但恽代英在执行部内提出此案后，却遭到叶楚伧等人的反对。他们以租界示威触犯租界法律为由，不同意用执行部的名义作为指挥机关。恽代英十分气愤地说："租界的所谓法律是不平等条约的产物，我们要革命，就要犯法！"他当机立断决定由上海学联作为反帝示威运动的总指挥部，自己担任总指挥，侯绍裘任副总指挥，设指挥部在望志路永吉里国民党江苏省党部的机关内。

反帝的号角吹响了，在党的领导下，恽代英和李立三、瞿秋白等战友以昂扬奋发的英姿，率领着爱国民众跃出战壕，冲上了轰轰烈烈的反对帝国主义的战场。

5月30日，在恽代英、侯绍裘的指挥下，各校学生和部分工人3000余人，分成许多小分队挺进上海租界区。他们不顾巡捕的阻拦、干涉和拘捕，在南京路等主要马路上，或散发传单，或张贴标语、漫画，或演讲。

"打倒帝国主义！""上海是中国人的上海！""废除不平等条约！"等爱国口号在黄浦江畔此起彼落，声震昊天。

帝国主义巡捕丧心病狂地开枪射击赤手空拳的学生、工人，当场将上海大学学生何秉彝、同济大学学生尹景伊等13人打死，制造了震惊中外的五卅惨案。

惨案如晴天霹雳，撕心裂肺。当晚陈独秀、蔡和森、李立三、恽代英、王一飞等中共中央领导人举行紧急会议，决定由上海总工会、全国学总、上海学联和各马路商界联合会共同组织上海工商学联合会，作为领导爱国运动的公开机构，迅速发动全市人民开展罢工、罢课、罢市的"三罢"斗争。

中共中央全力以赴，领导了这场伟大斗争。瞿秋白主编的《热血日报》作为运动的主要宣传阵地。李立三、刘少奇、刘华等负责上海总工会，恽代英领导上海学联和全国学总党团（党和团的核心组织），负责青年学生工作。

5月31日，1万多工人学生在上海总商会门前召开市民大会。恽代英和向警予、施复亮等党、团领导人出席了大会。6月3日,上海学生2万多人在南市举行空前浩大的游行示威,愤怒抗议帝国主义的大屠杀。6月11日,上海各界人民30余万人在南市公共体育场举行市民大会,号召坚持上海工商学联合会提出的17条交涉条件,不达目的,誓不罢休。在这些日子里,上海沸腾起来了,群众集会接二连三地举行,恽代英几乎每会必到,躬亲现场指导。

上海广大爱国学生骨干在学联会领导下,积极行动起来,投入如火如荼的爱国运动中。有的负责学校工作,广泛发动各校举行罢课;有的筹募各界捐款以支援罢工工人;有的参加检查日货工作;还有的被派到外埠,进行爱国宣传……。这些骨干热情、勇敢,但也有不少的弱点,他们大都散漫动摇,好出风头,不愿做默默无闻、烦琐艰苦的工作。恽代英总是耐心地鼓励他们向工人学习,艰苦踏实地工作,在爱国运动和工人运动中锻炼自己,克服小资产阶级知识分子的各种弱点和缺点。他亲自带领一批学生到工厂去,与工人相结合。在他的领导和影响下,一批学生骨干在五卅运动中锻炼成长起来。

为了动员各阶层群众行动起来,掀起声势浩大的反帝爱国运动,恽代英认为不仅要有打倒帝国主义的政治口号,还应提出"更能唤起群众即刻有所行动的口号",这种口号要和社会各阶层的群众的直接利益紧密联系在一起,为社会各阶层的群众所接受。党接受了他的建议,及时提出"上海是中国人的上海,中国人不能受外国人的压制!"这反映了上海各界民众的心里话,团结了上海各阶层群众,获得了广泛的支持。

6月初,直系军阀孙传芳为了欺骗群众,假惺惺地发电报给上海学联,表示愿以武力为后盾,支持爱国学生。奉系军阀也发电报,并给学联捐洋2000元,以示慰问。几天以后,奉系军阀张作霖调姜登选部邢士廉率兵进驻闸北。租界区本不许中国军队进入，邢士廉部却进入租界。这件事使一些学生高兴若狂，他们天真地说："或许奉系军队要收回租界了！"

其实奉系军阀是想利用工人、学生的力量，增加其与英帝国主义交涉的砝码，企图插足于长江下游。邢士廉对上海学联代表说："你们真是爱国，我当学生时，也很热烈，不过，现在的地位不同，不能像你们一样了！"学联的代表听了，对奉系军阀还抱有一些幻想。

恽代英严肃地告诫学生："他的话是一点儿也不错，以前本来如此，但以后地位不同，到底是什么地位呢？原来是帝国主义走狗的地位，不但不能帮助学生爱国，而且要压迫学生爱国了！"[30]

6月22日，邢士廉以淞沪戒严总司令名义宣告戒严，禁止集会结社和游行示威。当天，上海总商会草拟了单独开市的决定。学联会决定单独举行游行活动，并派出代表去见邢士廉，希望他派兵维持秩序、保护学生的示威游行。邢士廉突然脸色一变："不要乱闹，你们再胡闹，我就要封你们的学生联合会！"学联代表碰了一鼻子灰，这时他们想起恽代英的话，才更感到他的预见是何等的正确呵！

为了使全国学生深刻了解五卅运动的方针，推动全国学生革命运动，党决定提前在沪召开全国学生第七届代表大会。大会设立了秘密党团组织，领导全国学联，恽代英担任党团书记。6月20日至7月7日，大会在全国爱国运动的高潮中召开了。

在6月25日的预备会上，恽代英作了《五卅后政治形势》的报告，高度赞扬了五卅反帝爱国运动。

他说："五卅惨案，帝国主义屠杀中国工人和革命学生，唤起了他们向帝国主义斗争。这个运动不仅在全国掀起了革命浪潮,而且对世界革命运动也有重要意义。中国共产党对这次运动有最正当、最彻底的主张,这就是废除一切不平等条约、收回租界、收回领事裁判权,永远撤退驻沪海陆军,中国人民应享有绝对之言论、结社、出版之自由。我们的口号是:全国一切民众团结起来,打倒帝国主义!"第二天,大会正式开始,恽代英莅会演讲,特别强调"把打倒帝国主义的口号普及到全国民众"中去。大会通过了恽代英主持起草的《反帝国主义运动案》《反基督教运动案》《改进学生本身利益问题案》《学生会组织问题案和援助工人、农民运动案》等议案。这次大会推动了学生和工人运动的结合,在中国学生运动史上占有重要的一页。

为了保存革命力量,8月10日,中共中央根据形势的变化,决定改变斗争策略,要求工人有组织地上工。

9月18日,上海淞沪戒严司令邢士廉强行封闭上海总工会,并限令各工会即日一律取消。上海总工会委员长李立三被通缉,总务科刘少奇、会计科刘贯之、交际科杨剑虹等被传讯。

虽然五卅革命风暴从此停歇下来,但中国人民反帝反封建的民主革命,必将继续进行下去。恽代英以更饱满的革命热情,投入新的斗争中。

反对戴季陶主义和西山会议派

孙中山去世后,国民党右派更加猖獗,特别是国民党新右派,毫无顾忌,大肆兴风作浪。身为国民党中央宣传部部长、被誉为蒋介石"智囊"的戴季陶这时活跃起来,充当蒋介石集团的谋士,成为国民党新右派的"理论家"。

周恩来分析当时形势说，国民党右派在1925年全国革命风起云涌地起来以后，始终是反对革命的。"右派中最危险的一个家伙是戴季陶。"

1925年5月，戴季陶在国民党一届三中全会上，提出了反对国共合作的所谓"建立纯正的三民主义"的谬论，要求制定国民党的"最高原则"，以实现"一个主义，一个党"。六七月间，又在上海接连抛出了《孙文主义之哲学的基础》《国民革命与国民党》两本小册子，配合国民党老右派的反共活动，向中国共产党发动了猖狂的进攻，为蒋介石集团篡夺革命统一战线的领导权大造反革命舆论，提供反革命的理论根据。

恽代英洞察其奸，与瞿秋白、周恩来、毛泽东、萧楚女等共产党人，站在理论战线斗争前沿，运用马克思主义，彻底批判了戴季陶主义。恽代英先后写了《读〈孙文主义之哲学的基础〉》《民族革命中的中国共产党》《国民党与阶级斗争》《真三民主义》等战斗檄文，将戴季陶主义驳得体无完肤。

恽代英批判了戴季陶的哲学基础——道统论。戴季陶阉割孙中山先生的三大政策和新三民主义的革命内涵，把三民主义曲解为"完全渊源于中国正统思想的中庸之道"，是继承了孔子学说中的"仁爱"道德。国民革命只有用中国传统的孔孟之道作指导才符合"国家民族的利益"。他狂叫共产主义不适合中国国情，诬蔑中国共产党"争得一个唯物史观，打破了一个国民革命"。

恽代英批驳说，对待中国固有的文化应和对待外国的文化一样，科学的、有价值的"才有存在的意义"，反科学的则必须"排斥"。所谓孔孟之道不过是中国少数圣哲的伦理思想。这种思想是封建统治阶级的精神支柱。孙中山先生的新三民主义并不是孔孟之道的延续，而是具有反对帝国主义、反对封建军阀的革命内容。戴季陶所鼓噪的"纯正三民主义",并不是孙中山先生所主张的三民主义,而是他自己的主义。戴季陶将三民主义歪曲为是继承封建道统论,其险恶用心是用"纯正三民主义"反对马克思主义的传播,用虚伪的"仁爱"反对阶级斗争学说。

恽代英旗帜鲜明地说:"马克思的学说虽是德国的文化,列宁的学说虽是俄国的文化",但它们是世界无产阶级革命的思想,同样能够指导中国的革命。至于阶级斗争则是客观存在的,"任何时候的阶级斗争,都是为的工人反抗剥削的资本家,或是为的农民反抗剥削的地主,……阶级之间的有斗争,是从古亦然的,只要一天还有资本家地主剥削工人农民的事,这种斗争亦是无法避免的;只有为这种资本家地主做走狗的人应当反对这种斗争"。

戴季陶宣扬的所谓"仁爱"纯属欺人之谈。恽代英反问:"假定资本家地主的仁爱性能竟诱发不起来,他们竟不接受三民主义,或虽名为接受三民主义而不肯切实照三民主义的精义做事,怎么办?"他明确地说:"国民党决不能等候地主资本家的仁爱性能被诱发以后再去组织训练农人工人,国民党在此时应当预备与阻碍农人工人以组织训练的地主资本家奋斗,遇必要时为发展农人工人之组织与训练,便遏制乃至于打倒这种反动的地主资本家,亦是没有不可以的,这种遏制或打倒地主资本家的行为,乃为防止争斗消弭阶级所必需的,这决不可以说是奖励阶级争斗。"要实现孙中山先生的新三民主义,最根本的就是要发动广大民众与帝国主义、反动军阀进行阶级斗争。

恽代英彻底揭穿了戴季陶所谓"真正三民主义信徒"的画皮。戴季陶之所以还有点市场,主要原因是他披有老国民党员这张画皮。他自诩自己是"真正三民主义的信徒"。恽代英一针见血地指出：真正三民主义的信徒"一定要无论如何艰难危险敢与帝国主义争斗（民族主义）"，"一定要打倒军阀为全体人民争回政权，不许政权落于资产阶级少数人之手（民权主义）""一定要很有切实有效的方法，实行'节制资本'，'平均地权'，不许在中国有资本家地主压迫工人农民的事（民生主义）"。[31] 而戴季陶呢？他既不敢提打倒帝国主义，打倒军阀，也不敢提"节制资本""平均地权"八个字。"对眼前中国已经有了的资本家地主压迫工人农民的事，闭着眼睛置之不问不议之列"，这种人哪里配得上是真三民主义的信徒？！他们"只是有意作践三民主义，有意作践我们的总理与我们的国民党罢了"。[32] 他们的所谓"真三民主义"，"就我看来，大概是指一种理论，可以反对孙中山先生容纳共产党分子加入国民党的政策的罢？大概是指一种理论，可以反对孙中山先生承认共产党有独立存在的理由与国民党只问共产分子是不是服从纪律，不问其他的意见的罢？"

反对戴季陶主义的斗争，当时在上海大学也激烈地展开。戴季陶、王柏龄、陈诚、贺衷寒、缪斌等国民党右派发起的反动组织"孙文主义学会"，在上海大学右派学生中发展了组织。上海大学内的共产党员、青年团员和国民党左派也组织"中山主义学会"与之对抗，他们出版《中山主义》周刊，对戴季陶主义进行反击。1925年12月27日，恽代英在上海大学作了题为《孙中山主义与戴季陶主义》的演讲。这篇演讲在上海大学青年学生中产生了很大的影响。恽代英批判了戴季陶把孙中山比作孔子，将他的思想偶像化、宗教化的荒谬立论后大声喝道："没有平等思想的，不配称中山主义的信徒；所以一切资本主义者国家主义者走开！""没有革命精神的，不配称中山先生的信徒；所以一切戴季陶主义走开！"[33]

1925年8月,国民党左派领袖廖仲恺先生被右派暗杀后,国民党中央执行委员中的大地主、大资产阶级代表人物林森、居正、邹鲁、谢持、张继、叶楚伧等10余人纷纷由广州或上海跑到北京,麇集西山碧云寺总理灵前召开非法的"国民党一届四中全会",正式形成西山会议派。这个反革命的会议通过了所谓"取消共产党员在国民党中之党籍"、"开除国民党中央执行委员会中的共产党员"等议案,取消了李大钊、毛泽东等9个国民党中央委员和候补中央委员的党籍。戴季陶也参加了西山会议,后因与老右派冯自由产生矛盾,中途退席,跑到家乡浙江湖州进行活动。但同时发表书面声明,在一定程度上同意会议决定。西山会议后,国民党右派在上海另立国民党中央党部。上海也就成了共产党人和国民党左派与国民党右派的激烈战场。

恽代英对戴季陶、西山会议派公开揭橥反革命黑旗,分裂革命阵营的罪恶行径深恶痛绝。他写信给国民党左派柳亚子先生,无情揭露戴季陶勾结西山会议派的伎俩:

> 现季陶、楚伧等以怯懦褊狭的心理,竟至不惜与一般失意无聊之政客为缘,在北京聚会对广州中央机关为非常之处置……季陶等自己不在革命的前线上奋斗,反躬亲导率反革命势力掀起党内大波,诚所不解者也。[34]

恽代英已看出西山会议派与戴季陶这伙政客,"各有所利","决难合作",但是"惟际此时,群情摇动,受惑者愈多,则革命的前途受损失愈多"。所以他要求柳亚子先生运用自己的声誉和影响,写出书面意见,投入反对国民党新老右派的斗争,"以壮我声势"。柳亚子先生仗义执笔,力持正论,用恽代英提供的材料,在《中国国民》第15期上,发表了4000字的《告国民党同志书》。柳亚子先生大声质问国民党右派："自己不肯站在革命的前线上奋斗，反而去勾结反革命的势力，甚至于去领导反革命的势力，要掀起党内轩然大波，图谋倾覆广州中央执行委员会以及中央执行委员会所产生的国民政府，至少亦减损其威望，增多其纠纷，以为快心之举，这不明明白白地叛党叛国叛总理吗？全国同志，人人得而声讨之矣！"

柳亚子先生的文章给西山会议派以沉重的打击。这件事也使柳亚子先生难以忘怀，后来，他写了《哭恽代英五首》。

长期以来，上海执行部内国民党右派视恽代英、向警予等共产党人为眼中钉、肉中刺。他们经常背着执行部内的共产党人和国民党左派秘密活动，并扬言要解散执行部中恽代英负责的宣传委员会和向警予负责的妇女委员会。后来国民党上海执行部为国民党右派叶楚伧等西山会议派所把持，上海《民国日报》也成了他们的喉舌。12月18日，国民党右派以"国民党中央"的名义，在上海《民国日报》上发表启事，宣称："近闻有业经解职务之恽代英等到处招摇，淆惑视听，本会恐外界不明真相，特用登报声明所有该恽代英等言论行动概不得认为有效。"20日他们又将恽代英等"共产派分子"开除党籍。

针对国民党右派的猖獗活动，经广州国民党中央同意，上海执行部内的共产党员与国民党左派在环龙路四十四号召开各区党部联席会议，决定由恽代英和共产党员、国民党上海执行部宣传部干事刘重民，及共产党员、国民党上海执行部组织部干事张廷灏三人负责，筹备国民党上海特别市党部，代行上海执行部职权。

10月28日，恽代英和张廷灏等联名在《申报》上刊登启事，谴责西山会议派设在上海的所谓"国民党中央委员会"是非法的。1925年12月底，国民党中央在广州召开第一届第四次全体会议，指出西山会议派召开的所谓四中全会，是非法的，开除李大钊、谭平山、毛泽东等9位中委党籍和其他议案，都是不能成立的，并决定召开国民党第二次全国代表大会，重建上海特别市党部，恽代英担任主任委员兼组织部长，茅盾（沈雁冰）为宣传部长。

··· 注释 ···
01 中国国民党文化传播委员会党史馆编：《跨越三世纪——中国国民党的变与不变》，第40页。
02 《新建设》发刊辞，1923年10月20日。
03 《新建设》发刊辞，1923年10月20日。
04 《新建设》发刊辞，1923年10月20日。
05 《恽代英全集》第五卷，人民出版社，2014年版，第161页。
06 《恽代英全集》第五卷，人民出版社，2014年版，第166页。
07 《恽代英全集》第五卷，人民出版社，2014年版，第174页。
08 《恽代英全集》第六卷，人民出版社，2014年版，第169页。
09 《恽代英全集》第六卷，人民出版社，2014年版，第171页。
10 《恽代英全集》第七卷，人民出版社，2014年版，第305页。
11 《恽代英全集》第五卷，人民出版社，2014年版，第83页。
12 《恽代英全集》第六卷，人民出版社，2014年版，第460页。
13 《恽代英全集》第六卷，人民出版社，2014年版，第460页。
14 瞿秋白：《对于三监委员弹劾案之答辩词》，《中国国民党第一届第二次中央执行委员会全体会议纪录》，1924年8月。
15 《恽代英全集》第六卷，人民出版社，2014年版，第536页。
16 《恽代英全集》第六卷，人民出版社，2014年版，第452页。
17 《恽代英全集》第六卷，人民出版社，2014年版，第453页。
18 《恽代英全集》第六卷，人民出版社，2014年版，第454页。
19 《恽代英全集》第六卷，人民出版社，2014年版，第455-456页。
20 《恽代英全集》第六卷，人民出版社，2014年版，第456页。
21 《恽代英全集》第七卷，人民出版社，2014年版，第114页。
22 《恽代英全集》第七卷，人民出版社，2014年版，第225页。
23 《恽代英全集》第七卷，人民出版社，2014年版，第226-227页。
24 《恽代英全集》第七卷，人民出版社，2014年版，第227页。
25 《恽代英全集》第六卷，人民出版社，2014年版，第624页。
26 《恽代英全集》第六卷，人民出版社，2014年版，第625页。

27 《宣传委员会消息》，载国民党上海执行部印：《党务月刊》第 1 期，1925 年 6 月 1 日。
28 《恽代英全集》第七卷，人民出版社，2014 年版，第 58 页。
29 《中共中央和上海地委联合会议记录》，1925 年 5 月 28 日，见《上海工运史料》1986 年第 3 期。
30 《梅龚彬回忆》，1959 年 1 月 28 日，未刊稿。
31 《恽代英全集》第七卷，人民出版社，2014 年版，第 380 页。
32 《恽代英全集》第七卷，人民出版社，2014 年版，第 380 页。
33 《恽代英全集》第七卷，人民出版社，2014 年版，第 370 页。
34 《恽代英全集》第七卷，人民出版社，2014 年版，第 377–378 页。

第七章

战斗在岭南

出席国民党"二大"

1926年1月初,一艘由上海开往广州的海轮破浪前进。

恽代英穿着一件灰布大衫,从舱里走到甲板上,依在船舷旁,眺望水天一色的大海。此时此刻,他的心情特别激动,眼见革命的广州,已成为中国革命运动的根据地,尽管帝国主义及其走狗,对广州的政局还在指责、讥议和谩骂,但是在他们心目中,又不得不承认,广州政府已是中国民族革命运动的中心了。

想到这里,恽代英相信,孙中山若在天有灵,看到今天广州形势的变化,也当含笑于九泉了。于是,他无比激动地说:"我们相信广州国民政府今日的一切行动,正合于孙中山先生的愿望,只有能赞助广州国民政府这些行动的,方够得称为一个真正信仰孙中山先生的国民党党员。"[01]

1月4日,国民党二大在中央党部大礼堂正式开幕。国民党二大设有中共党团,恽代英为中共党团的干事之一。在出席会议的258名代表中,共产党人和国民党左派占绝对优势。出席大会的中共党员和国民党左派要求厉行纪律,对西山会议派严肃处置。他们一致认为:"我们现在需要的是革命,是要做国民革命。既然要做国民革命,便一定要有纪律,但纪律要是真的,不能只是白纸黑字,变成一个纸老虎。""如果对于西山会议这班人也不严重处置他们,把纪律打个粉碎,国民党也不必再去说革命了。"[02]因此,大会通过了"继续坚决执行孙中山遗嘱和三大政策的决议案""弹劾西山会议决议案""处分违反本党纪律党员决议案"等。会议决定开除西山会议派中最反动的分子邹鲁、谢持的党籍,给林森等12人以书面警告,还强调指出:"若此十二人中,有不接受大会警告,是甘心背叛本党,而与谢持、邹鲁同趋,中央执行委员会应即执行纪律,开除此不接受大会警告者之党籍。"

大会最后选举国民党中央执行委员会和监察委员会。在选出的36名中央执行委员中,林祖涵、李大钊、于树德、杨匏安、恽代英、吴玉章、朱季恂7名共产党员当选。恽代英得173票。

1月19日大会闭幕,恽代英发表了语惊四座的讲话:

他首先诙谐地说:"我本无话可讲,因为所有的好话,都给各位同志说完了。"

接着,他话锋一转,高度评价了国民党一大的成绩和二大的历史价值。恽代英大声地说:"我们的第一次代表大会,是在中国革命历史上有永远纪念价值的一个大会。因为现在中国国民党的发达,已比前不同了,全国革命的运动,比前进步得多了,这都是第一次全国代表大会的成绩,都是因为第一次大会以后同志们受总理的指导,决定了种种方策而能够努力工作的成绩。""这回第二次大会像第一次大会一样的有价值,一样地在中国革命史上有永远纪念的价值。"[03]

恽代英明确指出,要想第二次大会在中国革命历史上有纪念的价值,就必须:

第一,"第二次大会以后,我们的党要变成一个更有力量的党。我们的中央执行委员会要变成一个更有力量的中央执行委员会"。[04]他认为,国民党一大虽然是好,但仍有许多缺点。"最易见的还是缺乏森严的纪律",因此两年来,对于违背本党纪律的分子,中央执行委员会毫无办法去制裁他们。他强调说,我们议决了很多的议案,"不是要说空话,是要实行的……已往的我们不谈了,因为虽不很好也不很坏。我们只是要本党以后更好。因为中国革命是很需要一个更有力量的党,很需要一个真实能够有严整的纪律，而能实践各种决议案为民众利益奋斗的革命党"。05

第二，"第二次大会以后，我们同志要更加认清楚本党的主义"。

恽代英驳斥了国民党右派攻击共产党，歪曲孙中山三民主义的谰言。他说："两年以来最妨害本党的进展的就是什么主义之争。比方有些人常说哪班人是共产党员，哪班人是纯样国民党员。这种分门别户的办法是一点好处都没有的……有那些存心破坏的人，说什么我们只要三民主义，我们要反共。但究竟三民主义是什么东西，他们哪里懂得。很简单地说，讲三民主义的国民党，一定是反对帝国主义，一定是反对军阀，一定是要为平民——尤其是大多数的农工的利益奋斗，必如此乃可以言国民党，不如此者决不配称做国民党。也有许多人见我说这话，又说我这是宣传共产主义了。不错，共产主义者或者亦要宣传这种道理，但我要反问三民主义者就要反对这种道理吗？"06

恽代英继续说，"本党虽创立十多年，一直到现在才真实能为三民主义而奋斗，才真实是实行三民主义的革命党。他们说亡党，不错。冯自由、谢持、邹鲁的党确实是已经亡了！至于孙总理的党，不但未亡，而且到现在为全国人民所了解所信仰。什么是孙总理之党，就是信仰而且实行三民主义的党。这个党是没有亡的。亡了冯自由的党，这有什么可惜呢？我们正在剧烈反对冯自由、谢持、邹鲁的党。我们要每个同志都能够明了要真正为总理的主义来奋斗，那才是真正的国民党。至于有相信冯自由、谢持、邹鲁的主义的人，我们请他走开，我们希望第二次大会以后再没有这等人。"07

恽代英越讲越激动，最后说，"如果我到那时是反对打倒帝国主义，反对打倒军阀、反对为被压迫的农工奋斗的，我承认我是应当被开除的。不过这一次我在上海是已经给他们（西山会议派）开除过了的，他们这种伪中央执行委员会的开除，我却不能承认。因为他们完全没有开除我的理由，只说我是共产派。但姑无论我是不是共产派，我要请问共产党派是违背了民族主义或民权主义或民生主义吗？如果没有违背三民主义，便是一个共产派亦没有被开除的理由。"[08] 讲到这里，恽代英挥起手臂，理直气壮又激动地说：

> 那末我当真是永远忠于本党的事吗？也不一定。如果本党丢了三民主义，我便要反叛起来，这是没有什么客气的。我的入党是因为想做官吗？想要认识某要人吗？我完全是因为国民党能反对帝国主义、军阀，为被压迫农工利益而奋斗所以来的，如果国民党会有一天和帝国主义妥协，和军阀勾结，和大多数的农工反对，这是冯自由的国民党，已经不是总理的国民党了；到那时，我一定起来反对，和现在反对上海的伪中央执行委员会一样。
>
> 总而言之，各位同志不要管我是不是共产党，只要问我是不是实行三民主义，如果有违背三民主义去做反革命的事情，便马上可以拿去枪毙。如果没有，便不能开除。我的理由在这里说得很明白了，如果你说我是共产派，我这个共产党派便是这样主张的。[09]

坦坦荡荡，光明磊落，虚怀若谷，旗帜鲜明！

恽代英话音刚落，会场上响起一片雷鸣般的掌声。与他一起出席这次会议的沈雁冰后来回忆说："恽代英在大会中发挥其演说之天才，备受到会代表之拥护。"又说，"我们上海代表团的恽代英在大会上做了演讲。恽代英是个大演说家，可以连讲两小时，讲者越讲越有精神，听众也始终静听，时时报以热烈的掌声。"

国民党二大也留下了隐患，国民党新右派的代表人物蒋介石，因在会前两次指挥东征战争取得胜利，所以在会上挟战功以自傲，风头正劲，不仅选入国民党中央执行委员会，还进入了国民党中央常务委员会。这就抬高了他在国民党中的地位，为其日后背叛孙中山，叛变革命，篡夺革命领导权创造了有利条件。

粤海新篇

国民党二大后，恽代英留在广州，与毛泽东、周恩来、陈延年、张太雷等共产党人及国民党左派宋庆龄、邓演达等并肩战斗。他像搏击长空的雄鹰，迎着时代的风云，展翅飞翔。

2月27日，恽代英以国民党中央执行委员会的身份，出席了国民党中央委员会举行的欢迎省港罢工工友代表大会，发表了热情洋溢的讲话。

> 是日罢工工友代表到者八百余人，会场头门，大书欢迎罢工工友大会。礼堂门首，高挂用生花砌成欢迎二字，堂内悬挂生花花条，结彩满堂，花气氤氲，檀作西餐式上置满生花，一时许开会。[10]

大会主席林祖涵宣读总理遗嘱后，由恽代英、何香凝等相继发表演说。

恽代英不愧是演说大师,一开口,就和工人代表的心贴近了:"各位工友,各位同志,今天得与各位叙会,兄弟是非常欢喜的,现趁此机会表示一些意见为工友们参考。"

"今天为什么开这个会,就是欢迎罢工工友,也可说是欢迎我们兄弟,也可说是欢迎能实行本党政策而反帝国主义的战士,欢迎你们,就是表示亲爱你们。"[11]

800名工人代表喜气洋洋,专注地听着恽代英的演讲。他的话音刚落,会场上顿时爆发出长时间的热烈掌声。

接下来,恽代英讲述了我们为什么要反对帝国主义的四个理由后,又举了一个生动的实证:"我在上海的时候,我常见早晨马路上一队队工友去工厂上工,夜晚一队队地下工,大多数是衣服褴褛,其生活痛苦可想而知。但马路汽车上下亦是很多,十分之八是外国人所乘,还有是那些发洋财的阔人坐的。我们一天做工很多,还是穿破衣走路,有时还受他们打骂,甚至要常常遭他们碾毙在路上。这种情形,我相信香港也是如此,这是多么不平等呀!所以我们真是除了打倒帝国主义没有别的生路。"[12]

听到这里,许多工人代表的眼圈红了,不由自主地暗暗流泪。

恽代英打了一个有力的手势,继续说:"我们知道,孙先生为什么创造国民党?孙先生并不是因为想做大总统,而是为了要打倒帝国主义而入党。""帝国主义在上海、天津、广州杀了许多中国工人、学生,他们(帝国主义)只是我们一起来反抗,便实行大屠杀,但我不会因此就害怕他们。"[13]

恽代英最后说,"各位工友,我们罢工回粤……我们坚持数月,有党及政府极力援助,其他各界人士也能尽力援助,如现在举行各界援助罢工周;我们希望反帝战士继续奋斗,希望党及政府要继续孙总理遗嘱'反帝'到底,以达到罢工完全胜利。"[14]

恽代英的这个讲演,极大地鼓舞了香港罢工工友的斗志。

就在这个时候,恽代英收到国民政府东江行政委员会、东江各地党务组织周恩来的邀请电,请他赴东江出席东江各属行政会议。

恽代英手捧邀请电,心里无比兴奋。在这之前,他虽然一直未与周恩来谋面,但内心却非常钦佩这位黄埔军校的政治部主任,神交已久了。

2月21日,恽代英到达东江,以国民党中央执行委员的身份出席指导潮汕海陆丰各县市党部代表大会,随后在东江、潮汕考察半个多月,广泛接触社会各界人士,进行调查研究,并与周恩来进行了晤谈。他和周恩来的真挚友谊,正是从这时建立起来的。

"代英同志,欢迎你来东江指导工作。"周恩来对恽代英的到来感到十分欣慰,高兴地说。

"恩来同志,我感谢你的邀请!"恽代英诚挚地答道,"我应你的邀请,既参加了东江各属行政大会,又在汕头、潮州逗留半月之久,很高兴得到一个与东江各界代表接近的机会,得到许多关于东江民众生活的实际材料。"

"那么,必然有许多感想啰!"周恩来很希望听一听恽代英的感想。

"感想嘛,当然有,而且很多!"恽代英说,"我所得到的材料,我觉得每一件都能证明我们的革命理论是正确的,我们今日所号召的革命运动,实在是中国一般被压迫民众实际生活上的要求。"

"你讲得很对！"周恩来赞成恽代英的观点，接过他的话题说，"被压迫民众有革命要求，这诚为可贵，关键是我们革命党人，如何去宣传民众，使他们的革命要求变为实际的革命行动。"

"我正要向你讲这个问题。"恽代英说，"目前，我们的革命宣传还做得很不够，""宣传革命的人，每每只知根据书本理论，不留心人民实际生活情形，所以不能完全站在唯物的观点上，领导民众起来，为他们的利益而奋斗。"[15] 我们一定要把理论与实际相贯通，用民众受剥削受压迫的实际材料，去宣讲革命的必要，这样才能使一般民众识破帝国主义、军阀、土豪劣绅的欺骗，踊跃地投身到革命运动中来。

周恩来完全赞同恽代英的看法，他佩服恽代英的宣传才干，恽代英也钦佩周恩来卓越的军事才干和政治魄力。

这次东江之行，给恽代英留下了深刻的印象。回到广州后，他立即写了《旅行潮汕的感想》，发表在1926年3月30日出版的《人民周刊》第7期上，高度评价了在周恩来领导下东江军政当局取得的斐然成就。

这时，国共合作的第一次统一战线面临着极大的危机。3月20日，蒋介石制造了中山舰事件。

"蒋介石向革命进攻，我们没有给他有力的回击，蒋介石的地位更加巩固了。"周恩来说，"从此以后，蒋介石实际上成了国民党的右派。"

中山舰事件后，黄埔军校内部的斗争也十分激烈，由于陈独秀受共产国际的错误指导的影响，一味向国民党新右派妥协退让，使中共党团的力量受到很大的削弱。周恩来自东征结束后，实际上也调离了黄埔军校。政治部的工作，由副主任、共产党员熊雄负责。

为了加强中国共产党对黄埔军校的领导,熊雄当即向中共广东区委陈延年及周恩来汇报,要求派得力的干部来军校工作。

周恩来当即推荐了恽代英,并由中共广东区委报中共中央批准。

1926年5月,恽代英来到黄埔军校,担任政治主任教官,并成立了以他为书记的军校中共特别委员会(即中共党团),熊雄、聂荣臻、陈赓、饶来杰四人为委员。

红色教官(上)

黄埔军校旧址位于广州市黄埔区长洲岛(现广州市黄埔区长洲岛军校路170号),它是第一次国共合作的产物。1924年国民党一大时,通过了创办陆军军官学校案。3月27日,黄埔军校在广州举行入学考试,1200余名学生报考,经过严格选拔,正取学生350名,备取学生120名。5月3日,孙中山任命蒋介石为校长,9日,又任命廖仲恺为党代表,孙中山自己兼任军校总理,组成学校最高领导机构直隶于国民党中央执行委员会。

6月16日,黄埔军校举行开学典礼。

"我们的宗旨,要造成一种革命军,要用这个学校内的学生做根本,成立革命军。"孙中山在致开学词时如是说。

1924年11月,刚从欧洲回国、任中共广东区委员长的周恩来出任黄埔军校政治部主任。在周恩来到任之前,政治部主任曾由戴季陶和邵元冲担任,形同虚设。

黄埔军校借鉴苏联红军经验,建立党代表和政治部制度,实施政治教育,在中国是首创。

毛泽东后来说:"那时军队设立了党代表和政治部,这种制度是中国历史上没有的,靠了这种制度使军队一新其面目。

1927年以后的红军以至今日的八路军,是继承了这种制度而加以发展的。"[16]

朱德也说,"研究党的军史时,应当从这个老根上研究起。"[17]

政治部主任教官是一个比较重要的岗位,负责"督同各教官负有实施政治教育全部大权"。《政治部服务细则》第三十一条明确规定:

> 主任教官督同教官掌理之业务如下:一、按照政治教育计划分配担任实施事宜;二、筹划扶助政治教育,并督饬教官及政治部指导员,商同宣传科指导股长依期施行;三、考核学生成绩,汇表报告事宜;四、关于临时发生缺课时,设法替代或改授事宜;五、分派教官在各部队纪念周担任政治报告事宜;六、官长政治教育特别演讲及答复质疑信件事宜。

恽代英到黄埔军校后,立即在他与熊雄等领导下成立了党的核心领导机构——中共特别委员会(即中共党团)。恽代英任书记,熊雄、聂荣臻(政治部秘书)、陈赓(步科一团七连连长)、饶来杰(图书管理员)等四人为委员。聂荣臻负责军校政治部行政事务和日常工作(聂自称直接负责政治部的组织、宣传两个科的工作);陈赓负责联系军校青年军人的工作,参加中国青年军队联合会等团体活动;饶来杰负责军校各部门、团队中共党的组织工作,将党员分别编成各基层小组,直接与各党小组长联系,沟通黄埔军校党的基层小组、党团与区委军委的组织关系。

中共黄埔军校党团,直属于中共广东区委军委领导,其主要任务是团结国民党左派，争取中间力量，反对右派，积极宣传孙中山三大政策和国民革命运动，加强军校政治教育工作，培养国民革命军的军事政治骨干和后备力量。

鉴于恽代英在中国青年中的威信和巨大影响力，起初，蒋介石千方百计想拉拢恽代英，用军校高级官员"吃小灶"等优厚待遇来诱惑他。蒋介石在黄埔军校每餐饭菜都非常丰盛，进餐时，他都叫副官也给恽代英送一份，以示"垂爱"。但恽代英不为所动，坚持和广大官兵一起吃大灶，并对蒋介石说："只要蒋校长拥护总理的三民主义，我是支持你的；但是，你如果哪一天背叛总理的三民主义，我就要反对你！"果真如此，蒋介石发动"四一二"反革命政变后，恽代英说："譬如我，假使跟着蒋介石，也大可升官发财，但要使中国革命成功，就不能不反对反革命的甘作民众叛徒的蒋介石！这种反对，是有益于中国的……让右派胜利，让蒋介石胜利，那，不仅我，大家均必遭殃。因此，我们对付右派及反革命派，不能不采取严厉手段。"[18]

周恩来在任黄埔军校政治部主任时，首创了黄埔军校的军队政治工作。他认为："部队政工是革命的灵魂。"又说，"我们做政治工作的使命，对于官长官佐要巩固其革命观念，对于士兵要使之有革命常识，所以我们要认识革命化、纪律化、统一化。就系统方面说，政治部是军队组织里面的一部分，要辅助各部处的工作，以进行政治教育实施的目的。"[19]

恽代英到黄埔军校后，发展了周恩来军队政治工作的思想。

针对蒋介石企图将黄埔军校变为自己独裁的工具，恽代英在赴黄埔军校前，就在黄埔军校的《革命军》第10期上发表了《党纪与军纪》，到黄埔军校后，又先后发表了《纪律》《军队中政治工作的方法》《修正中央军事政治学校政治教育大纲草案》等重要文章。

恽代英军队思想政治教育的主要内容体现在如下方面：

第一，在党军中间，党高于一切

恽代英认为，为打倒一切压迫中国民众的黑暗势力，解放全中国人民，就必须建设一支为中华民族独立自由而作战的军队。这支军队，一要明了且服从党的主义，在党的领导下与中华民族的仇敌作战；二要有充分作战的能力，为党的主义有切实把握能够杀敌致果。所以军队要进行政治思想教育和军事教育，使每个同志都要服从党纪，服从军纪。只有如此，军队才能受党的指导，为党的主义作战。他说："在党军中间，党高于一切。""所谓党高于一切，是说军队不能违背党的主义。"[20]恽代英强调说："永远记着党军是要'为主义''作战'的。不'为主义'或者是不能'作战'，都同样是有负党军的责任，都同样是有负于党，有负于全国瞩望我们的被压迫的劳苦工农。"[21]他还特别指出要加强军队的政治思想教育，使军队中的每个同志都服从党纪。假如我们的军队不肯受党的指导，不肯为党的主义作战，反转跟着帝国主义和军阀镇压革命，这种军队便只能是反革命的军队，而绝不可以称为党军。"任何一个高级长官想引导军队走到反革命的路上去，我们军队中的同志都应当拿出党纪来制裁他。"[22]

恽代英这里所说的党，是指改组后的国民党；主义是指国民党的新三民主义。由于孙中山颁布的新三民主义原则和纲领，和中国共产党在民主革命阶段的纲领——最低纲领的基本精神是一致的，因而成为共产党和国民党合作的政治基础，成为革命统一战线的战斗旗帜。这种论述强调的中心思想，则是军队应服从于"被压迫的劳苦工农"的根本利益。

为坚持"在党军中间,党高于一切",恽代英在黄埔军校,反复要求军校每一个长官和学生,都要"站在党的观点上讲话",即其言论要符合孙中山先生的三民主义,不要听信帝国主义、军阀和反动派的谣言。

他为第四期黄埔同学录出版作序,希望每一位同学"务须努力自爱,忠实尽瘁于国民革命之一途,切不可有一个人有一个时候,因为私利或意气或其他种种关系,做了一点玷污革命,玷污黄埔精神的事实。我们要永远记得总理的志愿……唤起全国被压迫工农群众,为完成国民革命与实现三民主义而奋斗"。[23]

1926年8月20日是黄埔军校创始人之一、党代表廖仲恺先生牺牲一周年纪念日。恽代英写了《廖仲恺与黄埔军校》,高度评价了廖仲恺先生服膺党的主义,致力于国共合作,支持工农运动,培养黄埔精神的业绩。恽代英说,廖仲恺先生"为黄埔立下了政治教育的规模,造就了许多革命的青年军人;他并且遗留了革命军人必须与农工阶级亲密合作的教训,使'农工兵大联合'成为每个黄埔学生的信条,人人都认为毫无疑义的天经地义。廖仲恺先生是为了这使人嫉忌的,他为了这死于反革命派的手中。然而廖先生的精神是不死的,他永远生存在每个黄埔学生的心中,而且永远生存在表同情于黄埔这种革命精神的人的心中"。[24]恽代英又说,廖先生是最诚朴最笃实的人,"他是在中国国民党改组以后,最努力党务与农工运动的。所以他在黄埔所留给学生的最大的影响,亦是为党与农工利益的奋斗精神"。廖先生"只认得党,只认得革命……真是每个革命党员的模范"。[25]黄埔军校"一切政治教育及与农工亲密合作之精神,都是廖先生筚路蓝缕以启山林的结果"。[26]

恽代英坚信:"只要黄埔学生永远保持廖先生的精神,廖先生是不死的。"

第二,军队一定要有严明的纪律

恽代英认为,党军除了服从党律外,还应该有严明的军纪。"在党军中间,党高于一切,"但这并不是说我们只应当讲党纪,而不管什么军纪。"军纪是在党纪监视之下的;同时亦是说军队是完全为党的主义工作的,只有严整的军纪可以集中革命的力量,有充分的力量可以打倒一切反革命的敌人,所以军纪亦是党所应极力注意。党纪是要保障革命的军纪,决不是来破坏这种军纪的。""破坏军纪,便是破坏我们革命党的作战势力,便是破坏党。"[27]

恽代英说,假如我们的军队,有人假借专重党纪,但不肯受军队的约束,不肯认真地学习军队的功课,很敏捷切实地遵行军队的号令,反转借口党纪以遂其捣乱的行为,而逞其敷衍腐败习性,结果导致军队的号令不行,全军泄沓松懈,这种军队是不可以称为党军的,这种军队亦是不能作战的军队,因为他们完全蔑视了军纪。"若蔑视军纪,便证明他们不明了主义,因为他们并不急于希望主义之成功,所以不注意为主义而养成军纪很好能作战的军队,他们反转引导军队到不能作战的路上去。"任何一个同志想引导军队走到不能作战的路上去,我们军队中的同志仍旧都应当"拿党纪制裁他"。[28]

恽代英分析了中国不易造成一支纪律严明、战斗力强的军队的原因:一是有许多无革命觉悟,不知主义为何事的腐败分子混入;二是又有许多富于无政府主义思想,不知纪律为何物的浪漫青年参加,再加上社会上流行的偷情狡猾的习气。这些心理自然影响到党的军队与军事教育机关,于是产生一部分根本讨厌党纪的军官和一部分根本讨厌军纪的学生兵士,"结果真正的党纪未曾树立起来,而军纪先败坏下去了,甚至于有些人借口党纪来做他们不守军纪的理由"[29]。恽代英说:"这是很严重的错误,这种人是将要损毁我们革命军队的力量的;每个忠实热心革命的党员应极力纠正他,犹如应极力纠正军队中对于主义上的误解一样。"[30]

恽代英还说,"我所谓军纪的败坏,还不只是专指大家疏忽了敬礼等仪节,我以为还有比疏忽敬礼等仪节更重要十倍的,便是学生士兵玩视官长的命令,临时集合要很长久的时间才集合得起来,越是老资格的学生士兵,越觉得玩视一切,这种泄沓松懈的精神有时比普通学校还厉害……这不只是军队中的问题,这是我们党的问题。我们站在党的地位,觉得有严整军纪的必要。"[31]

北伐军出征以后,为了巩固后方,恽代英还特别写了重要论文《纪律》,发表在1926年8月5日出版的《黄埔日刊》上。他说,我们要团结精神统一意志,须注意纪律的重要。若是养成了无纪律的生活习惯,精神是不能团结的,意志是不能统一的。"没有纪律,就没有统一的团结,就没有力量做任何事情。凡不遵守纪律的,都是真正革命工作的仇人,他们是帮助帝国主义分散我们革命的力量。"[32]

恽代英针对当时黄埔军校存在的不遵守纪律的种种言行,进行了严厉的批评。

第三,要使军队与人民结合,使之成为人民的军队

恽代英提出了军队中政治工作的目的问题。他说,军队中政治工作的目的,是根据总理的两句话,第一步使武力与人民结合,第二步使武力成为人民的武力。我们便是要从第一步走向第二步。我们的军队名称是国民革命军,"现在的工作便是要用好的方法,努力使他做成人民的军队"。[33]

怎样才能使军队与人民结合，成为人民军队？恽代英说，军队中政治工作要注意的，是要引导士兵走上革命的道路。我们的士兵虽然大多数是被饥寒交迫逼上革命之路的。可是他们沾染旧社会的思想习惯已经很深，满脑子里还装着许多旧的观念。只有根本铲除了这些旧观念，才能使他们站稳革命的立场，由不自觉的革命以至于自觉的很稳定的努力革命。这就必须给他们进行三民主义的教育，"使一切士兵对于三民主义，有很正确的认识，非此不能保证我们的军队永远站在革命的战线上，为本党的主义奋斗到底"。[34] 因此，我们从事政治工作的同志要认清，使士兵明白认识三民主义，打破一切旧的反革命的观念，是最重要的责任。"我们政治工作人员无论在如何困难的环境中，必须丝毫不妥协地将这种理论传达到士兵方面去……将党的真正主张，很正确地灌输到军队里去。"[35] 同时，恽代英还提出了做政治工作的四种方法：一、要摆正政治工作的地位，不要单纯注意政治工作而忽视教研风纪；二、要善于和军事干部合作；三、要谨慎应对环境；四、要讲究政治工作的实际效果。

恽代英还认为，军队要谦虚谨慎，反对暮气和骄气。谦虚谨慎是人民的军队必须具备的优良品德，为党和主义奋斗，要胜不骄，败不馁。他指出，在最近一年中，黄埔军校的师生是以能作战著名的，但是，我们不要只知以此自豪，"我们不应有一点矜夸骄傲之气，应当时时考察自己的缺点，谨防暮气深入我们的军队中间"。只有这样，才可以"常保作战之能力"。若恃胜而骄，不努力注意内部之振刷，将来或者亦可以有意外之失败。"所以，我们应当互相警惕，努力振奋，扑灭一切暮气，亦扑灭一切骄气。"[36] 这样，才能使武力与民众结合，使之成为人民的军队。

红色教官（下）

作为"中国青年热爱的领袖"（周恩来语），恽代英具有丰富的青年思想政治教育工作的经验。在黄埔军校，他不仅从理论上论述了军队思想政治工作的目的、意义和方法，而且在实践上大胆创新，根据青年军人的实际，自编教材，采用多种生动活泼的方式，培养学生学习革命理论的兴趣。除课堂教学外，还举办政治讲演会、政治讨论会，设置政治问答信箱等，使学生深刻理解革命理论，掌握国际国内时事，激发了他们学习革命理论的兴趣和独立分析问题的能力。

为加强思想政治教育工作，在恽代英指导下，黄埔军校政治部设立了政治科，由安体诚、萧楚女、张秋人等为政治教官，在恽代英与他们的共同努力下，形成了比较完整的科学政治思想教育体系，教育课程由原来的14门扩增到26门。所用教材，基本上是自编的。现在已知，仅恽代英编写的教材就有《政治学概论》《国民革命》《国民党重要宣言训令之研究》《中国国民党与农民运动》《中国国民党与劳动运动》《中国民族革命运动史》《世界革命与中国革命》等。

恽代英所编教材有两个显著的特点：一是目的性强。例如《政治学概念》。恽代英先在"编辑大意"中说：

> 作者明知自己的研究与学识是不够做这一件事的；只因现有各种政治学书籍，非理论太陈腐，即与本党政治学说丝毫不生关系，殊不合于本党同志研究政治之用，故于授课之时，冒险为试验。自然，错误是不可免的，缺点亦一定很多的；但是，只要能够在授课之时，使学者可以得

着许多近代的政治知识,了解本党对于各种政治问题的主张,而且供给一个幼稚的草稿以便有专门研究的人改削补正,这总不是无益的事。[37]

可见,编《政治学概论》就是为了"使学者可以得着许多近代的政治常识,了解本党对于各种政治问题的主张"。

二是问题导向明确。如《政治学概论》各讲前,都设计有"研究问题"。如"第一讲 政治国家"所设计的研究问题是:

> 一、政治在有阶级时代,与在无阶级时代,其意义相同否?
> 二、本党所谓全民政治,与美国、瑞士所谓全民政治有何不同?
> 三、本党所谓全民革命与国家主义者所谓全民革命相同否?
> 四、为什么我们并不主张今天废弃国家,而又要反对国家主义?
> 五、本党对于无政府大同主张取何种态度?
> 六、何以我们要反对无政府主义者?
> 七、卢梭以国家起于"民约"论,于理合当否?
> 八、什么是国家三大原素?何以证明缺一原素即不能称为国家?
> 九、何谓殖民地?何以说中国是半殖民地,或次殖民地?
> 十、本党要创造怎样的国家与政治?其最终目的为何?[38]

学员见了这样贴切实际地研究问题，怎么能不激发出浓厚的学习兴趣呢？

恽代英所编的其他讲义或教材，也都是这样的。

难怪他的授课，非常受学生欢迎。

恽代英先生在黄埔军校主讲《社会发展史》《帝国主义侵华史》《政治学概论》《中国民族革命运动史》《社会问题》等课程。无论哪门课程，都是理论联系实际，不仅逻辑严密，条理清晰，而且旁征博引，知识丰富幽默生动。他的讲课，深受学生喜欢。每当恽代英上课，课堂上总是挤得满满的。有时学生多，课堂上实在容纳不下，他便在大操场上摆上一张桌子，站在桌子上讲，学员们围坐在四周，静心地听。夏天，烈日炎炎，恽代英站在桌子上，一讲就是三四个小时，学生们都听得津津有味。听过他讲课的阳翰笙回忆说：

> 他讲得很受群众欢迎，甚至连国民党右派也不敢说讲得不好。他讲课经常不在教室里边讲，常常在操场上讲，因为教室里装不下那么多人。中间放一张桌子，学生在四边围着，军官喊一声坐下，大家都安静地坐下来，代英同志就爬上桌子开讲。夏天的黄埔骄阳似火，代英一讲就是几个钟头。他讲话幽默、诙谐，鼓动性强，学生们都非常感兴趣，全神贯注地听。偶尔军官忘了让大家坐下，学生们一站几个钟头，也都聚精会神地听完。[39]

黄埔学校的学生，大多是来自四川、湖北、湖南、河南、上海、广州的青年，他们中很多人是受了《中国青年》的影响而报考黄埔军校的，他们敬仰恽代英，恽代英也十分热爱他们。恽代英与学生打成一片，既是师生，又是战友。

恽代英实在是太忙了，除黄埔军校的教学外，还要到毛泽东主办的农民运动讲习所、周恩来领导的城内黄埔军校政治班讲课，还要继续为《中国青年》、李求实主编的《少年先锋》以及《黄埔日刊》等多个刊物写稿，经常是通宵达旦。

有一天，已经是午夜了，恽代英仍在工作。为了使大脑清醒些，他不时摘下眼镜，用凉水擦把脸。比他小8岁的陈赓，这时是第四期步兵连连长。陈赓查完哨，见恽代英房间里还亮着灯，便走进他的房间，劝他早点休息，便趁恽代英擦脸的时候，灵机一动，将恽代英眼镜片用墨涂黑，藏了起来。一千多度近视眼的恽代英，没有了眼镜寸步难行，急得他到处乱摸。

"别摸了，早点休息"，陈赓趁机扶恽代英上床。待恽代英躺下后，陈赓偷笑着一溜烟离开了。

第二天一早，恽代英醒来，在床头摸到了眼镜。他马上戴上眼镜准备起床，一看天还是"黑"的，倒头又睡，没有按时出操。直到陈赓出操回来，走到恽代英窗前一看，恽代英还戴着那副"黑"眼镜睡得正香呢！

恽代英在黄埔军校从事思想政治教育，敢于直面现实，启发学生提问，对学生提出的各种问题，积极引导，帮助他们解疑释惑，满足学生的求知欲望。他根据自己主编《中国青年》的经验，配合政治部宣传在《黄埔日刊》开设了《政治问答》专栏。学生提出的问题，主要由恽代英、萧楚女等作答。因此，恽代英和萧楚女成了黄埔军校最受欢迎的教官。

《黄埔日刊》的前身，是周恩来任政治部主任时于1924年11月创办的《士兵之友》。1926年3月1日，黄埔军校将国民革命军各军开办的军事学校合并，改组为中央军事政治学校。3月3日，出版《国民革命军中央军事政治学校日刊》，每日两大版，出版至68期后，1926年5月26日，扩充为四大版，改称《黄埔日刊》。因此，3月3日为《黄埔日刊》创刊日。

"纪念《黄埔日刊》创刊一周年特号"（1927年3月3日）说：

> 本刊是黄埔精神的结晶，它要以真确的革命理论，指导黄埔一万数千武装的革命青年去和敌人决战；它并要引导一般民众走上真正的革命道路。

《黄埔日刊》由军校政治部宣传科负责编辑出版发行，由宣传科长安体诚任主编，宣传股长宋云彬、李逸名等任编辑，编委全部为共产党员，恽代英、萧楚女、熊雄、方鼎英、罗懋其等为主要撰稿人。

北京忠良博物馆收藏有黄埔军校第六期第八连学生袁国平的《问答代英先生》笔记本。这本手抄的孤品，抄写了恽代英从1926年5月至11月期间回答学生的近百个问题。足见恽代英在学生中的影响。

恽代英对学生的提问不回避，有问必答，而且旗帜鲜明，观点明确，简明扼要，深受学员欢迎。

例如，1926年11月2日的《黄埔日刊》第一八〇号"问答"专栏，刊登了恽代英答入伍生一团八连廖瑞平提出的八个问题和祝如提出的三个问题。

> 廖瑞平问（以下简称问）：三民主义中先讲民族次讲民生与建国大纲次序相反是何用意？
> 恽代英答（以下简称答）：总理讲三民主义是就革命之先后言，讲建国大纲是就革命工作之轻重言，故次序不全同。

问：俄国现行新经济政策是共产主义过渡的政策吗？

答：是的。

问：总理遗嘱中何故没有五权宪法四个字？

答：五权宪法包括于三民主义之民族主义中。

问：社会主义发明于马克斯（思）共产主义发明于列宁是么？

答：社会主义是一个总名，马克思提倡的社会主义便是共产主义。

问：俄国的白党是不是帝国主义思想？

答：是的。

问：国家主义领袖是谁？

答：无重要领袖。

问：德国现在加入欧洲国际联盟是自动的抑被动的？

答：是英引彼以制法。

问：第二国际和第三国际怎么样解释呢？

答：第三国际是不满意于第二国际者所组织的革命团体。

祝如问（以下简称问）：国家资本主义与国家社会主义有何分别？

恽代英答（以下简称答）：是一个样的。但只以实行者是站在资本主义或社会主义而分别之。

问：国家社会主义与国家社会政策有何区别？

答：国家社会政策则是无行社会主义之诚心，仅以此政策为软化无产阶级之法。

问：三民主义有哪一项的性质？

答：是国家社会主义的性质。

同号的"讨论"专栏，还刊登了《关于'达意尔主义'的问题》。杨周熙致信《黄埔日刊》编辑部说：

编辑先生：

　　本校日刊第一七二号问答栏内有某同学问"达意尔主义是什么主义，意义如何？"英先生（指恽代英）答以"未闻有此主义。"我想这主义莫非就是 Dyerism 的译文。

　　Dyer（英人），是前数年甘地倡不合作运动时的一个印度地方长官。当该地民众开国民大会时（为的是反英），他就暗派飞机用炸弹往该地大轰炸。结果，惨死男女老幼四五百人。Dyerism（达意尔主义）予以得名。去岁五卅惨案，人遂言英人对中国觉悟的民众采取达意尔主义云。

新入伍生团枪关枪连杨周熙

恽代英虚怀若谷，收到杨周熙同学的信很高兴，当即刊登出来，并写了感言：

　　达意尔主义之英字及意义，承杨君函告，特公布其原函。

恽代英学识渊博，但对特别生僻的知识，也有不尽知的。他对"达意尔主义是什么主义，意义如何"的提问，没听说过，不清楚，就坦诚地回答"未闻有此主义"。但当杨周熙同学将这个问题说清楚了以后，恽代英来函照登，既鼓舞了学生学习讨论的积极性，又表达了他向学生学习的谦逊态度。

恽代英还通过书信与学员保持紧密联系，指导学员学习与做人。如 1926 年 11 月 24 日的《黄埔日刊》第 197 号"通信"专栏，刊有恽代英致学员张铨和士智的回信。恽代英在信中说：

张铨同志：
你应该怎样努力呢？我认为：
1. 多读革命书报，根本造成革命的人生观，扫除一切错误的遗传精神。
2. 和蔼亲切地与同学接近，领导他们左倾，不使有一个迷惑的人。
3. 努力预备为被压迫民众工作，宣传组织他们，使他们为了自己起来革命。

士智同志：
黑暗的事一定是很多的。我们一方面应当切实知其真相，不要带感情夸大其词，预备有机会时可以设法整顿；一方仍应在万忙中找一部分我们可做的工作，使别的官长乃至士兵都能左倾，以减少军队中坏的影响。

代英
11 月 11 日

难怪晚年的茅盾回忆说，国民党二大闭幕后，"代英留粤，任黄埔军校政治总教官，因其学养有素，器识凝重，办事负责，生活刻苦，颇得员生信仰"。[40] 学生在课余讨论"最爱听哪位教官讲课"时，大多数学生回答说："最爱听恽代英的课，"并一致认为，"他的口才极好，是一位大演说家"。

恽代英到黄埔军校前夕，黄埔陆军军官学校改名为中央军事政治学校，不久，中央军事政治学校第一期学生（即黄埔军校第四期同学）毕业。1926 年 8 月 19 日，恽代英写《黄埔军校第四期同学录序》，开篇即说：

> 中国人几乎没有人不知道"黄埔"，青年几乎没有人不希冀能预做一个"黄埔"的学生。"黄埔"是新中国的建造者，"黄埔"的学生人人都预备牺牲他们的精力生命，为压迫的中国四万万人杀开一条血路。[41]

恽代英对改组后第一期的学生寄予厚望，希望他们紧跟着前三期的同学，踏着牺牲者的血迹前进。并真诚地说：

> 这一期同学入校以后，我始于校中服职，虽以工作范围之广大，客观环境之困难，与我个人能力之绵薄，觉职务上歉咎之处甚多，然得于此数月以来，置身于此革命的学校，与我三千同学蓬勃的革命精神中间，身心所受鼓舞之益殊非浅鲜。由我数月工作中的观察，我深信这一期同学将来在革命历史的贡献，当然可以不弱于前三期同学而永为后人所称道。我因有此数月聚处之因缘，假使幸而得与诸同学之事迹并为人所述说，那便真是所谓"附骥尾而名益彰"了。[42]

1926 年 7 月，国民革命军开始北伐，恽代英留守广州，以支援前线，巩固后方。在黄埔军校内，黄埔同学会的骨干分子蠢蠢欲动，散布谣言，制造摩擦，进行破坏活动。恽代英和熊雄、孙炳文、萧楚女等领导学校的共产党员和进步学员同他们进行坚决斗争。

8月4日，恽代英写了《北伐期中怎样巩固后方》。他大声地说："我们必须预防帝国主义者、资本家及其他恶势力（贪官污吏、土豪劣绅）借北伐时期摧残农工的行为，必须预防他们借一切小题目来进行多年梦想的破坏本党与CP合作的阴谋。"[43]他在《国民党与国民革命》中又说，"国民党的目前重要任务，是要联合国内被压迫各阶级完成国民革命——打倒帝国主义及其走狗"，"为要完成国民革命，必须注意'被压迫'各阶级。"[44]同时他又说，要完成国民革命就必须加强左派势力，反对右派势力。对于国民党右派是必须反对的，但只要他们还没有公开投到帝国主义的怀抱，"在国民革命运动期间，工作上若还有可以合作的地方，仍旧要尽力取得合作的机会，我们与他们革命的一方面合作，与他们反革命的一方面反对，这是并行不悖的。若他们本无革命的一面，借这种合作亦可以暴露他们的虚伪的面孔"。[45]

10月10日北伐军攻克武昌重镇。恽代英号召革命民众说："革命的民众起来！我们要拥护革命党人，我们亦要及时对预防而且纠正革命党人的错误（如果是有的）。我们要拿民众的力量统治一切革命的地盘，建设平民的中国。只有有了民众的力量，才不会有'袁大总统'式的对于革命的反叛，亦不会有'黎副总统'式的出卖革命事情。"[46]

10月15日至28日，国民党在广州召开了中央执行委员及各省区代表联席会议。恽代英和宋庆龄、吴玉章、毛泽东、邓颖超等出席了会议。会议决定国民政府暂设广州（以后会议决定迁都武汉），以便巩固广东和各省的革命势力。为适应迅速发展的革命形势的需要，会议决议："军事政治学校除黄埔外可于其他各省地方设立之。"[47]恽代英后来解释说："为养成党的军事人才，必须于克复各省逐渐设立军事政治学校，以便各省革命分子就近入学。各省军事领袖，更可就近指导以养成合于需要的人才。"[48]

这次会议，根据共产国际的建议，决定中央军校政治科迁到武昌。11月1日在武昌成立了中央军校政治科招考委员会，为中央军校政治科筹备最高机关，邓演达为该会主席。11月26日，国民党中央政治会议第二次临时会议决定国民政府暨国民党中央党部从广州迁往武汉。恽代英也奉令到中央军校政治科担任领导工作。12月中旬他将工作交给孙炳文后，便告别了黄埔军校，从广州乘船，抵达上海。

··· 注释 ···

01 《恽代英全集》第七卷，人民出版社，2014年版，第311页。
02 《中国国民党第二次代表大会记录》第16号，1926年4月。
03 《恽代英全集》第八卷，人民出版社，2014年版，第17页。
04 《恽代英全集》第八卷，人民出版社，2014年版，第17页。
05 《恽代英全集》第八卷，人民出版社，2014年版，第17-18页。
06 《恽代英全集》第八卷，人民出版社，2014年版，第18页。
07 《恽代英全集》第八卷，人民出版社，2014年版，第19页。
08 《恽代英全集》第八卷，人民出版社，2014年版，第20页。
09 《恽代英全集》第八卷，人民出版社，2014年版，第20页。
10 《国民党中央党部欢迎罢工工友情形》，见《工人之路》第235期，1926年2月18日。
11 《恽代英全集》第八卷，人民出版社，2014年版，第36页。
12 《恽代英全集》第八卷，人民出版社，2014年版，第37页。
13 《恽代英全集》第八卷，人民出版社，2014年版，第37-38页。
14 《恽代英全集》第八卷，人民出版社，2014年版，第39页。
15 《恽代英全集》第八卷，人民出版社，2014年版，第52页。
16 《毛泽东选集》(第二卷)，人民出版社，1991年版，第380页。
17 《朱德选集》，人民出版社，1983年版，第393页。
18 《恽代英全集》第九卷，人民出版社，2014年版，第50-51页。
19 《周恩来年谱1898—1949》，中央文献出版社，1998年，第98页。
20 《恽代英全集》第八卷，人民出版社，2014年版，第49页。

21 《恽代英全集》第八卷,人民出版社,2014年版,第51页。
22 《恽代英全集》第八卷,人民出版社,2014年版,第48页。
23 《恽代英全集》第八卷,人民出版社,2014年版,第127页。
24 《恽代英全集》第八卷,人民出版社,2014年版,第131页。
25 《恽代英全集》第八卷,人民出版社,2014年版,第132页。
26 《恽代英全集》第八卷,人民出版社,2014年版,第133页。
27 《恽代英全集》第八卷,人民出版社,2014年版,第49页。
28 《恽代英全集》第八卷,人民出版社,2014年版,第49页。
29 《恽代英全集》第八卷,人民出版社,2014年版,第50页。
30 《恽代英全集》第八卷,人民出版社,2014年版,第50页。
31 《恽代英全集》第八卷,人民出版社,2014年版,第50页。
32 《恽代英全集》第八卷,人民出版社,2014年版,第118页。
33 《恽代英全集》第八卷,人民出版社,2014年版,第156页。
34 《恽代英全集》第八卷,人民出版社,2014年版,第159页。
35 《恽代英全集》第八卷,人民出版社,2014年版,第160页。
36 《恽代英全集》第八卷,人民出版社,2014年版,第51页。
37 《恽代英全集》第八卷,人民出版社,2014年版,第178页。
38 《恽代英全集》第八卷,人民出版社,2014年版,第179页。
39 《回忆恽代英》,人民出版社,2015年版,第19页。
40 《回忆恽代英》,人民出版社,2015年版,第198页。
41 《恽代英全集》第八卷,人民出版社,2014年版,第126页。
42 《恽代英全集》第八卷,人民出版社,2014年版,第127页。
43 《恽代英全集》第八卷,人民出版社,2014年版,第117页。
44 《恽代英全集》第八卷,人民出版社,2014年版,第415页。
45 《恽代英全集》第八卷,人民出版社,2014年版,第416—417页。
46 《恽代英全集》第八卷,人民出版社,2014年版,第364页。
47 《中国国民党中央省区联席会议记录》,1926年10月。
48 《恽代英全集》第八卷,人民出版社,2014年版,第410页。

第八章

搏击洪流

革命爱情

恽代英在上海黄浦江十六铺码头上岸后,直奔同济大学图书馆。他要去会见昔日的朋友和学生,中华大学互助社社员魏以新。经打听,魏以新住在北四川路某号三楼。恽代英见到魏以新,便要魏与他一起回武昌。

恽代英对魏以新太熟悉了。魏喜欢书,对图书分类颇有实践经验。筹设中央军事政治学校武汉分校,必须创建图书馆,需要一个懂专业的总管理员。根据魏以新的性格和特长,恽代英认为,图书馆总管理员这个角色,非魏以新莫属。

1926年12月31日晚上,恽代英和魏以新一起从上海乘船逆江而上,他俩坐的三等舱,除大小便外,从不离开铺位,各自阅读自己喜爱的书。1927年1月3日,终于回到了武汉。

1月16日,恽代英结束了十年的鳏夫生活,与沈葆英结婚。说起他俩的传奇婚姻,真是令人感动不已。

恽代英与胡适一样,都是五四时期的新青年,他们本身是反对封建包办婚姻、提倡自由恋爱的先驱。但他们的婚姻,又都恰恰是由父母议定,媒人撮合而成的。

沈洁女士在《恽代英与沈氏两姊妹和沈氏家族》中写道:

> 恽代英与沈葆秀的爱情故事,被作为奇谈传颂。但是,从家族的感受来讲,我们觉得他是一位知道珍惜爱,懂得如何去爱的人。

恽、沈两家是江苏同乡,为世交,恽家居武昌得胜桥,沈家居武昌都府堤曹坊巷,相距不远,所以来往甚密。沈云驹早就知晓恽代英的才学,在媒人的说合下,他同意了把爱女葆秀许配给恽代英。

*
沈葆英

听父辈老人讲，沈氏的姊妹大多是定娃娃亲，恽代英和沈葆秀也应该是在幼年时，双方家长就已经定下这门亲事。对于这门亲事，恽代英的母亲是非常满意的，她在世时就曾经议论过让儿子恽代英尽快结婚。不久恽代英的母亲去世，恽代英为母亲守孝两年后，终于在1915年10月，与沈葆秀完婚。[01]

但恽代英新婚不愿意同房。据沈葆秀的弟弟沈继周回忆：

二姐沈葆秀在家馆就读，颇具文采，及家庭包办，许恽代英。婚姻后，代英由于新思想所使，婚礼毕不入洞房，乃居与新房相通的书房内，攻读写作，独善其身。二姐三天回门，哭诉苦衷，家人只好劝其忍耐。女儿出嫁已是婆家人，三从四德乃须遵循。二姐回婆家后，侍奉丈夫，遵守妇道，虽属名义夫妇，每日照常去书房侍茶奉水。久之潜移默化中淡淡地建立一些感情。代英常以书信向二姐宣传妇女解放和男女平等、婚姻自由的道理。二姐读后思想产生共鸣，复书中对代英的说教深表敬佩。从此，经常在一起交流思想，逐渐成为志同道合的同志和伴侣。[02]

沈洁女士说："婚礼后再谈恋爱结婚的故事，实属奇谈，然而它是真实的故事。"

1918年2月25日，沈葆秀因难产去世。恽代英悔恨交集，万分痛苦。那时妇女分娩，都只能在自己家里，请接生婆接生，拒绝上医院。尽管恽代英提出请西医，但遭到拒绝。他跪在岳父沈云驹的面前说："葆秀去世，我很悲痛，决心为她守义，从此不再娶。"

岳父沈云驹十分感动，说道："男子汉大丈夫，三妻四妾不为过，何谈不娶。"

沈继周回忆说："这件事轰动了我家，我稍长懂事之后，听家人谈及这个故事，令我万分敬佩。"[03]

恽代英决心为沈葆秀守义。在日记中，他写了4封致沈葆秀信，字字真切。3月1日致沈葆秀说："卿去时，吾已跪于岳父前申明不复娶，此事在汝生前屡与汝言之。近来他人宽慰我者，其言语常为我留续娶地位……然吾意已决，应终不致负卿。"[04]

3月28日又致沈葆秀说："呜呼！吾与汝姻缘如是之短，殊令人思之不服。他生之缘，愿无忘之。父亲意欲吾稍缓纳妾……吾自今以后，惟当更求守身如玉，使此心如古井不波。"[05]

6月3日再致沈葆秀说："吾必不负卿，此心可矢天日，卿可不必多疑……有人为余说媒，余颇呈不悦之色而罢。现余镌'葆秀忠仆'图章，以见志，想此后应无以此等事相扰者也。"[06]

7月2日还致沈葆秀说："现余已毕业，因校中苦留，决在此就事，为中学教务主任并兼功课十五点，月薪约五十元……余死心塌地，死与汝同穴，必求做到。"[07]

恽代英还将沈葆秀的遗照放大了一张，在照片的两边题写七律一首：

郎君爱唱女权论，幸福都拼付爱神；
常欲寸心如古井，不妨人笑未亡人。
横风吹断平生愿，死去已看物序更；
我自修身俟天寿，且将同穴慰卿卿。

内子沈葆秀女士小影

永鲲癯郎题

*
沈葆秀

恽代英一诺千金，为沈葆秀守义，一守就是整整十年。

1927年，大革命的洪流从珠江流域滚滚向前，流经湘江流域，一直到长江流域，形成了高潮。在这革命高潮中，恽代英身上的担子更重了，他需要革命的助手。正在这时沈葆英终于走进了他的心房，成了他的革命伴侣。

沈葆英从小就十分敬爱二姐夫，并受其影响，走上革命道路。五四运动中，年仅14岁的沈葆英被爱国运动所感染，主动给静坐示威的学生队伍送衣食。这一行动立即得到了恽代英的热情鼓励和支持。五四运动后，恽代英让她为利群书社送报和打杂，到利群毛巾厂干活，在实际的生活中，培养她奋发向上的精神。

1921年，沈葆英考入湖北武昌第一女子师范学校。恽代英主编《中国青年》，每期都寄给沈葆英，并鼓励她进步向上。在恽代英的培养教育下，沈葆英积极参加革命活动，1924年加入社会主义青年团，次年加入共产党。当沈葆英将这个喜讯写信告诉恽代英时，恽代英非常高兴，立即回信鼓励她要为无产阶级解放事业奋斗到底。他们虽然分处两地，但始终保持书信来往。"鸿雁"在他俩心中播下了爱情的种子，为共产主义奋斗的理想，使爱情种子滋生、萌芽。

1926年夏，沈葆英毕业后到湖北省立第一完小任教。其时，沈葆英的三姐沈葆林在武昌实验中学代课，她俩相距很近。

恽代英回到武昌后，亲友们都催他结婚。一天，他来到武昌实验中学，找到三姐沈葆林（又名沈延），对她说："我为二姐守义十年，现在革命形势发展了，我肩上的担子重了，需要助手。四妹在女师毕业了，又是党员，我想和她结婚，不知道成不成？"沈葆林说："我和四妹先说说，你再直接和她谈吧！"正巧，省立一小请恽代英去作演讲，介绍当前的革命形势，恽代英愉快地接受了邀请。

演讲结束后，时间还早，恽代英便对沈葆英说："有点事我想和你谈谈。"于是，他俩沿着通往洪山的马路向东走去，来到了沈葆秀的墓前。在沈葆秀的坟墓前，恽代英正式向沈葆英求婚。他向沈葆秀坦荡独白："葆秀，你离开人间已有十年，我为你守义也守了十年，却是心甘情愿。我要给那些歧视妇女、不守信义的人看看，人间还有真情在。今天，我已是个无产阶级战士了，我党担负着解放全国劳苦大众的庄严任务，我需要亲密的战友、革命伴侣。四妹已经长大成人了，她也是个无产阶级战士了，为了实现我们共同的理想，我希望她能和我并肩作战。你九泉有灵，会同意我的心愿吧！"

恽代英讲这段话时，声音发抖了。他转过脸来，对沈葆英说："原谅我，四妹，我没有征求你的意见，在二姐的坟前，先道出了我的心愿，你不会怪我吧！你愿不愿意和我结成革命伴侣，也可以对二姐说说。"08沈葆英羞涩地点了点头。

于是，他俩于1月16日在得胜桥恽宅正式结成革命伴侣。

他俩的婚礼很简单，只有亲戚数人在场。恽代英当时工作繁忙，他不愿意因为私事影响公务，仍然照常上班。回到家里，父亲对他说："葆英已经接来了，快去换了礼服行礼吧！"恽代英答道："我这不是很好吗？"他照旧穿着军服，斜佩着武装带，和沈葆英在一对红烛前面行了鞠躬礼，成了亲。第二天早上，恽代英又照常去武汉军校上班。

关于恽代英结婚之事，茅盾回忆说："国民政府移武昌后，中央军事政治学校亦成立，代英仍为政治总教官。一日，校中同事或言代英将结婚，询之，则莞尔曰：'不抱独身主义的人大概总有一天会结婚的罢'。再询以日期，则谓'连我也还没知道呢'。不料次日一早，代英施施然来，仍是那种喜怒不形于色的冷静而和善的神气，仅新剃了头。来即办公，有询以婚事，则慢条斯理答道："不是昨天已经结过了么？"[09]

结婚是人生的大喜事，恽代英居然这么低调，没有请假耽误一天工作。

主持武汉军校工作

恽代英回到武汉的当天发生了一幕伟大的历史壮举，将永远铭刻在中国历史的丰碑上。这就是由"一·三"事件引发的，中国人民于5日一举收回了汉口英租界。

这天下午，恽代英的学生与战友林育南，他是武汉30万产业工人——湖北工团联合会的秘书长，正在华商总工会主持召开各团体工人代表大会。一位码头工人代表在会上报告码头工人如何受帝国主义压迫，巡捕打码头工人几棍子是家常便饭。他大声地问与会工人代表："我们中国人不能在自己国家的路上走，这是什么道理？租界是租给别人的，到底租到什么时候为止？我们哪里是中国人啦？受别人的侮辱！"他讲得痛哭流涕，代表们也跟着掉泪。

突然有人来报告："英租界收回来了！"沉闷、悲哀的空气突然被打破了。林育南宣布大会停止，要求各代表团去慰问工人纠察队，也叫杠子队，当时没有枪，纠察队一人一根杠子。

"我们买了面包，罐头去慰问。给我印象最深的是，工人最守纪律、守秩序，英国领事馆的玻璃一块都没有损失，收回来了，就是我们工人自己的了。工人走起路来也很整齐。"时为硚口工人代表的张金保如是说。[10]

身处革命洪流之中，恽代英革命情更切。根据党的指示，他到武汉的主要任务，是参加筹建中央军校政治科的工作。中共中央十分重视这所学校，派包惠僧为中央军校政治科筹备处主任，具体负责筹备建校事宜，选定武昌两湖书院为校舍，并派董必武等共产党人参加招考委员会。毛泽东、周恩来、李立三、张太雷等担任政治教员。徐向前为军事教官。恽代英为政治主任教官、教育计划委员会主任和中共党团的负责人，成为该校的实际领导人。

恽代英到校后，立即投入紧张的筹建工作。1月9日主持召开了政治教官第三次会议，通过了十项改革和准备改革的措施。19日，根据有宋庆龄、吴玉章、邓演达、董必武等人参加的国民党中央委员、国民政府委员临时联席会议决定，中央军校政治科改为中央军校武汉分校（以下简称武汉分校），蒋介石为校长，汪精卫为党代表。因蒋、汪均不在汉，故又任命邓演达为代理校长，顾孟余为代理党代表，日常工作由恽代英主持。24日，恽代英出席了校务整理会的第一次会议，会议审议了武汉分校的筹备工作。

1927年2月12日，武汉分校暨国民革命军总司令部学兵团在武昌两湖书院大操场举行了隆重的开学典礼，武汉分校共有学员近4000人，主要有三部分组成：一是中央军事政治学校政治大队、第五期炮兵工兵大队1200多名；二是新招来的政治讲习班1200名；另外学兵团有1300名。中国共产党输送了大批共产党员、共青团员到武汉分校学习，像罗瑞卿、许光达、程子华、符浩、宋绮云等，都曾在这所革命大熔炉里锻炼，后来成为中国人民军队的优秀军事、政治领导工作者。

武汉分校还专设一个女生队，招收183名女生，为中国革命和妇女解放培养了一批女干部。

一天，这批来自上海、湖南、四川、湖北各地的女生学员，英姿飒爽地在军校操场上接受恽代英等军校领导人的检阅。恽代英看到中国革命队伍中的第一批女兵，眉宇间充溢着喜色。他站在讲台上，发表演讲。女兵们都曾是《中国青年》的热心读者，受其熏陶而走上革命道路的，今天看到仰慕已久的革命青年导师，心情异常激动。

恽代英鼓舞女兵们说："你们从四面八方来到武汉中央军事政治学校，从现在起你们就是革命军人了。你们都是从各地奔赴武汉来的革命青年，都是满怀着革命豪情到这里来从军、来学习、来战斗的，我对你们这种革命热情，革命行动表示欢迎。"恽代英越讲越激动，"中国的妇女，历来受着深重的压迫，在封建礼教的束缚下，她们是男人的附属品，没有一点权力。俄国十月革命的炮声，惊醒了中华民族，也惊醒了广大妇女。在革命思想的影响下，中国妇女们正在认识和寻求解放的真理和道路，而你们女生队的同学是中国妇女的先锋，是中国妇女的榜样。在中国革命事业中，你们要和男同志一样，严格要求自己，遇到困难不要后退，在革命的熔炉中不断锤炼自己，努力完成打倒帝国主义，打倒军阀，打倒土豪劣绅及一切封建势力的任务。"[11]

女生队的诞生，在中国革命历史上是一个重大的创举，在中国妇女运动史上写下了光辉的一页。女生队的学员们积极投入火热的斗争中，参加过讨伐夏斗寅战役。当大革命失败后，其中一部分人又参加了南昌起义和广州起义。在艰难漫长的岁月里，涌现出李坤泰（即赵一曼）、陈觉吾、胡筠等许多优秀战士，为中国革命和妇女解放，将满腔热血洒在神州大地上。

2月14日，武汉分校正式开学上课，军校实行三操两讲制。恽代英十分重视对学员进行政治思想教育，请陈独秀、周恩来、毛泽东、董必武、陈潭秋等来校作报告。政治课有《社会主义史》《社会发展史》《妇女解放运动》《共产党宣言》《政治经济学》《世界妇女运动史》《国际职工运动》《中国农民问题》等。另外，也讲《三民主义总纲》《建国方略》等，恽代英还亲自给学员上课。

原武汉军校部分战士回忆说，恽代英讲的内容有："工农运动、学生运动、无产阶级历史地位、共产党的作用、反帝反封建、北伐战争的形势以及马列主义基本知识；有时还专门针对学生提出的问题，进行解答。他旁征博引而又深入浅出，使人感到通俗易懂，生动活泼，幽默风趣，确有其真知灼见。学生们越听越爱听，历久不倦。"[12]

为了反映学员的学习、斗争和生活，武汉分校从2月12日起定期出版《革命生活》日刊。恽代英派共产党员袁溦、陆更夫等负责编辑。日刊为四开小报，文章短小精悍，内容富有战斗性，形式也很活泼，有论文，也有诗歌，时有恽代英的文章，深受学员的欢迎。

恽代英在主持武汉分校繁忙工作的同时，还为推动工农运动、发展革命力量作了大量的工作，这年初，他和李达被聘为国民革命军总政治部成立的农民运动讨论委员会常务委员。他先后在刘少奇、林育南主办的湖北全省总工会"工人运动讲习所"、董必武创办的"湖北中小学教师党义研究所"、宋庆龄任班主任的"妇女党务训练班"、毛泽东主持的"武昌中央农民运动讲习所"授课。他生动热情的讲课，给学员们留下了极其深刻的印象。武昌中央农民运动讲习所的学员涂国林回忆，"在所有讲课的人当中，只有毛泽东和恽代英同志的讲课最受学员欢迎。每逢他们讲课时，大家总觉得时间太短，希望他们更多讲一些"，"每周一小时时事讲话由恽代英同志担任"，"他每次都是从国际讲到国内,从军事讲到政治,中间常常插上诙谐讲话,生动活泼使学员越听越爱听"。[13]

2月24日,恽代英出席国民党第二届中央执委党委会第76次会议。在讨论起草将"此间对于党务意见报告于蒋介石同志,并及其他中央委员,请其即日来鄂,共负革命责任函"时,恽代英提出了四点意见:

> 一、现在中央党部、国民政府已经迁鄂,不过少数人还没有来,故信里党部、政府尚未迁鄂那一句要更正。二、要加入一层说明现在党务方面,仍然是不算胜利,因为党的威权尚不能确立,致军事、政治均没有完全的计划,不能负各方民众之希望。三、要说明党的权力不能巩固,致有从来无革命意志或曾作为反革命的人现在都想包围欺骗革命领袖。四、要说明现在的党权在几个人手上,使革命同志会因为意气或见解的争执,做出错误的事实使民众怀疑。[14]

恽代英的这四点意见,强调的是要确立党的权威,党权不立,军事、政治都要受到影响,尤其不能使党权操纵在几个人手上。

于树德发言支持恽代英的四点意见。

因此,会议通过了恽代英、于树德将原函修改再付签字的决议。

原来,北伐军攻占武汉后,1926年11月26日,广州国民党中央政治会议做出了广州国民政府及中央党部迁往武汉的决定。蒋介石开始也是赞成的。他在1927年1月13日湖北省党部第三次省代表大会上讲话,承认国民政府北迁武汉后,"湖北是全国的中心"。可是，他又出尔反尔，"挟天子以令诸侯"，认为武汉共产党与国民党左派势力强大，若迁都武汉，自己对中央党部和国民政府将失去控制权。于是变卦了，为要巩固自己的军事力量，蒋介石便想在南昌另造一个中心，主张迁都南昌，并截留了由粤去汉的部分国民党中央执行委员和国民政府委员，不让他们来汉，并擅自决定"中央党部及国民政府暂住南昌"，于1927年3月在南昌召开二届三中全会。面对蒋介石的挑战，于是便有了请蒋介石等"即日来鄂"之函的讨论。

其时，羽毛未丰的蒋介石，还不敢贸然背叛革命，在强大革命力量的压力下，被迫同意中央党部及国民政府迁鄂。

1927年3月10日，国民党中央在汉口南洋大楼召开二届三中全会。在7日的预备会上，毛泽东提议，"增补谭延闿与恽代英为提案委员会委员"，获得通过。9日，恽代英在全会提案审查会议上提议，将蒋介石把持的军人部"裁撤"并获通过。

为了发扬民主，防止独裁，国民党二届三中全会决定中央执行委员会采取常务委员制。与此同时，对武汉军校的领导体制也相应地实行改革。

国民党左派彭泽民提出："改校长制为委员制，以防止军校变成军事独裁的工具。"

谭延闿反对。他说："军事政治学校带有军队的性质，比如军队改师长为委员就不行，所以校长制是否合适，还要讨论。"

詹大悲、恽代英、吴玉章支持彭泽民的提案。

詹大悲说："事实上校长制能使学生忘却有党，只知崇拜个人，如果对党忠实的党员，绝不令学生在个人指导之下，而使学生在党的指导之下。"

恽代英说："改校长制为委员制，以目前的观察，是很有必要的，如学生常言，我是某某的学生，造成一人的学生，比如现在中央军事学校如多说党的运动,则往往危险,可把校长改为委员长,同时也有委员。"

吴玉章补充说:"军校及各分校是为本党培养党军将校的教育机关,军校的委员由中央执行委员会指定。"

恽代英同意吴玉章的意见。他说:"军校委员长的任命,最好由大会指定之。"

毛泽东发言说:"赞成由中央常务委员会指定。"

大会最后决定由中央常务委员会指定。

在讨论军校体制改革的同时,还讨论了禁止军校内部的派系斗争问题。

毛泽东主张取消蒋介石操纵的黄埔同学会。他说:"黄埔学生皆党员,似不必有同学会之设立,凡同学会同志会皆立封建思想之递嬗,已不适宜于今日,故应规定军事政治学校及各分校,不应有同学会同志会设立之一条文。"

吴玉章马上表示赞同。他说:"毛同志提议不得设同学会,本席赞成。"

詹大悲说:"不必另添条文,可下令禁止。"

陈其瑗说:"军事政治学校及各分校同学会同乡会均不得设立,已设立者应取消之。"

徐谦说:"凡党立各学校不得有同学会同乡会之设立。"

最后付表决,全体通过。

国民党二届三中全会通过了《关于军事政治学校之决议案》,规定:

> 一、军事政治学校及各分校,为本党培养党军将校之教育机关,此等教育机关,须确立于党的指导之下。二、军事政治学校及各分校,均应改校长制为委员制;学校所

在地之最高党部，应举代表参加；委员会委员由中央执行委员会指定，并指定一人为委员长。三、军事政治学校之政治教育，须严格受军事委员会总政治部指导。[15]

3月22日，国民党二届常委二次会议上，吴玉章提议任命邓演达、谭延闿、恽代英、顾孟余、徐谦为中央军事政治学校委员。会议通过了吴玉章的提案。

接着，国民党中央执行委员会正式委任谭延闿、徐谦、恽代英、邓演达、顾孟余为军校委员，并推定恽代英、邓演达、谭延闿为常务委员。

在这3个常委中，谭延闿是挂名不管事的，邓演达忙于总政治部和农民部的工作，且"恽代英是邓演达的灵魂，邓的许多主意，都是恽替他出的"。

所以，恽代英后来在《施存统对于中国革命的理论》一文中写道："我那时一方面是学校公开负责人，一方面又是学校里我们党的支部负责人。"[16] "其时恽兼职累累，为武汉政府重要红人之一，月入甚丰，除兼职不取薪外，月入亦有六百金以上，但恽每月只用三十元，其余尽缴共党，以作党费，其尽忠党务，有足多者。"[17]

讨伐蒋介石

在国民党二届三中全会前夕，恽代英提出的"裁撤"蒋介石把持的军人部并获通过，极大地限制了蒋介石的权力；在会上，他又支持彭泽民的"改校长制为委员制"的提案并获通过，实际上撤销了蒋介石军校校长的职务。

这些举措，沉重打击了国民党右派势力。蒋介石极为恐慌和仇视。

就在二届三中全会开幕的当天，中央军校武汉分校的右派势力制造了"三十"事件。3月10日，国民党武汉地区党员大会在血花世界（今汉口民众乐园）召开，武汉分校的学生前往参加。适值湖北省总工会在该处召开宣传会议。当工人宣传员领呼"打倒军事独裁！""提高党的权威！""一切权力属于党！"的口号时，军校中的右派学生以维护蒋（介石）校长威信为名，闯入会场，擅自拘捕4名工人。事件发生后，邓演达、恽代英等十分重视。邓演达首先在会上报告了此事，提议"可否由中央派代表前往镇压？"吴玉章表示支持说："照邓同志（意见）办理。"当即推定林祖涵、陈公博到现场调查。随后，林祖涵、陈公博向大会报告调查情形。陈公博提议："似应组织调查委员会，以调查真相。"恽代英接着说："处置应考虑请中央训令中央军事政治学校武汉分校及湖北总工会，禁止挑拨工人学生间感情，如有挑拨，即为反革命。"同时由恽代英宣读他以大会主席团名义起草的对军校和总工会的训令。训令指出：

> 乃因在会场中有少数不明事理之分子受人挑拨煽动，引起中央军事政治学校武汉分校少数学生与工人宣传队发生冲突，致有殴伤并捕人之事，此种事实之起因，全体会议现已指定负责委员彻底查究，候查明后自能站在党与革命的利益上，与以妥当之解决，但此事只因少数不明事理之分子所引起不容，因此惹起学生与工人群众间之恶感，以中反革命分子分裂革命势力之奸计。中央军事政治学校学生为本党培养为党作战之青年革命军人，工人群众系本

党所指导的国民革命的主要力量，为革命之利益计，此两项势力务宜深相结合，方可以镇压一切反革命运动，而巩固本党革命的根基，为此特令中央军事政治学校武汉分校及湖北总工会在此彻查时间，各应严格约束学生工人服从中央党部静候解决，为防止学生工人继续发生误会冲突，中央军事政治学校武汉分校与湖北总工会应分别严禁学生与工人有传播各种挑拨感情之言辞文字之事，学生工人亦均应互相劝勉顾念革命全局之利益，反对一切挑拨煽动之行为，勿使再滋生事端，在此时间如再有挑拨煽动之行为，冀引起学生、工人间发生冲突者，即是有意破坏大局，甘心为国民革命之敌人，全体会议当训令国民政府与以严厉之处分，决不能容许此种分子之自由活动。[18]

恽代英宣读训令完毕，于树德发言表示"完全赞同"，但"以免为造谣者所借口"，建议文字稍作改正。邓演达提议由王法勤、陈公博、詹大悲、恽代英和他5人组成调查委员会。会议通过了这个提议。

恽代英连夜赶回军校，亲自调查，并对学校进行整顿。

11日，恽代英在二届三中全会上报告了调查情形。他说："昨日大会指定代英等为调查委员，兹将中央军事政治学校与工人冲突情形报告：会场工人言语对蒋中正是有批评，打人是有组织的，鸣笛、捆绳，皆早已预备。学生回时，有一部分是对工人不好的，有一部分是对工人援助的。学生回各队，要求开会，官长许可，惟须官长参加，但不发言。共计十四队，打工人系少数（人）行动，当时曾派代表向工人道歉，每队四人。工兵科三队，内有一队谓蒋校长是革命的，不应诋讥；炮兵三队,一队拟质问工会。工人应放,六时许,各工人开联席会议,六工人已送回,学生有自行要求惩办凶手。"[19]

武汉军校少数右派分子破坏反蒋斗争,破坏工人与士兵联合的行为,引起了广大革命师生的愤慨。11日、12日,军校接连举行两次各队党部及校属部处直属组长联席会议,通过了下列议决:

> （一）派代表赴总工会道歉,并声明此事系少数反动分子所为;（二）派代表赴总工会参加会谈;（三）每队派代表四人慰问被捕工友;（四）集合本校全体同志欢送被捕工友至江岸,后由各队代表欢送至总工会;（五）通电全国及全世界,声明此事经过,并发宣言,解释误会,登报声明原委及向民众宣传此事详情;（六）致电并派代表促蒋介石速来武汉表明态度,并向民众解释误会;（七）调查此次肇事反动分子的事实确据,以便提交惩办,对一切反动分子,开除党籍学籍,并撤差交法庭严办;（八）对被伤工友慰劳并给予抚恤费,由政治部派员调查,当局负责给予;（九）对于一切反动分子在中央查办委员会未判决前,由校当局扣留;（十）组织联席会议主席团,执行在特别党部未成立前所有关于本校党务方面一切事宜;（十一）组织审察委员会;（十二）凡与"三·十"案有关之官生须先行停职扣留,听候查办;（十三）现在已交扣留各官生之反动事实,由审察委员会复查。[20]

3月20日,军校给省总工会的复信写道:"你们给我们的信已经读过,而且我们的革命生活日刊上发表了。'三十'事件,你们对于我们能加以谅解,而且很明显地指出是极少数的反动派的捣乱行为,这确是你们很正确的观察。从此我们更要亲密地联合起来携手并进,务必达到国民革命的完全成功,得到我们最后的胜利。"

在恽代英领导下,武汉军校对右派分子的查办,后发展成了一次惩戒运动。4月9日,中国国民党中央军事政治学校各队党部暨校属部处直属小组联席会议发表通告,公布处分决定,计开除党籍学籍通缉归案者13人,开除党籍学籍撤差拘留并通令部队官署以后不得任用者15人,开除党籍学籍者18人,停止党籍记过者8人,留党察看3个月于查看期内责令研究主义者22人,警告并责令研究主义及有党职者解职38人,由公安局依法讯办者1人,由学校当局警告者2人,宣告无罪者3人。据4月5日出版的汉口《民国日报》报道:通过这次惩戒,"现校中反动分子已肃清殆尽,革命空气异常浓厚,革命民众与本校武装同志旧有关系,不但未发生丝毫恶的影响,反而增进了更亲切的关系"。

对此,恽代英评价说:"近来本校对于右倾分子,处置稍从严厉,但我们要注意,革命是常有激烈的斗争的。我们看黄埔政治部副主任熊雄之被杀,许多教官之被捕,总政治部后方留守主任孙炳文之被暗杀,以及江浙各党部各革命团体主持同志之被捕被杀,我们就可以知道的,反革命派对待我们同志是怎样的凶鸷残毒,因此,我们对付右派及反革命派,不能不采用严厉手段。"

在帝国主义和江浙财阀的支持下,蒋介石叛逆日著。恽代英与瞿秋白、毛泽东、董必武等,力倡团结国民党左派,发动民众,武装民众,与蒋介石进行坚决斗争。

1927年3月中旬,恽代英在中共湖北省委机关刊物《群众》周刊上发表了重要论文《民主主义与封建主义之斗争》，号召每个党员，都应站在民主主义的立场上，拥护恢复党权运动，为农工利益奋斗，完成国民革命使命。他说："国民革命之目的，在打倒帝国主义军阀，解放全中国被压迫民众。""必须完全站在民主主义的立脚点上面，以扫除封建社会残余势力自任的革命党，才能担负这重大使命。"[21]

恽代英指出，帝国主义所以能压迫全中国人民，"不但是专靠他的军队或经济实力，他还要靠代表残余封建势力的军阀，与依附军阀的官僚、土豪劣绅，为他保障不平等条约的威权，而且帮助他在都市乡村中间剥削压迫人民"。张作霖、吴佩孚等为自己的权力私欲都投入帝国主义的壳中，成为帝国主义宰割中国的工具。类似张作霖、吴佩孚之流，也"一定不会看清世界革命的局势，不能尊重农工的利益与势力，所以亦便不会能有担负国民革命的力量"。[22]

恽代英这里所说的张作霖、吴佩孚之流和封建势力，就是暗喻的蒋介石为首的国民党新右派。他号召每一个国民党员，都要站在民主主义一方面来，投入反封建势力的斗争。

他说："人人都要站在党的方面，人人都要站在世界革命运动的一条线上，为农工的利益而争斗，这才可以完成国民革命的使命。不要怕面前有了多少纠纷，这种纠纷正是要使民主主义大踏进一步，要使封建思想再受一次重大的打击。亦许现在的昏庸腐朽分子的活动，是代表封建势力的最后挣扎罢！我们要一致拥护这一次恢复党权运动的中心；国民党中央执行委员会，将封建社会残余的势力与这些昏庸腐朽分子一齐扫除干净。"[23]

恽代英对蒋介石本质的认识没有错。

1927年4月12日，蒋介石终于扯掉了革命的假面具，在上海发动反革命政变，疯狂地屠杀工农群众。噩耗传到武汉，湖北人民立即掀起了反蒋斗争的高潮。

恽代英、毛泽东等共产党人与国民党左派宋庆龄、邓演达等站在反蒋斗争的前沿阵地。

4月20日，武汉军校组织了讨蒋大会筹备会。筹备会发表了致武汉同志、同胞的公开信。信中说："同人等本先总理创办敝校之初衷，与蒋贼作百倍之奋斗。惟同人等才力有限，而蒋贼之假面具一时恐未尽揭，爰于本月二十三日上午十时假阅马场开讨蒋大会，以广为宣传，务望各界同胞莅临指导，赐予援助。"公开信愤怒谴责蒋介石为"党贼""视党国为可欺，视民众为可侮，视同人等更为己之工具。今者，结群小以踞东南，觍仇在敌而抗中央"。因此，革命同志对蒋贼要不容"丝毫之姑息""与蒋贼作百倍之奋斗"。[24]

4月22日，汉口《民国日报》发表了宋庆龄、邓演达、吴玉章、林伯渠、恽代英、毛泽东等40名国民党中央执行委员、候补委员、国民政府委员、军事委员会委员的联名讨蒋通电，愤怒痛斥蒋介石是"总理之叛徒""民族之蟊贼"，若不打倒蒋介石，"革命民众将无噍类"。[25]

4月23日，武汉各界群众在武昌阅马场召开30余万人的讨蒋大会，到会者"尤以各军武装同志为多"。会上，革命群众一致高呼"打倒背叛党国屠杀民众的蒋介石！""打倒代表封建势力实行反革命的蒋介石！""打倒破坏总理三大政策的蒋介石！""蒋介石是帝国主义的新走狗！""蒋介石是反革命的魁首！""全国革命民众是蒋介石的死对头！""武装同志是蒋介石的催命鬼！""严拿反革命的蒋介石交人民来审判！""中央军事政治学校的学生是党和民众的工具！""铲除一切党贼！""打倒反革命的南京会议派！""惩办各地惨杀事变的凶手！""以革命的手段向白色恐怖复仇！""拥护总理联俄联共扶助农工三大政策！"等口号。大会还向全国发出了《讨蒋通电》。会后，中央军事政治学校全体官兵及各军到会兵士举行了声势浩大的游行，把武汉地区申讨蒋介石叛变革命的斗争推向了高潮。

同一天，《革命生活》开辟"讨蒋特刊"专版，发表了讨蒋大会发出的《讨蒋通电》《告各期同学书》和《讨蒋宣传大纲》等文告。

《告各期同学书》说："本校同学所抛的头颅，所洒的热血，莫不随一般武装同志之后，遍于东南西北，奔腾澎湃的革命怒潮，充满着本校先烈同志的热血！馨芬葱郁的革命鲜花，表现着先死同志的精神！这一篇光荣的校史，后死的同志们，应当如何警惕，使她永保不坠……同志们，我们的责任，是要永保光荣的校史，完成革命的使命。"[26]

《讨蒋宣传大纲》历数了蒋介石叛变革命的罪行后指出："我们切不要使这死有余辜的蒋介石逃出法网呵！前进呵！包围呵！务必要把这反革命的蒋介石生擒活捉，以慰我为党国牺牲的先烈之灵！"

4月23日至25日，《革命生活》还连载了《发扬黄埔精神》，明确指出："蒋介石当上总司令，戴着革命的假面具，是黄埔学生流血的结晶和牺牲的代价，绝不是娘胎里带来的！没有黄埔岛上的烈士墓，今日的蒋介石，不是仍旧五年前办交易所做市侩的蒋介石吗？从前因为他肯革命，所以抬他出来。现在他已经做了反革命了，我们应该打倒他，这才是发扬黄埔的精神。"文章还说道，"黄埔精神终久是发扬的，这次党权运动起来的时候，与黄埔历史上有连带关系的武汉中央军事政治学校同学，蒋介石视为御用品的……实出他意料之外。汉口'一十'事件之后，多数学生竟能同情工人，主张镇压反动分子,这就是发扬黄埔精神初次的表现。现在有一二三四期的同学,保持革命的本色,不做私人的走狗,不向右转,不为利诱,不为威屈,由上海南京归来者络绎于途,这也是发扬黄埔精神。""黄埔的精神,即是革命的精神;不能发扬黄埔精神,即不能进行革命的事业。打倒蒋介石及其走狗,即是发展革命势力,发展革命势力,即是发扬黄埔精神。黄埔精神能不能够发扬,便要看这次能不能够打倒蒋介石及其走狗。"

《革命生活》所载的这些文章,反映了武汉中央军事政治学校广大革命教官、学员的政治立场和革命思想,表明他们决心拿起武器,与蒋介石斗争到底。这与恽代英的培养教导是分不开的。

平叛夏斗寅,讨伐杨森

武汉上空,翻滚着层层乌云。

蒋介石叛变后,新旧军阀沆瀣一气,从四面八方在军事、经济上包围封锁武汉。武汉形势日趋恶化。潜伏在武汉政府内的危机也日益表面化。

为了挽救革命,将革命推向前进,在武汉的中共中央多数委员和中共湖北省委举行会议,决定向共产国际代表和中共中央提出紧急倡议,采取断然措施,武装工农,保卫武汉政权,并推举恽代英和罗章龙、许白昊、林育南为代表去见罗迈、鲍罗廷和陈独秀,但此案遭到拒绝。

4月27日至5月9日,中国共产党第五次全国代表大会在武汉召开。恽代英出席了大会,当选为中央委员。大会在瞿秋白、蔡和森、毛泽东、恽代英等努力下,提出了一些正确的意见,促使陈独秀作了检讨,但对如何争夺领导权,大会却没有提出任何切实可行的办法,还是选举陈独秀继续担任总书记,因而未能实现挽救革命的目的。

五大期间,共产国际举行了第八次执委会,专门讨论中国革命问题,作出中国问题决议案,即著名的共产国际的五月指示。共产国际指示中国共产党立即组织10万工农武装,实行土地革命,以对抗国民党右派。共产国际驻中国代表罗易收到这份绝密电报后。没有及时报告中共中央和陈独秀,为了讨好国民党所谓"左派"汪精卫,而是给他先看。这引起了许多共产党人的无比愤怒。恽代英气愤万状,指责罗易"干了一件不可饶恕的蠢事,是一个项伯式的人物"。

五大以后,武汉形势更加恶化。

蒋介石在指使粤、桂、川、黔军阀分三路进攻两湖的同时,又收买武汉国民政府内的反动军官,企图里应外合,颠覆武汉国民政府。

夏斗寅,湖北麻城人,原系北洋军阀旧部,萧耀南统治湖北时,夏在其麾下当过旅长。1926年5月北伐战争前夕,夏斗寅投机革命,就任国民革命军鄂军第一师师长,隶属第八军唐生智节制。1927年初,夏部接替王天培、何健两部进驻宜昌、江陵、沙市、荆门,担任防备四川军阀杨森进犯武汉的任务,其部队番号改为独立第14师,共4个团1个营,约1.3万人。

夏斗寅本是作为拱卫武汉西部防线的重要力量被置于战略要地宜昌的,一直为武汉国民政府所器重。但由于所部军官很多是地主出身,阶级本性决定他们对汹涌澎湃的湖北工农革命运动非常恐惧和仇视,所以倒向了国民党新右派,听从蒋介石的指使。蒋介石承认说:"夏斗寅之起而宣言反对共产,与杨森、刘湘同受余之命令。"

1927年5月13日,夏斗寅领衔发出反共"元电",并在四川军阀杨森的配合下开始向武汉进攻，14日抵沙市，15日按计划登陆嘉鱼，16日推进到咸宁、汀泗桥一带，并破坏武（昌）长（沙）铁路，17日进逼至距武昌仅40里的纸坊镇、土地堂。彼时，武汉国民政府的主力部队正在河南一带作战，武昌防备空虚，形势十分危殆。

危难时刻方显英雄本色。5月18日，恽代英根据国民党中央会议的决定，立即返校整编革命队伍，将武汉中央军校学生整编为中央独立师，与师长侯连瀛紧密配合，亲率独立师随武昌卫戍司令叶挺指挥的24师72团和25师75团前往平叛。

中央独立师是5月10日根据武汉国民政府军事委员会的决定，由中央军事政治学校的学生组编的，侯连瀛任师长，杨树松为副师长，宋汉英为参谋长，蓝腾蛟为步兵第一团长，史文桂为步兵第二团长，杜道周为炮兵营长，柳善为工兵营长。接着又将毛泽东主持的中央农民运动讲习所的学生编入中央独立师第二团，列为第三营。

当天中央独立师司令部发出通告宣布：

> 前奉军事委员会命令，以中央军事政治学校及中央农运讲习所学生编为中央独立师业已经成立，敝师长侯连瀛即于十六日正式就职，官兵所佩符号CID三字，除分函各军警机关查照外，恐未周知，特此通告。[27]

总政治部提出任命恽代英为中央独立师党代表，施存统为政治部主任。5月20日，国民党中央二届常委十二次扩大会议决议"照准任命"。[28]

18日晚，平叛军出征。在独立师出发前，恽代英作了简单的政治动员、鼓舞了部队士气。他说："现在四处都充满了黑暗，只有两湖书院还在放射着光明，现在就是要用我们的光明，去冲破周围的黑暗。"军校讨蒋委员会同时发表了《送本校同学出发宣言》：

> 你们在这四面楚歌、一切反革命包围中国革命及世界革命中心地的武汉的严重局势当中，你们很壮烈的奉中央命令出发了！你们将要用你们热血去杀开一条出路，将要用你们的热血去凝成本党及政府的坚固基础了！这是在现中国及世界革命运动中如何重大的意义，如何伟大的使命！[29]

恽代英随军行动，他戴着眼镜，穿着布军装，打着绑腿，走在队伍前面。次日凌晨3时左右，独立师步行抵达纸坊，与叶挺部并肩战斗。

在这次平叛战役中，中央独立师的官兵们表现十分勇敢。时任副班长的臧克家回忆说："一位高个子的连指导员，黄埔毕业，共产党员，他跑在我们前边一二十米，右手高举着枪，口里喊道：'同志们，冲呵！谁真革命，谁假革命，现在是考验我们的时候了！'神态昂扬，声调动人。"[30]

一营二连的周见非见证了这场战斗。他也回忆说："一时枪声大作，敌人拂晓开始进攻了，子弹打在前后铁轨上当当地响，我们迅速左右散开，还没等卧下，前进号吹响了，一齐持枪在弹雨中向前跑百多米，在土埂卧下，抬头一看，敌人就在田沟那面，双方展开战斗。冲锋号响了，大家一齐上刺刀，喊着冲锋！杀！跳下坡去……在弹雨中，同学们各自成单行，端着枪冲上每一条田埂，一面喊杀。敌人的机枪不是打高了，就是打矮了，子弹把田水都溅在身上脸上，幸未见倒下一人。还未冲到彼岸,敌兵已溃退,同学们缴得机枪一挺。右面的同学在铁路上打倒一个抬炮的,其余敌人便扔下迫击炮逃走了。"[31]

经过3小时的激战,独立师打退了夏斗寅叛军,缴获大炮两门,机关枪两挺,迫击炮两尊,步枪若干支,并乘胜追击,于下午3时多赶到武昌土地堂,将叛军包围起来。这时,夏斗寅部还剩万耀煌旅千余兵力,他们为了逃命,疯狂突围。实战经验不足的独立师学生军在敌人的反扑面前经受着极大的考验。幸好在叶挺的坚定指挥下,75团及时赶到。学生军配合75团,向万耀煌部发动勇猛进攻。"有一个学生伏地开枪,一刹那间,一弹飞贯头上的帽子,穿破一大孔。该学生面不改色,反行起立追敌。"

叶挺还飞调75团一营夺回土地堂火车站。万耀煌部经独立师和叶挺75团痛击,"四方溃散,已不成军……向蒲圻方面溃退"。被夏斗寅调来增援的一个团援兵,受万耀煌部溃退的影响,也不战自逃,士气涣散,毫无斗志,"均称何时和我军开火,即准备缴械"。[32]

"巾帼不让须眉",武汉中央军校女生队在这次战役中也表现了高昂的战斗热情。她们编为四个队,主要担任救护和宣传工作。开赴前线前夕,湖北省妇女协会专门送来两面锦旗,锦旗上绣着"杀尽敌人"和"革命前锋"八个大字。在出征大会上,女生队代表豪情满怀地说:"我们从军的目的,就是上前线与敌人血肉相搏,现在正是我们完成使命的时期,愿以滴滴鲜血与性命去换胜利,不杀尽敌人,誓不回见武汉革命民众。"[33] 言毕高呼:"誓死杀敌!""革命成功万岁!"在土地堂前沿阵地上,女生队坚守了两天一夜。她们一边悲愤地掩埋牺牲战友的遗体，一边组织慰问队和救护队，紧张地救护伤病人员。同时根据师党代表恽代英的指示组织了宣传队，每到一地便四处宣传，形式有化装讲演、编演话剧，痛斥土豪劣绅、土匪流氓及其后台夏斗寅，唤起民众起来打倒他们。

就这样，革命军于5月20日攻占贺胜桥，21日收复咸宁。此次战役共缴获大炮10尊，步枪900余支，子弹无数，俘敌1000余名，武汉局势转危为安。当天，武汉国民政府军事委员会宣布武汉解除戒严令。

5月22日，咸宁县召开了5000余人的军民祝捷大会。中央独立师党代表恽代英发表热情洋溢的讲话，高度赞扬了革命军官兵的英勇战斗精神。他说："这次胜利完全是革命军不怕死的结果，当夏斗寅进犯武汉的时候，我们后方兵力虽少，我们革命军是不跑的，叶师长是不怕死的，带领他们的两团人去拼命冲锋，卒把敌人打败，我们所以胜利，是因为不怕死，人人都有死的决心，而且我们每次打仗都得着工农的帮助。前天到金口，金口农民协会是很帮助我们。前几天又有许多农民来报告敌情，我们很自信为保护人民利益而战，一定是胜利的。哪一个要再来压迫人民，我们就要继续打倒他。"[34]

革命军击败夏斗寅后，紧接着又奉命投入反击杨森的战斗。5月下旬。武汉国民政府发布了查办杨森的通令。6月上旬，军事委员会抽调第二、六、八军各一部，组织西征军，由程潜任总指挥，讨伐杨森。中央独立师也奉令协同西征军作战。中央独立师进攻沔阳峰口镇杨森部王文俊师时，该师一听到学生军的冲锋、喊杀声，立即溃逃，连王文俊本人的行李都遗弃了。6月6日晚，中央独立师占领新堤。

从新堤溃退的敌军，又遭到由岳州渡河至白螺矶登岸的革命军的迎头痛击。6月8日，革命军指挥部下达总攻击令。6月下旬，革命军占领沙市、宜昌，杨森叛军分水陆两路向巴东逃窜。

平叛夏斗寅、杨森的胜利，产生了深远的政治影响，极大地提高了革命军和武汉中央军事政治学校的威信，受到了一致高度好评。高语罕（共产党员）说："因为领兵的叶挺，是铁军里面的健将，而黄埔的学生，也有善战的威名，（敌）闻风丧胆，先就有几分害怕。"国际代表罗易说："当（武汉国民政府）军事委员会还在犹豫是否要采取措施反对夏斗寅时，夏斗寅已逼近武汉不到二十英里。共产党员叶挺将军采取主动行动粉碎了这次叛变。叶挺的行动得到国民党左派的支持。黄埔军校的学生（大部分是国民党小资产阶级左派的拥护者）在叶挺指挥下打得英勇顽强。"就连当时仍然戴着国民党左派帽子的汪精卫也讲了不少好话。他称赞"叶师官长身先士卒"，黄埔生"作战勇敢"。[35]

恽代英亲率中央独立师参加讨伐夏斗寅、杨森战役，不仅为保卫武汉的安全、解除北伐军的后顾之忧做出了贡献，而且使武汉中央军校的学生受到了一次实战的考验，也为中国共产党今后独立领导武装斗争，加强人民军队的建设，积累了经验。

本来，在平叛夏斗寅、杨森的战役中，革命军是可以乘胜前进，一举将其彻底歼灭的。但是，由于汪精卫主张调解，唐生智也说他能招降夏斗寅，于是派陈公博等进行调停，致使夏斗寅残部经鄂南、鄂东，于6月底退出鄂境，逃窜安徽，投入蒋介石怀抱，被编为第十军第一师，分驻太湖以南地区。

平息夏斗寅叛变，讨伐杨森的胜利，虽然暂时稳住了武汉的危局，但并没有驱散武汉上空的层层乌云。形势越来越危殆险恶，山雨欲来风满楼，一场大的暴风雨就要来临。

撤离武汉

继夏斗寅叛变后，许克祥又在长沙发动了"马日事变"。6月6日，朱培德在江西"礼送"共产党出境。此后，汪精卫迅速右转，6月10日，他到郑州与冯玉祥会谈，决定唐生智收兵回汉，镇压工农群众运动。其狰狞的反共本质也显现出来。

汪精卫视武汉中央军校为其反共的一大障碍，在加速"分共"的同时，紧紧地盯住该校。国民党右派势力又在军校四处活动。中共中央军委十分重视武汉军校这支武装力量，军委书记周恩来、秘书聂荣臻经常到军校与恽代英一起商讨对策。周恩来要求中共党员和国民党左派提高革命警惕，随时准备对付可能出现的反革命政变，用自己手中的武器杀出一条血路来。恽代英完全同意周恩来的意见。

6月8日，在武汉中央军校广场举行"安葬蒋先云同志，追悼阵亡同学大会"，周恩来出席会议并讲了话。大会主席团代表恽代英在致开会辞中热情赞扬了蒋先云的革命精神。他说："蒋先云同志曾做过学生运动领袖，工人运动领袖。蒋介石叛变，他不为蒋介石所笼络，不愿做官，跑到武汉做工人运动，组织黄埔学生讨蒋。此次北伐又出发前方去拼命。"他号召军校革命师生学习蒋先云的革命精神："蒋先云同志足以引起我们牺牲的决心，我们追悼和安葬先云同志，正引起我们后死者的牺牲精神，同志们，踏着先云的血路前进！"[36]

6月下旬，国民革命军总政治部主任邓演达整顿该部，聘请恽代英任总政治部秘书长。邓演达与恽代英商定，在武汉中央军校设立教导营，训练在整顿中被精简的人员和从东南各地来汉的政治工作人员。恽代英利用这个机会，与周恩来及中共中央刚从四川调来武汉军校任专职书记的陈毅商议，将许多中共党员和进步人士安排在教导营内。6月30日，教导营正式组建成立。

汪精卫开始向武汉中央军事政治学校进攻了。邓演达随第二期北伐出征后，国民党中央军事委员会大权落入谭延闿、程潜、孙科、唐生智之手。他们不仅大大缩紧中央军事政治学校之经费，而且自6月30日起，取消中央独立师名义仍恢复学校原状，所有以前发出的符号CID等一律收回。也正是这一天，国民党左派、武汉军校校务委员邓演达愤怒谴责汪精卫集团追随蒋介石、镇压革命工农的罪行，留下《告别中国国民党同志们》的留别书，辞去了国民革命军总政治部主任等职务。时任总政治部参谋长的季方回忆说："这封留别书是邓演达脱险后于7月8日由其秘书交给恽代英、侯连瀛的。代英同志看了这封信以后，就拿原信向中共中央请示。当时领导上已判定国民党中央已不会接受这个劝告，指定先照像再送交。这样才使邓演达的这封珍贵的信保存至今。"[37]

邓演达辞职后，汪精卫立即指派陈公博继任。但陈尚在江西，一时无法上任，总政治部的工作暂由恽代英主持。他鼓励教导营学员"要好好学习军事，好好练兵"。他说："形势正在变化之中，要准备应付局面，不能放弃阵地，陈公博一时还不敢来政治部，我不是还同你们在一起吗？大家抓紧学习和练兵，要加强革命武装，准备迎接新的战斗！"[38]

7月15日，汪精卫终于撕下了"左派"的面纱，公开"分共"。陈公博接任总政治部主任后，"首先注意的便是这一班军校学生"。恽代英也极其关注这批学生。18日，在恽代英主持下，军校第5期学生800余人（包括炮兵一连，机关枪一连，工兵一连，步兵四连）举行毕业典礼。这批毕业生，大部分被派到叶挺和贺龙的部队中去了。这样，军校仅剩下第6期学生了。

这时，形势日趋紧张，右派在军校活动十分猖獗，"打倒中央军事政治学校的赤子赤孙"的反动标语，代替了以前的"打倒新军阀蒋介石"。在这种情况下，恽代英召集共产党员开会，准备应变。武汉军校女生队的老同志们回忆说："恽代英在会上讲清了当前的形势，嘱咐我们不要紧张，听候党组织作出安排。"

随后，恽代英在全校师生大会上，向朝夕相处的师生发表了最后一次讲话。臧克家20世纪80年代回忆说："同志们，今天是我们最后一次聚会，明天早晨，'打倒恽代英'的标语，就会出现在武昌城头上了！现在政治形势虽然一时逆转，但我敢说，中国革命必然成功，最后胜利一定属于我们！我们分散以后，希望每一个同志，就是一粒革命种子，不论撒在什么地方，就让它在那里发芽，开花，结果。"[39] 随即，恽代英转入地下。他置个人生死于不顾，不畏艰险，活动于基层党组织和党员之中，安排他们转移。陈毅也四处奔走，通知所属各组织提高警惕，准备应变。

在7月15日汪精卫"分共"的前三天，根据共产国际执行委员会的指示，中共中央改组。陈独秀离开中共中央领导岗位，由张国焘、李维汉、周恩来、李立三、张太雷组成临时常务委员会负责领导。在周恩来、恽代英、陈毅等谋划下，鉴于国民革命军第二方面军总指挥张发奎与第四集团军总指挥唐生智有矛盾，经时任国民革命军第二方面军第四军总参谋长叶剑英与张发奎多次交涉，武汉中央军校被张发奎改编为第二方面军军官教导团。团长由第二方面军参谋长谢婴白兼任，杨树松任副团长，季方任参谋长。全团编为三个营，一营营长吴展，二营营长宋湘涛，三营营长刘先临。全团的教育和行政均由中国国民党党部领导，但这个党部实际上由中共地下党组织所掌握,团党部执行委员和各连(队)党部执行委员,多为地下中共党员,团内还有一百多名没有暴露身份的中共党员。武汉中央军校的被改编,标志该校历史使命的终结。

在撤离武汉的前夕,恽代英还找没有暴露共产党员身份的陈同生谈话。

一天夜里,恽代英来到陈同生家里。陈同生见到恽代英,十分吃惊而又担心地说:"你在中央军校当过政治总教官,又是人们共知的共产党的领导人物,到处作讲演,认得你的人多,据各方面消息,敌人对你是注意的。"

恽代英却说:"我来看你们不是谈论个人安全问题。"接着他向陈同生交代了任务,强调指出军队的重要性,说,"有军队我们可以打翻敌人,没有军队赤手空拳只好挨敌人的揍。要记着,好好掌握着部队,要与士兵同甘共苦,热爱士兵,关心士兵,士兵才会为我们的主张拼命。"

他还鼓励陈同生说,"中国革命旧的联合战线破裂了,只要我们意志坚定,主义明确,真正能团结群众,新的联合战线不久会建立起来。丧失了的阵地会逐渐恢复起来。"[40]

7月23日下午,恽代英身着便服回到家里,对沈葆英说:"四妹,国民党已经通令捉拿我了,我要走了!"他深情地望着沈葆英,坚定地接着说,"我们匆匆结婚,又要匆匆分手了。几个月前宁汉分裂,现在是国共分家了。蒋介石、汪精卫联合起来共同镇压共产党。搞所谓的'清党'。而我们的党,因为陈独秀的右倾错误,没有组织反击,以致造成现在这样被动的局面。但是我党是要反击的,绝不能让革命果实落到敌人手里,我要走了,你也得有应变的精神准备。你不要难过,我还要回来的。革命遭受挫折,但没有完结。共产党人是杀不尽斩不绝的!"[41]晚上,他辞别了沈葆英,趁着夜色,登上了国民革命军第四军军长黄琪翔的船,离开武汉,奔赴九江,准备新的战斗。

9时许,船启航了。恽代英站在船舷旁,望着笼罩着一片黑暗的武汉,悲愤和激昂交织在心头。但是他坚信,黑暗过后,必定是朝霞满天。

··· 注释 ···

01 沈洁:《恽代英与沈氏两姊妹和沈氏家族》,《纪念恽代英诞辰120周年学术研究会论文集》,华中师范大学出版社,2016年,第157页。
02 《纪念恽代英诞辰120周年学术谈论会论文集》,第158页。
03 《恽代英全集》第八卷,人民出版社,2014年版,第158页。
04 《恽代英全集》第二卷,人民出版社,2014年版,第27页。
05 《恽代英全集》第二卷,人民出版社,2014年版,第30页。
06 《恽代英全集》第二卷,人民出版社,2014年版,第83页。
07 《恽代英全集》第二卷,人民出版社,2014年版,第92页。
08 沈葆英:《和代英共命运的岁月》,《回忆恽代英》,人民出版社,2015年版,第41页。
09 《回忆恽代英》,人民出版社,2015年版,第198页。
10 《访问张金保记录》,见《林育南传记》,华中师范大学出版社,2018年版,第161页。
11 《回忆恽代英》,人民出版社,2015年版,第56-57页。
12 《回忆恽代英》,人民出版社,2015年版,第58页。
13 《涂国林同志回忆》,1963年6月16日,存武汉市文物管理处。
14 武汉地方志编纂委员会办公室编:《武汉国民政府史料》,武汉出版社,2005年版,第5页。
15 《国民党二届三中全会速记录》,1927年3月10日至15日。见《中国国民党第一、第二次全国代表大会会议史料(下)》。
16 《恽代英全集》第九卷,人民出版社,2014年版,第199页。
17 《中国的红星》,人民出版社,2019年版,第99-100页。
18 《国民党二届三中全会速记录》,1927年3月10日至15日。
19 《国民党二届三中全会速记录》,1927年3月10日至15日。
20 《汉口民国日报》,1927年3月5日。
21 《恽代英全集》第九卷,人民出版社,2014年版,第41页。
22 《恽代英全集》第九卷,人民出版社,2014年版,第41页。
23 《恽代英全集》第九卷,人民出版社,2014年版,第44页。
24 《武汉同志同胞公鉴》,《革命生活》,1927年4月25日。
25 《汉口民国日报》,1927年4月22日。
26 《革命生活》,1927年4月23日。

27 《汉口民国日报》，1927 年 5 月 20 日。
28 《国民党中央 12 次常委扩大会议速记录》。
29 《汉口民国日报》，1927 年 5 月 19 日。
30 臧克家：《奔向武汉：光明的结家处》，《新文学史料》，1980 年第 2 期。
31 周见非：《大革命时期的武汉军校》《革命史资料》，1983 年第 10 辑。
32 《汉口民国日报》，1927 年 5 月 23 日。
33 《回忆恽代英》，人民出版社，2015 年版，第 65 页。
34 《汉口民国日报》，1927 年 5 月 25 日。
35 《国民党中央二届常务委员会扩大会议速记录》。
36 《汉口民国日报》，1927 年 5 月 25 日。
37 《文物天地》，1986 年第 6 期。
38 《访问骆耕漠同志记录》，1981 年 4 月 10 日。
39 臧克家：《奔向武汉：光明的结家处》，《新文学史料》，1980 年第 2 期。
40 《回忆恽代英》，人民出版社，2015 年版，第 214–215 页。
41 《回忆恽代英》，人民出版社，2015 年版，第 42–43 页。

第九章

高举义旗

"八一"曙光

恽代英到九江后,形势突变。张发奎在汪精卫的拉拢下,决心"清共",并令二方面军中的共产党员退出共产党。是举行武装起义,还是坐以待毙?在这千钧一发的关头,李立三、邓中夏和恽代英等同志商议,并征得在庐山休息的瞿秋白同意,向临时中央建议,在南昌举行暴动,树起革命的武装斗争大旗,回击反动派的进攻。

周恩来收到李立三、邓中夏、恽代英等人的建议后,立即向临时中央常委会报告。临时中央常委分析了敌我形势,同意在南昌举行暴动,派周恩来赶赴南昌,并组成以周恩来为书记,谭平山、李立三、恽代英、彭湃等为委员的前敌委员会,领导起义。为了做好起义的准备工作,恽代英担任贺龙的第二军总参议。

在南昌举行武装起义,有许多有利条件。当时党所能控制的军队有贺龙的二十军,叶挺的二十四师和第四军的二十五师一部,都已在九江、南昌一带集结,南昌还有朱德的军官教导团,共计3万多人。而南昌方面国民党守敌只有1万多人。革命力量占绝对优势。

正当起义各项准备工作紧张进行时,7月27日,张国焘赶到九江召开会议。出席会议的有恽代英、贺昌、关向应、廖乾吾、高语罕、夏曦等。张国焘借传达7月26日共产国际给中央的电报之机,企图阻止起义。会上大家都反对张国焘的意见。恽代英愤怒地说:"我们一切都准备好了,还有什么可讨论的,谁要阻止南昌暴动,我是誓死反对的!"

张国焘在九江碰壁后,7月29日接连发两封电报给南昌的前敌委员会，谓起义宜慎重，无论如何须等他到后再决定。

这时形势进一步恶化，当天，汪精卫、张发奎、唐生智、孙科以及张发奎部第四军军长黄琪翔、江西省政府主席朱培德及其部第九军军长金汉鼎等在庐山召开会议，讨论加紧"清共""反共"。会议做出了三项决定：一、严令贺龙、叶挺限期将军队撤回九江；二、封闭九江市党部、九江书店、九江国民新报报馆，并逮捕其负责人；三、张发奎所辖之第二方面军实行"清共"，通缉共产党分子廖乾吾、恽代英、高语罕等共产党人。[01]

30日清晨，恽代英与张国焘同车到达南昌。前委随即召开紧急会议。张国焘在会上传达了国际来电的内容，声称起义若有成功把握，可以举行，否则不可动。如果要暴动，也要征得张发奎的同意，否则不可动。周恩来、恽代英、李立三、谭平山、彭湃一致反对张国焘的意见。

周恩来说："国际代表及中央给我的任务是叫我来主持这个运动，现在给你的命令又如此，我不能负责了，我即刻回汉口去吧！"他明确表示："还是干！"

李立三说："起义已经准备好了，不能再有任何迁延。张发奎决不能同意我们的计划，必须彻底放弃依靠张发奎的幻想。"

恽代英坚决支持周恩来、李立三的意见，再也压抑不住内心的愤怒。他严厉警告张国焘说："如果你要继续动摇人心，我们就把你开除出去！"

恽代英愤怒的发言，使张国焘为之色变。他回忆说，恽代英平时"是一个正直而有礼貌的人，对我一直很友善，对人没有私怨，没有与人竞争的野心，在共产党人中有'甘地'之称。我听了他这些话，当时百感交集。他坚持暴动，显然积压已久的愤恨到此时才坦白发泄出来。我也佩服他这种坚毅精神，自愧没有能够用他的蛮劲去对付罗明纳兹。我也感觉到，中共中央和我自己的领导威信，已经丧失了"。[02]

31日，前委再次开会，经数小时激烈辩论，最终决定于8月1日凌晨起义。

李立三在向中央的报告中写道：

> 三十日早特立同志到南昌，当开前委会，特立报告中央意见宜慎重，国际电报如有成功把握，可举行暴动，否则不可动，将在军队的同志退出，派到各地农民中去。所以目前形势，应极力拉拢张发奎，得到张之同意，否则不可动。当时，恩、代、立、湃、平都一致反对此项意见，谓暴动断不能迁移，更不可停止，张已受汪之包围，决不会同意我们的计划。在客观应当是我党站在领导的地位，再不能依赖张。争论数小时因特立系代表中央意见，不能以多数决定，故未解决。到三十一日晨，再开会议，又辩论数小时之多，特立最后表示服从多数。[03]

"砰！砰！砰！"8月1日凌晨，三声清脆的枪声划破南昌寂静的夜空，3万多系着红领带的革命战士，在中国共产党的领导下，举行了震惊中外的武装起义。

曙光驱走黑夜，透过云层，照射在南昌城。胜利的红旗在总指挥部的五层大楼上，迎着朝阳，在晨风中招展。威武雄健的革命战士和全市人民喜气洋洋涌向街头，万众欢腾，庆祝胜利。

为了结成广泛的统一战线，去夺取革命的胜利。1日上午，在原江西省政府，由谭平山主持，以国民党中央委员会名义，召集中央委员及各省区、特别市、海外各党部代表联席会议，成立以共产党员为核心，有国民党左派参加的革命政府机构——中国国民党革命委员会，并选举苏兆征、江浩、彭湃、叶挺、周恩来、李立三、张国焘、彭泽民、吴玉章、林祖涵、恽代英、谭平山、邓演达、张发奎、陈友仁、郭沫若、宋庆龄、于右任、徐特立、张曙时、黄琪翔、朱晖日、何香凝、经亨颐、贺龙等 25 人为委员，同时选举郭沫若、贺龙、恽代英、谭平山、张发奎、宋庆龄、邓演达 7 人为主席团，宋庆龄任主席。

同日，南昌《民国日报》发表了《中央委员会宣言》，署名的有宋庆龄、邓演达、谭平山、彭泽民、林祖涵、吴玉章、于树德、恽代英、恩克巴图、杨匏安、柳亚子、高语罕、谢晋、白云梯、毛泽东、董用威、江浩、韩麟符、夏曦、许甦魂、邓颖超、屈武。他们中大部分是共产党员。

宣言义正词严地谴责了蒋介石、汪精卫的叛变行径，尖锐指出："武汉与南京所谓党部政府，皆已成为新军阀之工具，曲解三民主义，毁弃三大政策，为总理之罪人，国民革命之罪人，与陈炯明、杨希闵、冯自由、谢持、邹鲁之辈殊途同归。"并号召全体同志和忠实将士，"为本党真正之革命主张奋斗到底！"宣言还庄严地宣告了"反对武汉少数中央委员假借中央党部所发布之训令决议""拥护总理实现民有民治民享社会的三民主义，与联俄联共扶助农工三大政策，反对一切曲解或背叛主义政策之主张""继续为反帝国主义与实行解决土地问题奋斗"等七项主张。这七项主张，"在政治上决定组织中国国民党革命委员会为集中政权党权军权之最高机关，以反对宁汉政府中央党部，继承国民党正统，没收大地主土地"，基本上反映了包括恽代英在内的中国共产党与国民党左派举行南昌起义的政治意图和策略思想。

革命委员会成立后于8月2日举行第一次会议,任命各部门的负责人和军事指员。其中任命林祖涵、恽代英、姜济寰、沈寿桢、罗石冰为本会财政委员会委员,以林祖涵为主席。任命郭沫若、恽代英、廖乾五为本会宣传委员会委员,派宣传委员会委员郭沫若为该会主席,该主席未到任以前,由该会委员恽代英代理。

8月2日,南昌市5万军民举行庆祝革命委员会成立和军民联欢大会。在万头攒动的大会上,恽代英慷慨陈词,阐述了为了挽救革命,反对国民党大屠杀的武装起义的总方针。他斗志昂扬地鼓励士兵和群众,为推倒国民党的反革命统治,捍卫工农阶级的利益,建立革命政权,必须紧紧地把枪杆子握在手中。

这天晚上,郭沫若经过险阻危难,从九江赶到南昌,他看到朝气蓬勃的恽代英时,十分兴奋,也为恽代英有条不紊地处理好一切宣传事务的负责精神所感动。

郭沫若1971年在《海涛集》中回忆说:"我对代英却表示了特别的谢意,因为在我未来之前,也已替我们把政治部组织了起来,而且处理得井井有条了。虽然明早就要出发,也没有剩下什么工作要让我们来赶夜工的。"[04]

还要指出的是,在南昌起义前,于7月29日的前委会议上,当讨论到土地革命政纲时,恽代英和李立三就主张土地革命。

李立三在向中央的报告中又写道:

> 在九江会议时,对土地革命的政纲已有不同意见,立三代英主张须提出没收大地主土地的政纲为暴动的目的,因为南昌暴动的主要意义,就是要继续没收土地的斗争,

实行土地革命。中夏平山反对提出没收大地主土地的政纲，唯恐因此惹起反对势力更加联合的攻击，和军队内部分化。争论激烈，当日会议无从决定（两方人数一样），只决定报告中央征可否？翌日恩来到浔，始传中央的意见应该以土地革命为主要的口号，方得最后的决定。[05]

8月3日，起义部队按照原定计划撤离南昌，千里转战，向广东进发，经3日行至江西临川。李立三回忆当时情景时说："天气极热，沿途多系山路，每日行六十里，实际多至百里。兵士负担极重，每人背二百五十发至三百发子弹，机关枪大炮，都系自扛。（因无夫子），沿途全无农民运动，加以反动派的宣传（杨如轩事先通电各县，说我们是北军实行公妻共产），所以沿途农民闻风而逃。食物与饮料全买不到。甚至终日难得一粥。渴则饮田沟污水，故以兵士病死极多，沿途倒毙者络绎不绝。同时军队中多无医处、卫生处等的组织，无法救治。"[06] 这就严重影响了军心，逃走极多，仅行军三日，实力损失达三分之一。

可见宣传工作此时极为重要。在如此艰难的情况下，恽代英沿途向民众宣传土地革命的纲领，并鼓励起义军女兵宣传队的同志们说："你们要善于把我们革命任务向老百姓宣传，使老百姓了解我们的政策，我们才能够得到老百姓的拥护，战争就会得到胜利。"他还说，"你们要牢牢记住，要消灭几千年来的阶级剥削，这是一项极其艰苦的任务，我们青年人要勇敢肩负起这个任务来。"[07]

起义部队从南昌到广东潮汕。餐风饮露，翻山越岭，一面长途行军，一面艰苦作战。恽代英面色晒得黝黑，人也消瘦不堪，但他始终保持了旺盛的革命意志和高昂的战斗精神，从未表现出一丝倦意,也从不说一声劳累。在困难的日子里,他非常镇静,用火一般的热情鼓励同志们:"革命本非享福与畏难的人干的事。""我们不是为了享福而干革命的,我们是为了将来的人创造美满生活的前敌战士。""只有奋斗可以给我们出路,而且也只有奋斗,可以给我们快乐,我们要忍受一切艰苦与困难,咬着牙奋斗过去。"这些铿锵有力的话给战士们增添了无穷的力量。

行军途中,恽代英身先士卒,和战士们同甘共苦,用自己的行动去感染他们,激发他们的革命感情。他身体不太好,患有肺病,组织上照顾配给他一匹马。但恽代英将马让给体弱生病的同志去骑,自己穿着工人服,拿着雨伞,与战士们一起步行在山间小道上。战士们深受鼓舞。他们说:"既然恽代英同志都不怕苦,我们还怕什么苦!"

起义部队占领福建长汀后,举行了一次三四百人的报告会,郭沫若和恽代英都出席演讲。他们的演讲激发了许多青年热望革命的激情,当年担任长汀福音医院院长的傅连暲,在三十年后回忆恽代英演讲的情景时,依然感到栩栩如生,印象十分深刻。他说:"恽代英身材瘦小,精神却十分饱满,穿一身朴素的蓝布制服,颈项上系着鲜红的红领巾,戴着一副深度的近视眼镜,说起话来,声音响亮,充满感情,加上有力的手势,使听众们的情绪不由得被他紧紧抓着,和他一同悲愤、激昂。我的心也深深被他的革命激情所感动。""我怀着兴奋的心情回到医院里,把我们听到的,看到的全部告诉其他医生和护士们。他们也很激动。"[08]受恽代英的影响,傅连暲参加了红军。

9月23日,南昌起义部队占领了潮州,部队每遇休息,必由恽代英、谭平山等公开演讲。第二天攻占汕头,一举攻下警察总局,救出了无辜被囚禁的群众。午后,周恩来、恽代英、叶挺、贺龙、澎湃、李立三等人进驻汕头。

恽代英更是不辞劳苦,派出宣传队,到乡镇农村宣传。宣传委员会贴出《安民布告》:

> 本会起义南昌,继承革命正统。
> 反对南京武汉,回师平定广东。
> 建设民主政权,领导属诸工农。
> 中小商民阶级,保护亦不放松。
> 凡我各界民众,勿为谣言所蒙。
> 竭诚拥护本会,促进革命成功。
> 所有反动团体,与及地主民蠹。
> 应向本会报告,检举决不宽容。
> 如有暗毁本会,罪与逆党相同。
> 为此明白布告,其各懔慄遵从。[09]

汕头顿时沸腾了:"欢迎南昌起义军!"广大市民拥上街头,热烈欢迎起义军进城。进占潮汕虽然只有7天,但这段历史被潮汕人民誉为"潮汕七日红"。

在汕头,参加"八七"会议后兼程南下的广东省委书记张太雷于9月24日与起义军会合后,他向周恩来传达了"八七"会议精神,并转达了中央临时政治局的决定:将南昌起义后建立的革命委员会改为苏维埃,正式竖起斧头镰刀的红旗,由中国共产党单独领导革命;放弃潮汕,部队转移到海陆丰与当地农民武装会合,建立革命根据地。

9月底,起义部队在潮汕地区遭到敌人的伏击。在敌强我弱的情况下,部队受到重创。10月3日,周恩来抱病在普宁市流沙镇天后庙召开革命委员会及指挥部成员紧急会议,决定分路突围,并尽可能收集整顿武装人员,向海陆丰撤退,坚持武装斗争。干部向海口撤退,再分头赴香港和上海,继续战斗。

根据这次会议精神,张国焘与李立三、恽代英、刘伯承、林伯渠、吴玉章、贺龙、彭湃、谭平山等均于7号转移至陆丰等处,然后陆续转移至香港。

南昌起义失败后,另一部分队伍由朱德、陈毅等率领入湘南。1928年4月与毛泽东领导的工农革命军在井冈山会师。南昌起义在中国革命史上具有重要的历史地位。1933年6月30日,中央革命军事委员会代主席项英发布命令说:"一九二七年八月一日发生了无产阶级政党——共产党领导的南昌暴动,这一暴动是反帝的土地革命的开始,是英勇的工农红军的来源。"因此,决定"自一九三三年起,每年八月一日为中国工农红军成立纪念日"。

羊城狂飙

鉴于南昌起义的失败,瞿秋白以中共中央的名义,于10月12日致函广东省委,明确指示说:"中央认为叶贺既已溃败,在最短期间暴动夺取广东全省政权的计划,暂时已经不可能,因叶贺溃败而停止各地之暴动。"还特别强调指出:"广州暴动的计划应立即停止。"

恽代英脱险到香港后,于10月15日出席中共广东省委书记张太雷主持召开的南方局和广东省委联席会议。出席会议的还有阮啸仙、杨殷、黄锦辉、黄谦、赵自选、沈宝同、吴毅、彭湃、穆青、李求实和国际代表等。张太雷在会上作《"八·一"事件之经过、失败原因及其出路》的报告。会议通过了《最近工作纲领》以及宣传问题、工运问题、农运问题等决议案。国际代表指定张太雷、周恩来、恽代英、黄平、杨殷、彭湃为南方局委员，张太雷为书记。会议认为，广东土地革命运动仍是高涨，要继续准备武装起义。

同时，会议改选了广东省委，张太雷、恽代英、黄平、杨殷、阮啸仙、贺昌等36人为省委委员；黄学增、张善鸣、吴毅、沈宝同、罗绮园、杨石魂、周文雍等11人为候补委员。会议指定由张太雷、黄平、恽代英、阮啸仙、杨殷、沈宝同、黄谦、陈煜组成常委会，张太雷任书记，黄平负责组织，恽代英负责宣传，阮啸仙负责农委，杨殷负责工委，秘书为沈宝同。

联席会议通过的宣传问题决议内容是：

> 1.目前最重要的就是宣传革命新政策。2.纠正过去不切工农实际生活的空洞宣传方法。3.出版定期《红旗》周刊，宣传对象是工农兵。4.出版《省委通讯》，作为内部教育训练之材料。5.扩大推销《广州工人之路》。6.恢复农民周刊，由省农会出版。7.各地建立有力的发行机关。8.每月召集宣传会议。[10]

10月23日，中央听取了张太雷关于南方局和广东省委联席会议的报告后，决定取消南方局，"广西划归广东省委指挥"。11月17日，中共中央通过了对广东的政治任务决议案。《决议案》分析了粤桂军阀之间日益尖锐的矛盾，明确说：

> 广东工农群众在此次政变中，唯一出路只有利用这一政变的继续战争机会，坚决地扩大工农群众在城市在乡村的暴动，煽动兵士在战争中哗变和反抗，并急使这些暴动

会合成为总暴动，以取得全省政权，建立工农兵代表会议的统治。"

原来，广州这期间形势发生了戏剧性的变化。亲汪精卫的粤系军阀张发奎，打着"拥护汪精卫，打倒共产党"的旗号，率第二方面军于9月21日抵达广州，立即和统治广东的桂系军阀李济深展开了争权夺地的斗争，11月17日，张发奎、黄琪翔发兵驱逐了李济深、黄绍竑在广州黄埔、虎门的驻军，发动了"广州事变"，粤桂战争爆发。桂系军阀被赶出了广州后集结于广西梧州，妄图卷土重来。驻潮州地区的粤军陈济棠部又宣布反对张发奎。

也正是这一天，恽代英在《红旗》上发表了《冬防》，号召工人、农民起来准备暴动。他说："反动的军阀地主豪绅们，又在筹备他们的所谓'冬防'了！""'冬防'便是严密地防范缉捕窃贼与土匪，这些军阀地主豪绅们一面逼得穷人走这一条路，他们却又预备好了陷坑。"他号召穷苦的农工说："穷苦的人们起来罢！我们应当不交租，不纳税，不还债！"

"若是没有衣服穿，向那些平日收租税的人家去设法罢！若是没有法子过年，向那些平日里重利盘剥的债主人家去设法罢！用群众的力量没收他们的财产，分配给穷苦的人民。"

"便是这个冬天，我们要准备大暴动，解除一切'冬防'军队的武装，为我们穷苦人们打一条出路！"¹²

这时的张发奎，深感自己力量薄弱。他认为，汪精卫、蒋介石合作恐难实现，但蒋介石有与桂系妥协欺骗出卖他的可能，同时，他又畏惧中共领导的革命武装在其后方发动起义。因此，张发奎选派代表，要求与中共最高负责人协商如何保卫广州，反对李济深、黄绍竑部队。

要不要与张发奎谈判，在共产国际、联共（布）驻中国代表内部发生了激烈的争论。

时任中共中央军事部顾问的谢苗诺夫主张以共产党军事委员会名义和黄琪翔谈话。他说："张发奎与李济深的冲突是小资产阶级与地主阶级的冲突，我们如果在广州暴动，即是帮助了李济深。"13

谢苗诺夫的意见得到苏联驻广州领事馆总领事波赫瓦林斯基的支持。他在给苏联外长加拉罕的电报中说："拒绝与张发奎会见，我认为是错误的。"14

共产国际驻华代表牛曼则反对与张发奎谈判。他在给莫斯科的电报中说："张发奎和黄琪翔不止一次非正式地要求会见，由于他们搞恐怖，我们拒绝了。"他在电报中投诉苏联驻广州领事馆"实行的是同张发奎进行谈判和不举行起义的腐朽的惊慌失措方针"。他更以共产国际代表团的名义，"对谈判下了禁令"。15

对张发奎的认识，中共中央和牛曼基本一致。中共中央在分析了他在南昌起义前后的表现后认为，"张发奎已经是南昌事迹的反叛者，已经是我们公开的敌人，我们与他已毫无妥协之可能"。

中共作为共产国际的一个支部，当然要服从共产国际的指示。所以中共广东省委态度也是明确的："我们绝不能对张（发奎）存在一滴幻想。"16

由于共产国际对牛曼和谢苗诺夫的争论没有明确表态，这就给坚持实事求是的中共广东省委留下了独立处理问题的空间。张太雷与恽代英等认为，在准备广州起义的同时，为试探一下张发奎的态度，摸摸他的底细也有必要，于是提出了与张发奎合作的六项先决条件：

（一）即刻释放一切革命的政治犯；（二）即刻交还现被走狗改组委员会所强占的革命工会会所；（三）完全保留并保护省港罢工工人原有一切权利；（四）完全恢复言论、出版、集会、示威、罢工及工人阶级组织的自由权。共产党、革命工会及广州工人代表大会完全享有公开活动的自由；（五）逮捕处罚一切惯于以恐怖手段对付工人阶级的分子；（六）即刻武装广州工人，在广州工人代表大会指挥之下。[17]

在六项条件实行之后，我们才能预备协商怎样组织广州工农革命的力量，以抵抗李济深、黄绍竑。

这六条张发奎肯定不会接受，但为摸他的底，也有必要传递给他。这就需要一个与张发奎比较熟悉，又是他希望见到的"中共最高负责人"之一。这个人就是恽代英。说明恽代英与张太雷，既坚持了原则，又未放弃与张发奎合作的机会。

张发奎回忆说：

> 黄琪翔左倾，他同情共产党，支持邓演达继续同共产党合作的政策。他跟共产党接触过，还常常告诉我：共产党的重要人物已抵达广州，他们对我印象良好，想见我。那是些什么人？我问他，但他不肯告诉我这些人住在哪里……有一天，他说共产党派人来拜访我，问我肯不肯会晤此人。我问："是谁？"他答："恽代英。"我确实认识他，他是很重要的共产党员。黄琪翔说，南昌暴动被击溃后，恽和许多同志逃到香港，他这次是秘密来穗。我回答说可以见他，问他在哪里，黄喊"上来"。这表示恽代英

住在黄琪翔住宅的一楼，毫无疑问，没有黄琪翔的同意，恽住不进来。

　　恽代英同我谈了不少，仍然要我同他们合作，换言之，他在重复执行邓演达的方针。我对他说："让我独自留在广东吧，你们把广东视为革命基地，我们也要在广东实现理想。"他接受了我的观点，答应不再打扰我。除此外没有其他共产党人在广州同我们接触。[18]

这次与张发奎接触，知道了他的态度，说明与他合作已无可能。由于张发奎与李济深军阀混战，其时广州防务空虚，举行起义的条件比较成熟。

11月26日，张太雷从香港秘密抵达广州，主持省委会议，作出了立即发动起义的决定。并成立了起义总指挥部——革命军事委员会（行动委员会），由省委常委张太雷、周文雍和黄平组成，张太雷任总指挥。共产国际代表牛曼等人也参加了发动起义的组织和领导工作。28日，张太雷给在香港主持广东省委日常工作的恽代英、张善鸣、沈宝同写信，向他们报告关于常委会会议及起义的有关情况：

代英、善鸣、宝同兄：
　　二十六日晚（黄）平、（吴）毅、煜（陈郁）、沈青、王强亚及我与毛子（牛曼）决定准备夺取广州政权的问题。这会议认为广州工人必须起来保卫广州，以抗拒李济琛（深）重入广州建立其反动政权，同时反对张发奎，因为他与李济琛（深）一样的反动。一方面广州工人只有自己起来夺取广州政权方有出路；一方面张李两军阀血战给广州工人以机会，所以决定立即暴动。[19]

恽代英等将张太雷的信转报中共中央，汇报了广东省委关于广州起义的决定。同日，广东省委发表了《中国共产党广东省委员会号召暴动宣言》，号召工农兵群众与反动派进行决战。

恽代英立即紧张忙活起来，提前起草有关起义的宣传材料，如宣言、文告和传单，并安排秘密交通员，将这些宣传品送回广州。

12月6日，张太雷在广州调允街党的一个地下联络站召开省委常委紧急会议，恽代英和杨殷、吴毅、周文雍、陈郁等人出席。会议讨论了起义后成立的广州苏维埃政府和各部门的人选问题，决定由苏兆征任苏维埃政府主席，苏兆征未到前，由张太雷代理。恽代英在会上宣读了草拟的政纲、苏维埃宣言、告民众书等，经过会议讨论一致通过。会议还对起义力量的部署和军事行动问题也进行了严肃认真的讨论，最后决定在12月13日举行起义。后因暴动消息走漏，汪精卫连拍三个紧急电报给张发奎等，"要解决教导团，严厉压迫共产党"。有鉴于此，广东省委决定暴动提前于11日发动。

12月11日凌晨1时许，叶剑英领导的国民革命军第四军教导团营房吹起了紧急集合的哨声。队伍很快在大葵棚集中，举行起义誓师大会。

3000多革命健儿个个精神抖擞，把大饭堂挤得满满的。突然，士兵们欢呼起来，张太雷、叶挺、恽代英等在士兵们的欢呼声中，登上了主席台。

教导团是由武汉中央军事政治学校的1300多名学生改编的，其中共产党员有200多人。他们见到恽代英，倍感亲切。自从汪精卫在武汉公开反共后，军校的学生一直没有见到过他，现在恽代英突然出现在他们面前，一个个都特别兴奋与激动。从南昌起义到现在，恽代英从来没有休息过一天。他比过去更瘦了。在这 12 月的天气里,恽代英上身只穿着一件对襟的单短褂,下身穿条白色条纹单裤,赤脚穿双胶鞋,肩膀微微向上耸,似乎有点儿冷。但他还是和以前一样镇静、愉快,充满革命胜利的信心。看到这种情景,教导团的战士恨不得将自己的毛衣脱下来,给恽代英穿上。

恽代英继张太雷讲话后作了热情而又简要的动员。他说:"我离开你们好几个月了,很想念你们,我知道你们每个人的胸中都埋藏着对国民党反动派的无穷怒火。在九江,在韶关,两次都被国民党反动派解除武装。前天,你们的叶团长告诉我们,反动派又想要解除你们的武装。这回我们可不交枪了。今天我们要报仇,要暴动,要起义,要和反动派算账,要讨还血债,要夺取政权,建立自己的工农民主政府。你们要勇敢战斗,解除敌人的武装,取得暴动的胜利。"[20]恽代英的讲话,虽仅十多分钟,但句句打动着战士们的心,鼓舞了他们的战斗意志。接着恽代英向大家介绍了指挥广州起义的总指挥叶挺。由叶挺下达战斗命令。他坚定地说:"各营、各连、各排的攻打目标,按照昨天军官会议分配的任务执行,现在按照路程远近次序,分途出发!"

3 时 30 分,起义的号炮、枪声响了。曳光弹在夜空划过,炮弹的红光四处闪烁。冲锋号声、枪声和战士们的呐喊声响彻云霄。教导团的士兵和广州工人赤卫队如猛虎下山,冲向沙河营盘、伪公安局、敌十三军留守处……

第二天天刚亮,起义军占领了大部分市区。广州工农民主政府举行了第一次会议,庄严宣告广州苏维埃政府诞生。恽代英在会上宣读了《告民众书》,宣布了广州苏维埃政府领导人名单:

主　　席　苏兆征（张太雷代理）

秘　　书　恽代英

土地委员　彭湃

肃反委员　杨殷

劳动委员　周文雄

司法委员　陈郁

经济委员　何来

红军总司令　叶挺

党代表　恽代英

副总司令　叶剑英

参谋长　徐光英

总指挥　张太雷

苏维埃政府成立后，恽代英组织由青年学生和妇女组成的宣传队，巡回各马路，高呼口号和散发传单。他主编的《红旗》号外，刊登了由他主持起草的《告全国工农兵群众和全世界无产阶级的宣言》等文件，阐述了为广大工农兵利益而奋斗的苏维埃政府的政纲。12日中午，在西瓜园举行了万人大会，会上正式宣布广州苏维埃政府成立。

反动派和帝国主义联合起来，像疯狗般地扑向红色政权。

英、美、法、日等帝国主义的军舰轰击广州市区，海军陆战队在长堤一带登陆。

市内溃散的反动军队重新集合起来，向起义军反扑。

国民党的军队在英、美帝国主义兵舰的掩护下，猛攻观音山。情况不断恶化。张太雷在前往大北门指挥战斗时，遭到敌人袭击不幸牺牲。12日晚上，敌人援军汹涌而至，从西、北和珠江南岸三面包围了广州。13日晨，广州北郊的屏障观音山失守，广州城内硝烟弥漫。

苏维埃政府工作的重担几乎全压在恽代英身上。他临危不惧，沉着镇静地指挥战斗。为了保存革命火种，及时组织撤退。这时，警卫团陈同生前来请示工作。恽代英对他说："张太雷同志牺牲了，敌人从四面八方压来，攻得很猛。我们是乘敌人之空虚暴动起来的，现在敌人回过头来，我们要坚守广州，力量不够。如果坚守广州，会造成更大的损失。"他又明确地说，"我们在考虑新的部署，你们部队要作准备，万一非撤不可，你们可以转到东江去，与彭湃领导的农民赤卫军和红二师会合，继续斗争，仍然可以造出一个新局面。"他还鼓励陈同生说，"创业总是艰难的，敢于创业的人，便不应计较困难。世界上没有一帆风顺的革命。"陈同生回去把情况告诉了连长袁耐坚。袁耐坚听说可以到东江去，非常高兴地说："恽代英同志说得对，对付腐朽的旧势力，只有用枪杆子。只要我们抓着军队，抓着枪杆子，就不愁革命没有前途。"后来他们和教导团的同志汇合，到花县成立了红四师。

广州起义虽然失败了。但恽代英坚信革命的失败只是暂时的挫折。

30年后，陈同生还清楚地记得广州起义失败后，他率部队撤退向东江转移前，恽代英对他的一次谈话：

> 我们坚持到黄昏，指挥部没有人来联系过一次。几个同志商量要我再去指挥部。我找到了代英同志。他问我："你们作好准备没有？"我说："已有布置。"他说："那很好。"
>
> ……

接着他说:"挫折是不可免的,要经得起挫折。不承认失败的人,才有再战的勇气。失败是成功之母,我们一定要从其中学到东西。"他忽然问一句:"你是四川人吗?"我说:"是的。"

他很有风趣地说:"我也记得很清楚,你们四川人不怕艰苦,又很聪明,而且大多有语言天才,过去出了许多了不起的人物,将来还要出更多的了不起的人物。四川人有'饿了三天饭还要充个卖米汉'的劲头,真够英雄。我们江浙文则文也,未免软弱一些。"谈到这儿,他话锋一转:"古话说'秀才造反三年不成',假如我们下决心造三十年反,决不会一事无成的。年轻人!要有决心干三十年革命,那你还不过五十岁。接着再搞三十年的建设,你不过八十岁。我们的希望,我们的理想社会主义、共产主义恐怕也实现了。那时世界多么美妙!也许那时年轻人,会不相信我们曾被又残暴又愚蠢的两脚动物统治过多少年代;也不易领会我们走过的令人难以设想的崎岖道路,我们吃尽苦中苦,而我们的后一代则可享到福中福。为了我们最崇高的理想,我们是舍得付出代价的。"[21]

12日深夜,恽代英和陈郁等领导人才撤离苏维埃政府大楼,13日上午,随最后撤退的起义部队撤离广州,随后又秘密转赴香港。

1928年1月,中共中央临时政治局通过《广州暴动之意义与教训》决议案,明确指出:"虽然广州苏维埃政权只维持三天便失败了,党的任务依旧是可以在一省或数省之中,领导工农兵群体为夺取政权而奋斗,不应当坐等革命之最后胜利。""最近共产国际及中国共产党的议决案,关于中国革命的前途之总括的估计和观察,在广州暴动之后仍旧是正确的。"

参与领导广州起义的叶剑英回忆说:"广州起义是继南昌起义秋收起义之后,又一次英勇的人民武装起义,又一次对蒋介石反动集团的反革命叛变和白色恐怖的沉重打击。虽然这次起义本身遭到了失败,但它和南昌起义、秋收起义连接起来,是第二次国内革命战争与创立红军的伟大开端。"[22]

平山起义

广州起义失败立即在党内引起了一场轩然大波,就大革命失败后中国革命是处于"高潮"还是"低潮"问题,一直争论不休。直到1928年中共六大在莫斯科召开,斯大林一言九鼎,一锤定音。

他说:"广州暴动不是革命高涨之开始,而是革命退后之结束。""虽然高潮有了信号,但只是证明将来有高潮至,而不是现在已高涨了。"

周恩来回忆说:"中国代表团争论到斯大林同志面前。斯大林同志说,现在的形势不是高潮,是低潮。李立三同志则说,现在还是高潮,因为各地还存在工人、农民的斗争。斯大林同志说,在低潮时也有几个浪花。"[23]

时在上海的中共中央决定派李立三以巡视员身份,立即赴广东,参加省委常委指导工作,并要求他严格按1927年11月中央临时政治局扩大会议通过的《中国现状与共产党的任务决议案》和罗明纳兹起草的《政治纪律决议案》,处理广州起义失败的善后事宜。

11月中央临时政治局扩大会议,在共产国际和联共(布)"左"倾思想指导下,不是认真分析南昌起义失败的原因,总结经验教训,而是过分追究个人的责任。

《中国现状与共产党的任务决议案》说:

> 叶贺潮汕失败的主要原因之一,南昌暴动政治上意义的丧失的主要原因之一,便是因为前敌指挥者不是实行革命的政策,而是在各种主要问题上采取妥协的改良主义的方针……军事上很坏的策略,也表现前敌党的指导,没有革命的建议力,没有果断的意志和方针。

基于这种认识,领导南昌起义的前敌委员会都受到警告处分,南昌起义后任革命委员会主席团成员之一的谭平山被开除党籍,领导秋收起义的毛泽东、彭公达则被开除政治局候补委员和中央委员。

受到警告处分的李立三不敢马虎,化装成富商,于12月20日抵达香港,当晚便主持召开广东省委临时会议,讨论中央对广东目前工作的指导及广东目前的具体工作。会议认为:

> 因全省农民暴动未能充分发动,致广州的苏维埃政权未能持久的胜利;但广州暴动后,军阀内部冲突更激烈,各地仍然继续发展暴动,广东已成暴动的局面。广东目前的具体工作,海陆丰普宁等地暴动即须向惠属方面发展;北江各县更加紧发展暴动,在敌人军队中进行煽动破坏工作;改造各级党部。[24]

这次会议决定1928年1月1日举行省委全体会议。

广东省委全体会议召开了 5 天。在 1 日的会议上，通过了《目前党的任务和工作方针决议案》。这个文件根据李立三在会上的报告精神明确写道：

> 现在广东客观形势，革命仍是高涨，所以决定继续暴动策略，第一步在西江、北江、南路均先从农运较为[有]基础的地发动暴动，造成一县或数县割据的局面，形成包围广州的形势……[25]

毫无疑问，这是贯彻了 11 月会议盲动主义的"左"倾政策。在李立三的主持下，决定执行"政治纪律"，并援引 11 月临时中央政治局扩大会议的做法，对广州起义的领导人黄平、周文雍、陈郁、杨殷、恽代英、吴毅、叶挺等人，分别给予开除职务、留党察看或开除党籍的处分，"请中央批准"。他还于 1 月 16 日给中央政治局写信，批评党中央《广州暴动之意义与教训》的决议"的确与事实多不符合，把我们正确的教训完全蒙蔽了"。他又指责中央决议是根据参加暴动的外国人报告写成的，而这个报告是"虚报中央，掩饰自己的错误"。

党中央收到广东省委决议和李立三的信后，立即发出第 35 号通告——《〈广州暴动之意义与教训〉决议案的补充》，明确指出：

> 广东省委会决议的"根本错误在没有认识广州暴动的全部意义和其给予全世界全中国工农兵的伟大创造，而仅很狭隘地受到广州一部分同志在失败后一时愤激的影响，轻轻地将省委会讨论和注意的中心寄托在查办当事指导机关和负责同志的这一个问题上去……材料的收集也都纯偏

重在主观上所认为指导机关和负责同志的错误问题。

因此,通告认为,"广东省委的两次决议案必须取消"。还强调说:"广东省委的决议案完全成立于当时群众因失败而愤激的感情下,立三同志的指导也就随着偏下去,甚至党的改造也和广州暴动混在一起,于是广州暴动的意义愈觉模糊,过去各级指导机关的不尽善,也完全归咎到暴动中的指导机关身上了。"

鉴于李立三、广东省委与中央的意见分歧,1月25日,中央下令李立三回上海汇报和讨论广东工作,改派邓中夏前往香港,代理省委书记。

2月9日,中共广东省委召开常委扩大会议,讨论广州起义问题。邓中夏说:"中央决议案的根本精神是绝对正确的,而省委决议非取消不可。"李立三不完全同意邓中夏的意见,他介绍省委全体会议后接到中央来信的经过情形和自己对中央决议案的不同意见。恽代英、吴毅、黄钊、李源、王强亚、聂荣臻、沈宝同、张善铭、卢永炽、李海筹、黄谦等在会上发表了自己的意见。

恽代英讲了广州起义失败的重要原因。他说:"退却问题,当时的确有许多客观困难,因为一开始什么都做得不好,当然影响到退却的计划。政治纪律是需要的,有些地方可以修改,整个取消则不太好。"[26]

其实,在1928年初,恽代英就在广东《红旗》上发表了《广州暴动与工会》,分析了这次暴动的失败原因和教训。他说:"广东有几百个工会。在这次暴动中,苏维埃政府没有将权力交给工会去做许多事情,所以没有能将全广州的工人、店员与一般贫民都发动起来。苏维埃政府宣布要做许多事,但自己的精力顾不到，又没有将权力交给各工会去做，这实在是一个错误。"[27]

所以恽代英强调说："记着这个教训，在暴动中必须将权力交给下层工会、农会，以发动广大的工农群众。胜利是必然的，只要有广大的工农群众起来！"[28]

省委常委扩大会议最后一致同意：1.省委发一个通告说明中央决议正确；2.中央决议中有不符合事实的地方，在发下去时要加以说明；3.依照中央的根本精神，做一个关于广州暴动经过的报告给中央；4.把今天会议情形及讨论结果报告中央，请求中央修改有关内容。

2月中旬，恽代英报告中央，邓中夏、罗登贤、王强亚、黄谦、沈宝同在香港不幸被捕，临时常委由恽代英、沈宝同、吴毅、杨殷4人组成。广东省委遭到破坏。2月24日，李立三奉命重返香港，一切从头做起，进行恢复省委和党组织的艰苦工作。

因为共产国际和联共（布）的错误指导，这时"左"倾盲动主义的错误还是弥漫在中国共产党的内部。

李立三到香港恢复广东省委后，当即指派恽代英、杨石魂和李海涛等从香港到广东惠阳县，组织筹划第三次平山起义。

惠阳（现惠州市）是一块红色的土地。1925年，惠阳中共镇隆四大半围支部成立。因此，大革命时期，这里是党在广东东江开展农民运动和武装斗争的重要地区。镇隆的四大半围是由高田、新村、岗头、陂塘角四个围村和朱屋璜村几户人家所组成，史称"四大半围"。1927年8月，中共惠（阳）紫（金）河（源）博（罗）地委（又称特委）在镇隆高田村的黄氏宗祠成立。1928年2月，惠阳县苏维埃政府在岗头村杨氏宗祠正式成立。1927年4月30日和6月25日，在中共惠州地委的领导下,曾组织当地农军,进行了两次平山起义,但由于敌强我弱都归于失败。

1928年2月下旬,恽代英乔装商人进入惠州城更楼下理发店,与中共惠阳县委地下交通站交通员董肇辉取得联系,随即转移到镇隆四大半围根据地,指导中共惠紫河博地委(机关设在黄氏祠堂),和惠阳县苏维埃政府(机关设在杨氏宗祠)的工作。为了掩人耳目,恽代英化名张镜尧,秘密在四大半围地区,开展工作。他住的条件非常差,两三天就要换一个地方,开始住在赤卫队员黄兆麟家的柴草间,每天由黄兆麟送饭。白天,柴草间门前放着一捆稻草,遮盖柴草间的门。到了送饭时,黄兆麟才将柴草移开,进入柴草间,送完饭后,又将柴草放回门口。当时黄家生活也过得很紧巴,没什么好吃的,只能给恽代英送番薯饭或芋头饭。

恽代英除住在农家外,还住过黄氏宗祠。黄氏宗祠建于清乾隆年间,坐西向东,建筑面积280平方米,由一座三进祠堂及三进套间组成,里面四通八达,比较隐蔽,遇到紧急情况,疏散方便。恽代英在这里,常和惠阳县委书记黄居仁、四大半围赤卫队长林道文一起筹划起义事宜。

四大半围还有一个杨氏宗祠,也是恽代英居住和开展革命工作的地方。杨氏宗祠也是清代建筑,占地约3500平方米,为三进二井式院落,与一般宗祠没有太大区别,大门门框由麻石建筑,祠堂内的横梁上雕刻有精美的龙凤图案。苏维埃政府成立时,赤卫队员曾在祠堂前的空地上训练。在这里,恽代英举办过政治学习班,培训农运干部,亲自讲授《中国社会政治状况》、《列宁主义》、《苏维埃建设》和《农民与土地革命》等课程。

3月初,恽代英根据中共惠阳县委向省委汇报前两次起义失利的原因，以及赤卫队、兵运、工运、农运、教育训练、宣传等方面计划，主持召开县、区党团联席会议。他要求总结经验，吸取教训，继续坚持斗争。恽代英还深入高田村调查研究，与党支部书记黄志平及苏维埃政府成员、赤卫队员座谈。他说："党团员要和革命群众紧密联系，聚集革命力量，准备在新的革命浪潮到来的时候夺取新的胜利！"

3月18日，李立三向党中央报告目前广东的局势。他说："海陆丰虽失守，但惠东、普宁有大暴动，惠州也有发动暴动的可能，整个东江的局面仍是有利于暴动发展的，因此应根据这种形势而定出暴动策略。"[29] 第二天，广东省委致函惠阳县委，认为东江形势极利于暴动的发展，并指示了发动暴动的总策略，对县委提出的暴动计划提出了修正意见。

根据广东省委的部署，恽代英积极作第三次平山起义的准备工作。他召集杨石魂、黄居仁、林道文开会，分析形势。

恽代英说："平山是惠州外围的屏障，是敌人的第二堡垒，又是惠州通往海陆丰的咽喉，插进平山，截断敌人从惠州到海陆丰的交通线，威胁海陆丰的敌军，这样可以分散敌人兵力，以减轻海陆丰、高潭苏区的压力。"

按照原定计划，若平山起义成功，再发动潼湖、四大半围、横沥、淡水等地全部农民武装，攻打东江流域中心城市惠州。

由于广东省委一再催促，恽代英拟于3月29日发动第三次平山起义。

他派钟勖如通知横沥、平潭等地组织武装配合，趁惠州国民党守军空虚，做好攻打惠州的准备。但由于时间仓促，力量不足，这时进攻高潭、海陆丰等地的国民党第七军黄旭初部已回防惠阳，敌军力量骤然增强。

一贯坚持实事求是的恽代英获悉新的情报后果断命令:"将准备在平山起义的武装力量全部撤回原地自卫!"

四大半围赤卫队长林道文接到恽代英的命令后,立即率赤卫队从平山撤回。这样,第三次平江起义宣告"流产"。

第三次平江起义虽然未能成功举行,但它避免了革命损失,为东江地区保存了革命的火种。

随后,恽代英又秘密转移到香港,坚持地下斗争。

… 注释 …

01 《南昌暴动纪要》《革命文献》(台北)第25辑。
02 张国焘:《我的回忆》下,东方出版社,2004年版,第6页。
03 《李立三报告》,见《中央政治通讯》第七期,1927年10月30日。
04 《沫若文集》第8辑,人民文学出版社,1957年版,第226页。
05 《李立三报告》,见《中央政治通讯》第七期,1927年10月30日。
06 《李立三报告》,见《中央政治通讯》第七期,1927年10月30日。
07 胡毓秀:《第一批女兵》,《中国人民解放军三十年征文》初选稿第1卷第1集。
08 付连晖:《南昌起义的伤员》,载《星火燎原》,第1集。
09 《晨报》,1927年10月12日。
10 中央档案馆广东省档案馆编:《广东、广西革命历史文件汇集索引》,1986年8月,第140页。
11 中央档案馆广东省档案馆编:《广东、广西革命历史文件汇集索引》,1986年8月,第145页。
12 《恽代英全集》第九卷,人民出版社,2014年版,第57页。
13 《广州起义》,中共党史资料出版社,1988年版,第102页。
14 《联共(布)、共产国际与中国苏维埃运动》第七册,中央文献出版社2002年,第141页。
15 《联共(布)、共产国际与中国苏维埃运动》第七册,中央文献出版社2002年,第140页。
16 《广州起义》,中共党史资料出版社,1988年版,第216页。
17 《广州起义》,中共党史资料出版社,1988年版,第90—91页。
18 张发奎:《张发奎口述自传》,当代中国出版社,2012年,第107页。
19 《中共广东省委给中央的信》,中央档案馆广东省档案馆编:《广东革命历史文件汇集》1927甲1,1983年9月,第147—148页。
20 刘祖清:《广州起义中的教导团》,载《文史资料选辑(广东)》第8、9辑。
21 《回忆恽代英》,人民出版社,2015年版,第218页。

22	叶剑英：《大革命失败与广州起义》，《中国新民主革命通史》第4卷，上海人民出版社，2001年版，第113页。
23	《周恩来选集》，人民出版社，1980年版，上卷第175页。
24	中央档案馆，广东档案馆，《广东 广西革命历史文件汇集索引：1921-1936》，1986年版，第153页。
25	中央档案馆，广东档案馆，《广东 广西革命历史文件汇集索引：1921-1936》，1986年版，第159页。
26	中央档案馆，广东档案馆，《广东 广西革命历史文件汇集索引：1921-1936》，1986年版，第176页。
27	《恽代英全集》第九卷，人民出版社，2014年版，第58页。
28	《恽代英全集》第九卷，人民出版社，2014年版，第59页。
29	中央档案馆，广东档案馆，《广东 广西革命历史文件汇集索引：1921-1936》，1986年版，第187页。

第十章

艰难岁月

安贫乐道

1928年春末,一艘由上海开出的英国邮轮驶抵香港。一个端庄、朴素、身着蓝色旗袍的女旅客,手拎一只皮箱,向岸上走去。码头上有许多旅店招揽生意。她对照卡片写好的地名,乘上一辆人力车,径直来到指定的旅馆,在二楼开了一间房,并在旅客留言簿上写了一个假名:沈延。她,就是恽代英的夫人沈葆英。

恽代英从平山起义"流产"转入香港后,工作更加繁忙,他除了担负广东省委宣传部的工作外,由于秘书长沈宝同不幸被捕,他又兼任起秘书长的工作。于是,广东省委决定,将恽代英的夫人沈葆英调来,任他的助手。

这样,恽代英便给沈葆英写信,请她来港团聚。这封信是由沈葆英的三姐沈延转交的。

沈葆英回忆说:"代英又来了一封信,说是老板同意你来帮我们。信上说:'四妹,我在这儿要等一阵,接信后可立即动身南来,从上海换海轮,直达香港……'信中还讲了要我在某某旅馆住下,他来接我。"

沈葆英读了这封信,她知道"老板同意你来"就是党组织决定要她前去的,心里格外激动,眼里含着泪花。恽代英当时离开武汉的一幕,又浮现在她脑海里。

那一天,恽代英穿着便服回到家里,对沈葆英说:"国民党已经通令捉拿我了,我要走了,"他既歉疚又坚定,继续说道,"我们匆匆结婚,又要匆匆分手了。我深信,许克祥、夏斗寅、蒋介石和汪精卫都是无法绞杀革命的,无数牺牲了的先烈不会允许他们掠夺革命成果的。我要走了,你也得有应变的精神准备。你不要难过,我还要回来的。革命遭受挫折,但是没有完结。共产党人是杀不尽斩不绝的。"

"我和你一起走,风里雨里我都跟着你。"沈葆英说。

"这不行呵!"恽代英劝说道,"现在条件不允许,你先暂时躲一下,不要住在家里。"

沈葆英说:"那么你呢?你一个人怎么办?"

恽代英回答道:"不,我不是一个人。我要随部队行动,是很多人。现在部队正在开拔,我得马上赶去。形势不允许我过多逗留,有些事你以后会知道的。"就这样,恽代英把帽子往眉尖一拉,也没同家人辞行,就匆匆出门去了。

恽代英走后,沈葆英到武昌东卷棚找三姐沈延。这时武汉笼罩在一片白色恐怖中,街上到处是背枪的国民党大兵,乱哄哄的。见到三姐,沈葆英便说:"我现在不能回家了,请三姐夫帮我去看看。"

三姐夫名叫胡治新,他曾是中华大学中学部八班学生,利群书社社员,与恽代英亦师亦友。听沈葆英说罢,胡治新立刻前往得胜桥打探,不一会儿便回来了。他对沈葆英说:"你不能回去了,家已被军队包围,父亲和子强弟都被捆了起来,关在院里拷问,这里离你家也太近,不能久留。"

沈葆英心想:"代英被反动派通缉,不怕艰苦,匆匆忙忙地走了,我不能拖他的后腿,不能给他造成任何危害。为了革命,我也得马上转移。"于是她对三姐说:"为了代英,我不能被抓,要保持共产党员的气节。"

沈延建议说:"先转移到娘家,避几天,你先走,我随后就来。"

沈葆英和三姐一前一后赶到娘家,同妈妈商量如何是好。

妈妈听后说:"汉阳娘舅家地处龟山脚下,比较偏僻,去那儿不招人注意。"

于是,沈葆英穿上二哥的长衫,戴上礼帽,打扮成小伙子模样,从容不迫地向江边走去,叫了只小划子,直向汉阳驶去。

不几天,白色恐怖也波及汉阳,到处搜查"红党",不时有警察闯入百姓家,以查户口为名,肆意抓人。

沈葆英心里惦记着,焦急地盼着丈夫的信息。

在这次收到恽代英来信之前,沈葆英曾收到他的三次来信,都是由沈延转交的。

第一次是恽代英在去江西的一只船上写的,告诉沈葆英一路平安,"不要挂念,只是睡觉晚一些,但身体很好"。

第二次是恽代英在江西的一个小县城写的。信中说:"跟老板做生意,老板很高明,一昼夜间赚了一万多,现在要做新的生意,要到南方去。"沈葆英反复琢磨这些隐语,不太懂。直到在香港团聚后,她才明白了,原来"老板"是指周恩来,"做生意"是指南昌起义,"赚了一万多"是消灭了一万多敌人,"向南去"是起义军千里行军南下。

第三次是1927年12月下旬,地址看不清楚。信中说:"刚刚又做了一笔生意,赚了一笔钱,又倒出去了,但我们不失望。做生意赚钱和折本是常有的事,只要不赔了老本就好。事情总不是一帆风顺的,顺风逆风都会碰到。我们的船可能到一个港口去,要是在那儿停些时日等生意,我再给你写信来。"

这是第四次收到恽代英的来信,沈葆英决定立刻动身,前往香港。

沈葆英在香港这家旅馆等了一天,直到第二天下午,有人来敲门。她开门一看,正是恽代英。

"哦,你终于来了!"恽代英高兴极了,连连说,"欢迎,欢迎!"他接着说,"我已来过几次了,今天看到留言牌子,才知道你到了。这里人杂,不能久住。"

于是,恽代英叫沈葆英去结了账后,带着她进入了一个平民住宅区。

安顿完毕后,恽代英才详尽告诉沈葆英,自从他离开武汉后,参加了南昌起义和广州起义,然后到了香港,开展地下工作。并给沈葆英布置工作:"请你来是党组织决定的,你的工作任务,就是帮助我收集整理国际国内的政治资料,分析敌人内部矛盾。"

恽代英还特别嘱咐沈葆英:"一定要注意安全,香港情况复杂,帝国主义和国民党的特务到处横行,要处处留心,保持高度警惕,注意窗户外面的事。"于是,他俩商定,在窗台上摆一盆鲜花,花盆在,表示家里安全;花盆不在,就是出了问题,不能再进这个家。

恽代英有时在家里开会,有时出外布置工作。只要在家里开会,沈葆英便在楼下放哨警卫。

有一天傍晚,正好恽代英不在,几个巡捕突然涌上楼,一面搜查,一面用枪对着沈葆英的胸口:"你家的男人呢?"

沈葆英镇静地回答:"我是刚从外地到香港来谋生的,是这家请的用人。"

巡捕没有搜到什么东西,再看沈葆英,土里土气的,穿的旗袍也不像香港人的打扮,便灰溜溜地走了。沈葆英赶紧将窗台上作暗号的花盆搬开,自己也迅速离开了这个家。

沈葆英在街上徘徊了三天后的一个早晨,才在街头碰到恽代英。他向沈葆英使了个眼色,示意沈葆英不要同他讲话。沈葆英只好尾随恽代英,来到一间新的屋子里。

沈葆英向恽代英谈了这几天的境遇,流露出难过的神情。恽代英却风趣地说:"革命是免不了风险、免不了牺牲的,要经得起考验。我还以为你被捕了呢,你隐蔽了自己,还算是机智的。"

有一天,恽代英看见沈葆英坐在房里闷声不语,便低声问道:"四妹,你在想什么?是不是觉得生活太苦了?"

沈葆英从来没有向恽代英叫过苦,她轻轻地摇着头。

恽代英又问道:"那是为什么?"

沈葆英说:"我也说不清,只是感觉着,我这颗心,有时兴奋,就像要飞到半空,有时又寂寞得像被打入了冷宫。"

当时坚持地下斗争,生活拮据,常常吃了上餐无下餐,党的活动经费时常中断,但他们理想之灯不灭,常在苦中求乐,从来没有灰心过。

恽代英又问沈葆英:"你觉得闷吗?是不是想家了?"

沈葆英笑答道:"怎么,要赶我回去?"

恽代英说:"不,我的工作离不开你的帮助,怎么能同意你回去呢?"

沈葆英说:"我现在懂得了什么叫斗争,什么是生活。我不怕吃苦,也不怕坐牢杀头,和你在一起,我就感到幸福。"

恽代英深情地看着妻子,拉着她的手说:"走,你来香港这么多天了,也没有开开洋荤,我们现在去开个斋。"

恽代英挽着沈葆英的手,走进一家咖啡店,找了一个稍微僻静的角落坐了下来,点了两杯牛奶咖啡,慢慢地品尝着。

恽代英望着进进出出的人群,对沈葆英说:"我们艰苦奋斗,就是为了要过人的生活。你瞧,这里走进走出的人,有的是两口子,有的也可能将要成为两口子。他们中有的携儿带女,吃吃喝喝,所谓'恩爱生活'、'甜蜜岁月',所谓'美满的'、'幸福的'家庭。而我们,身处异地,天天都担着风险。我们不是没有能力去争取过上幸福的生活,只是为了天下的穷人都能过上幸福的生活，才选择了走这艰苦的路。你现在跟着我，担惊受怕，甚至连条被子都没有。你说是不是？我们没有钱，没有固定收入，没有自己的房子，什么也没有，只有一颗火热的心，这就是我们的革命生涯。不过，我相信，革命胜利以后，我们什么都会有的！"[01]

沈葆英微笑地望着丈夫说："面包会有的，牛奶会有的，一切都会好起来的。"

他俩都会心地笑了起来。

恽代英接着说："我们是贫贱夫妻，我们看王侯如粪土，视富贵如浮云，我们不怕穷，不怕苦。我们要安贫乐道。这个'道'就是革命的理想。为了实现它而斗争，就是最大的快乐。我们在物质上虽然贫穷，但精神上却十分富有。这种思想、情操、乐趣，是那些把占有当幸福，把肉麻当有趣的人所无法理解的。"[02]

就是凭着革命者的这种理想、精神，恽代英和沈葆英，相互关爱，相互支持，互相鼓励，在香港坚持斗争，勇往前行。

沪上新篇

1928年6月，恽代英化装成风水先生，从香港赶赴广西贵县，作为中央代表出席了在该县城榕兴街召开的中共广西省第一次代表大会。恽代英在会上作了国内外的形势报告。广西特委书记邓拔奇的报告，介绍了省内革命运动，做了工作总结，指出了今后的任务。会议决定将广西特委改为广西省委，选举朱锡昂为书记，并通过了大力开展农民运动等决议。

恰逢这时，中共六大在莫斯科召开，周恩来当选为中央委员，在六届一中全会上被选为政治局委员，并和向忠发、项英、苏兆征、蔡和森一起，当选为政治局常委。常委分工，由周恩来分管组织工作和军事工作。

同年秋，恽代英奉命从香港调到上海党中央组织部，任组织部秘书长，协助周恩来工作。

战友相逢，格外亲切。与以前相聚不同的是，这次重逢，有邓颖超和恽代英的夫人沈葆英在一起。他们同编在中央机关党支部过组织生活，邓颖超任支部书记。

恽代英是周恩来的得力助手。全国各省主要负责人来沪向党中央汇报工作，周恩来工作忙，抽不出时间听取汇报时，均由恽代英出面洽谈，并直接作出决定。当恽代英将情况报告周恩来时，周恩来多是表示同意或照办。

当时，很多干部从莫斯科回国工作。由于他们多年在国外学习，对国内的情况不熟悉。为了使这些同志尽快熟悉国内情况，明确工作任务，党中央根据周恩来的建议，决定在上海举办干部训练班。

"代英同志，干部训练班的工作请你具体负责，有什么困难吗？"周恩来征询恽代英的意见。

恽代英幽默地笑着回答："恩来同志，难道有困难，党员就可以不服从组织的决定吗？"

"我就肯定你会同意的！"周恩来握着恽代英的手，"你的担子不轻呢！目前条件很艰苦，我们又缺乏培训干部的经验，一切都得靠你去创造！"

"苦，我们是过惯了，这没有什么。"恽代英说道，"我倒是有一个小小的要求……"

恽代英在工作上、生活上从来没有向党提出过任何要求，怎么今天讲起条件来了呢？周恩来一听，反觉得有趣："噢，我倒要听听你的要求，请讲吧！"

"聘请你任兼职教授,你不会不同意吧!"恽代英装出一副严肃的面孔说道,"这个要求不算高吧!"

周恩来一听,朗朗大笑起来:"你这个要求,不高!不高!我同意受聘,不过……"

"你又要向我提条件了?"恽代英笑问道。

"当然,当然!"周恩来笑着说,"你聘我当教授,别忘了开薪水呢!"

"先记账,先记账!"恽代英乐呵呵地说,"待到革命胜利了,由人民银行给你总付。"

"哈哈哈!"周恩来与恽代英都会心地大笑。他们在艰苦的地下斗争环境中,常常这样保持着革命的乐观主义。

恽代英接受任务后,立即投入紧张的工作,很快就将训练班办起来了。

吴黎平回忆说:

> 一九二九年,我从欧洲回到了上海,找到了组织。组织上当时办了个训练班,通知我去。这个训练班由代英同志负责,外面挂着医院的牌子。我在莫斯科待了四年,对国内情况很不了解,只从报刊上知道一点。这次参加学习的有十几个从苏联回国的同志。代英同志给我们讲形势、讲党的任务,介绍了党的艰苦斗争情况,讲了大革命的失败、白色恐怖、地下工作,等等。我们学了一个多星期。学习完了以后,我被分配到中央宣传部工作。当时我们的机关在上海芝罘路,先施公司后面的一条弄堂里。[03]

黄玠然回忆说:

自从党转入地下后，大家都缺乏秘密工作的经验，各地多数干部的理论水平不高，实际工作经验不足，开展工作的困难甚多，因此，训练干部，是当时一项极其重要迫切的措施。周恩来同志提出要举办干部训练班，代英极表赞成。这一提议很快得到了中央的批准，大约在一九二九年下半年开始举办。当时来中央请示工作的干部，大多进了训练班。但由于条件关系，只办了三至五期。每半个月至一个月为一期，每期人数十几人或二十余人。训练内容包括军事、组织、宣传、工运、农运等等课目。根据参加训练干部的不同情况，决定每期训练的重点内容，由各部门分别负责备课。讲师大多由各部秘书担任（如军事工作由军委讲，组织工作由组织部讲，农运工作由农委讲等）。代英同志就曾担任过老师。通过培训，提高了干部的理论水平，增加了实际工作经验，效果甚好。各地组织，很多学习中央训练班的办法，培养人才，推动了工作进一步地开展。[04]

恽代英除了亲自给训练班的学员上课外，还经常请周恩来、李立三等人来做专题报告。只要恽代英有请，周恩来总是必到。

同年6月下旬至7月初，中共六届二中全会在上海举行，恽代英被补选为中央委员。

当时，党的活动经费常常中断，恽代英夫妇的经济十分拮据，生活也异常艰苦，繁重的工作和艰苦的生活，使患有肺病的恽代英身体更加消瘦了。沈葆英看到丈夫一天天消瘦的脸庞，心中十分难过。恽代英却不以为意，他对爱妻说："革命者是不惧怕困难的。目前的困难所以产生，主要是由于阶级敌人的存在，目前要打击敌人，就要面对着困难，不在困难面前徘徊、却步。"他们在艰苦的斗争中，互相鼓励，互相支持，坚持斗争。

恽代英的夫人沈葆英，当时是中央机关秘书，直接受邓颖超领导。邓颖超见恽代英每日辛勤工作，身体又不大好，便对沈葆英说："葆英妹，恩来和代英，他们辛辛苦苦为党工作，我们要保护他们的健康，保障他们的安全，这是党交给我们的任务。"

"完成这个任务，难啊！"沈葆英感谢邓颖超大姐的关心，又流露出为难的情绪。她接着说，"他和恩来同志一样，工作起来就没命，有什么办法！"

"是啊！但我们还是要想些办法，尽量照顾好他们。"邓大姐又语重心长地说，"葆英啊！一个女同志，作为他们的亲属，把他们保护好，也就是对党的贡献。"

"超姐，我懂！不过……"沈葆英又向邓颖超倾吐了心里话，"你看我现在这个样子，不仅不能很好地照顾代英，反过来还要他照顾我。"

原来，沈葆英怀有身孕，将要临产了，她对生孩子和革命工作的关系，一时还有顾虑，认为女人生了孩子，就要影响革命工作。

邓颖超马上诚恳而又关切地说："女同志总是要做妈妈的，哺育、培养下一代也是我们的职责。我认为，党性和母性是一致的，你不要背思想包袱，生了孩子，只要安排好了，一样会做好党的工作。"

在邓颖超的关心和帮助下，沈葆英的顾虑解除了。

1928年12月，沈葆英产下一个可爱的男婴，爷爷特别高兴，希望这个孩子长大后做管仲那样的人，便给他取了个"希仲"的名字。

1929年春节期间，周恩来和邓颖超来到恽代英的家，看望沈葆英和小希仲。周恩来抱起小希仲，高兴地逗着他，不住地说："哟，真像爸爸。你爸爸从来不知疲倦，不知发愁。你长大了，要向爸爸学习，听见没有？"

小希仲很乖巧，周恩来抱起他，他就咯咯大笑。于是邓颖超又给小希仲取了个小名"小乐天"。

沈葆英觉得，若要做好革命工作，则难带好孩子；若要带好孩子，便难做好工作，内心感到非常矛盾。恽代英安慰她说："共产党人没有党性和母性的矛盾。我们要去斗争，在斗争中锻炼自己，添加革命的力量；孩子也要安排得当，我们艰苦奋斗，也是为了换取下一代光辉的未来。"他建议把孩子安排在党秘密办的大同幼儿园里。

沈葆英安排好孩子后，被党派到闸北一小缫丝厂做革命工作，担任工厂党支部的书记。她初次接触女工时，办法不多，工作进展不大。恽代英鼓励她说："首先应该同工人打成一片，用通俗易懂的语言对她们进行阶级教育，唤起她们的阶级觉悟。"沈葆英按照恽代英所说的办法，果然工作颇有起色。她在女工中教唱经恽代英修改过的《女工苦》的歌："小小年轻小姑娘，手持饭菜筐，冷饭半碗留下充饥肠。进工厂，北风吹进破衣裳，十几个钟头真是长，望不到出厂。"歌声唤起了阶级姐妹的革命感情，她们从歌声中汲取了斗争的力量。

他们就是这样，与瞿秋白和杨之华、周恩来和邓颖超等许多革命伴侣一样，在腥风血雨的年代里，毫不畏惧，携手并肩，为中国人民解放事业，日日夜夜忘我地战斗。

1930年初，恽代英调任中共中央宣传部秘书长，同时还负责编辑中共中央机关刊物《红旗》。在他任职期间，最值得一提的是他于1930年负责编写的《每日宣传要点》。

张纪恩回忆说：

> 一九三〇年夏，由代英同志独人撰写的单页刊物——《每日宣传要点》，每日约五百字到一千字，相当于四号宋体字，单页十六开大小。代英同志每日早晨六、七时开始，根据当日上海中外各报，找出统治阶级所暴露出来的黑暗、冲突、矛盾和压迫、剥削被剥削阶级的种种罪恶，以唯物辩证的观点、方法，分析各种现象，从而指出斗争的方向，宣传我党的方针、政策，等等。
>
> 代英同志不论风风雨雨，天天挟着当天公开出版的报纸，从他家里开始阅读，经路上和车上边阅读边思考问题，一踏进工作地点（上海青海路善庆坊十九弄二十一号二楼前），坐下椅子，就立即动手写稿，机要秘书和代英同志紧紧并坐，代英同志写一字，机要秘书就跟着写一字，一篇千把字的稿子，一气呵成，往往不改动一字。一篇《每日宣传要点》，从开始动笔，到印好，不到半小时就完成，同时也准备好发行工作。代英同志以敏锐的观察力，犀利的笔锋，通俗的语言写成一篇富有宣传鼓动性的文章，以飞快的速度，传送到党和群众的手中，使群众对当前的形势，有了正确的认识，掌握了斗争的方向。据报，敌人也大大惊叹共产党宣传工作如此迅速和无孔不入。
>
> 恩来同志曾说，如此迅速地写好一篇稿，印好以至发行到群众的手中，只需个把钟头，整个世界历史上是破天荒的。
>
> 《每日宣传要点》，单张形式，印数约三百份。

遗憾的是笔者数十年来从各方探寻，尚未发现这个《每日宣传要点》。[05]

闽西苏区行

1929年年底,资本主义世界爆发了空前严重的经济危机,国内"军阀重开战"。正当中国革命趁此有利条件蓬勃发展的时候,党中央实际领导人李立三在共产国际"左"的错误思想指导下,头脑愈加膨胀起来,不顾敌强我弱的基本事实,鼓吹革命在一省或数省的首先胜利,就可以促使中国和世界革命高潮的到来。他命令弱小的红军离开根据地去攻打大城市,将刚刚恢复发展起来的白区党组织和共青团、工会等组织合并成立各级行动委员会,组织城市武装暴动。当这种"左"倾盲动主义刚刚抬头时,首先便遭到恽代英等同志的批评。

1930年2月15日至20日,中共福建省委在厦门召开了第二次代表大会,恽代英以党中央代表的身份出席这次会议。

在当时国际国内"左"的错误潮流之下,这次大会在分析总形势时不可避免地也存在着"左"的情绪,但在制订省委的具体任务时,确定了一系列正确的方针。大会强调白区工作应利用合法形式开展斗争;应深入扩大土地革命;在加强厦门、福州、漳州等城市工作的同时,强调健全闽北特委;特委工作重点是发动群众,发展游击战争,在游击战争中建立和扩大红军,巩固红军中党的领导;闽西红军应向敌人力量较薄弱的闽南发展,而不是向敌人力量较强的广州方向发展等。

这就坚持了建立农村革命根据地,走农村包围城市,最后夺取城市的革命道路。

会议结束后,恽代英和福建省委将会议情况分别向党中央作了报告。福建省委还在电报中向中央提出请将恽代英留在福建工作的恳求。

但是，头脑发热的李立三，在收到恽代英和福建省委的信后，却无端横加指责。

3月11日，在关于一省或数省首先胜利的问题上，李立三以中共中央的名义，在给福建省委的信中说：

> 我们在红军的配比上在全国范围内是向着武汉与广东的两个中心发展，争取这两个中心省份的首先胜利，如果这个形势开始了即是全国直接革命形势的开始，如果能站在这一个意义上来了解这一个问题，我们就不会做出一省或数省割据的结论，取消其他省份的直接革命形势……如果你们了解了这一点，就不难确定闽西红军发展的方向，如果现在把闽西红军调向漳州发展，实际上是分散了革命武装的力量与削弱了广东先胜利的力量。所以我们反对闽西红军向着漳州发展的意见，要坚决地使闽西红军向着东江发展，出梅县大埔，向韩江下游发展，以与东江红军配合……如果广东首先胜利了，既是福建直接革命形势的开始，也是福建夺取政权胜利的保障。[06]

在4月10日致福建省委的信中，李立三更是严肃批评恽代英和福建省委：

> 在目前全国革命形势发展到成熟的复兴时期，并且日迫接近革命高潮，党对武装拥护苏联，武装反军阀战争，武装实现全国暴动以及武装争取一省数省的首先胜利前途，无疑地成为当前最迫切的行动问题……代英同志与

你们共同的决定——向闽南发展,也是不正确的。这是以"福建的红军"为出发点来决定他[它]的发展方向,而离开了红军全国政治任务的意义——争取南方政治中心的任务。07

李立三还在信中强调说:"闽西六团红军,中央已决定由你们立即集中起来,建立红十二军。"并规定红十二军前委"应是直接归中央指挥"。他还要求福建省委立即成立行动委员会,以推行其"左"的错误。

被李立三"左"倾冒险主义错误统治的党中央,不讲斗争策略,一味冒险,认为"群众只要大干,不要小干",不顾客观环境和条件,要求全国各地都要准备马上起义。因此,在3月11日的信中,指责恽代英在革命策略上也是"错误的"。

> 代英来信说:"现在国民党召集群众大会援助国民革命运动,我们利用这个机会号召群众参加,尤其是学生群众,提出打倒中国国民党,反对军阀战争等口号"……我们不知道省委最后是否照此意见决定的,如果是这样,这个策略是错误了!……代英提出这个策略意见的立场,我们分析是这样的:国民党用革命的名义来召集群众大会,因为名义是革命的,所以我们要号召群众参加,来转变他们的领导与我们的领导……这个策略在去年五一、五卅的时候,是对的,现在来运用就是错误了! 08

李立三认为的正确策略是什么呢?那就是要打破国民党在群众中的欺骗作用。如果国民党召集群众大会,"我们应在他们的会期四五天前就独立召集一个大会并做示威运动,他们开会时，我们仍须有组织地用独立的面目在里面夺取群众"。

这无疑是要将党在白区辛辛苦苦培养的有限的革命力量全部公开暴露在国民党军警的面前，只能给革命造成极大的损失。

李立三强行命令福建省委"防止一切保守观念"，立即行动起来，实行全省总暴动，命令刚建立起来的红十二军，向广州方向发展。8月，又命红十二军长途跋涉从闽西出击，远攻长沙。命令新成立的闽西红二十一军进攻广东，来一个"以广州为中心，促成闽、粤、赣三省总暴动"，结果使闽西红军受到严重的损失。

1930年春，恽代英怀着激动的心情，沿着秘密交通线，穿过崇山峻岭，到闽西苏区视察。

恽代英一贯重视土地革命，支持毛泽东建立农村革命根据地的主张。毛泽东也十分信赖和敬重恽代英。1929年4月5日，毛泽东在瑞金曾代表红四军前委给中央写信，向中央建议说："中央若因别项需要朱毛二人改换工作，望即派遣得力人来。我们的意见，刘伯承同志可以任军事，恽代英同志可以任党及政治，两人如能派来，那是胜过我们的。"[09]后因蒋桂战争爆发而作罢。恽代英虽未去瑞金，但他心中一直向往着苏区的火热斗争生活。

恽代英在闽西苏区，深入调查研究，接触了广大贫苦农民、红军指战员和苏维埃政权的各级干部，对闽西苏区的形成、巩固和发展，都做了全面的了解。通过视察，也开阔了他的视野，使他对农村苏维埃政权有了更深的认识，看到了中国革命的方向。恽代英抑制不住激情，视察后立即写了《请看闽西农民造反的成绩》《闽西苏维埃的过去与将来》两篇文章，热情地讴歌了朱毛红军和根据地的伟大成就，用大量事实证明了在中国建立农村革命根据地的必要性，不啻是对李立三的

"左"倾冒险主义错误的有力批评,对苏维埃政权的建设具有重要的指导作用。

恽代英饱含着激情写道:"真的!真是一件大了不得的事,闽西农民反了:什么朱毛红军便是来帮助他们造反,什么土共便是指的那些本地造反的农民。"[10] "你真以为闽西现在亦只是种普通的什么革命,好比蒋介石革命便打倒了张作霖、吴佩孚,自己做起国民政府主席,好比汪精卫又要革蒋介石的命,亦想来抢一个国民政府主席做做?闽西完全不是这一回事情。闽西不是什么普通的革命,他是造反,他是闹一个天翻地覆,把全世界翻转过来。"[11]

闽西八十万工农群众在党的领导下,从斗争中建立的红色政权,"获得朱毛红军长期游击战争经验的帮助与指导",在福建、东江、赣南工农群众中表现出伟大的成绩。

第一,赶走了国民党。翻了身的农民"都起来像发狂一样,打倒那般坐地收捐、收税、派款、派粮的国民党官府",将国民党旅长郭凤鸣"杀了悬首示众",卢新铭、陈国辉等军阀被打得夹起狗尾巴向漳泉闽北逃窜。苏区虽经敌人几次会剿围攻,广大农民团结在红色政权周围,他们明白"只有拼命扩大斗争才是一条生路",行动起来配合红军粉碎了敌人的围剿,使反动军阀金汉鼎龟缩在长汀城不敢越城池一步,刘和鼎、张贞"乐于将军队离开闽西",反动军队、民团的士兵投诚日益增多,地主豪绅垂头丧气,不敢得罪穷苦农民。

第二,成立了苏维埃政权。在红色区域里,通过民主选举,乡、区、县成立了苏维埃各级政府。恽代英将红色政权与反动政府作对比,指出:"从前闽西农民在地主官府下面,要交租,又要完粮,又要上捐,又要派款,他们那个时候简直没有法子生活下去。有些农民一年都没有米进口，并且连红薯亦没有吃，他们只有吃红薯渣。现在造反成功，居然分了田地，而且分田完全是他们自己做主，这正好比从地狱走上天堂，还有什么话说呢？"在苏维埃政府里，一切大小事情都要经群众大会解决，农民在大会上踊跃发言，他们有权撤回不称职的"苏维埃代表"。妇女的发言也受人重视，妇女在苏维埃政权中的地位日益提高。

第三，分配土地给农民。乡村红色政权将地主豪绅的土地，分配给广大贫佃农，也使养不活自己的自耕农获得了土地。同时还介绍了分配土地的方法。

恽代英指出，闽西苏维埃确实表现出来是工农的政府。"在苏维埃政府之下，无田地或少田地的农民都分得了田地，成年吃薯渣的贫农都改吃白米，乡村的水沟、桥梁、道路都加大修理起来，很多地方组织了合作社来抵制商人抬高物价的剥削，并且用很低的利息借款给贫苦农民，疾病可以找到公共的免费的医生与很廉价的药品，工人实行只做工八小时，还要加增工钱，妇女解除了一切社会的与家庭的约束压迫，获得了一切的自由。"[12]不仅如此，闽西工农群众还靠苏维埃政权训练了自己，他们的民主权利得到充分保护，苏维埃各级政府由他们选出的代表组成。"农民渐次能发表意见，他们已经实行撤回不称职的上级苏维埃代表。"[13]

3月上旬，恽代英返沪后，从党和革命的根本利益出发，不顾个人的安危得失，向党中央提出了忠告。据沈葆英回忆，在几次党的会议上，恽代英都面对面地批评了李立三的一些错误主张。

李立三对恽代英说："上海工人不要罢工，他们要暴动！"

恽代英针锋相对地说："这是泛暴动主义！是玩弄暴动，把人命当儿戏，在今日布置暴动，不如叫同志和群众一齐去跳黄浦江的好。"

可是，李立三不仅没有接受恽代英的正确意见，反而大搞"一言堂"：进行打击报复，给他扣上"右倾机会主义分子""调和主义"的帽子，撤销了他中央宣传部秘书长的职务。

… 注释 …
01 《回忆恽代英》，人民出版社，2015年版，第46页。
02 《回忆恽代英》，人民出版社，2015年版，第56页。
03 《回忆恽代英》，人民出版社，2015年版，第71页。
04 《回忆恽代英》，人民出版社，2015年版，第76-77页。
05 《回忆恽代英》，人民出版社，2015年版，第79-80页。
06 《中共中央给福建省委关于一省或数省首先胜利问题的一封信》，1930年3月11日，原件存福建省档案馆。
07 《中共中央给福建省委信——武装工农、红军、兵运以及党员军事化问题》，1930年4月10日，原件存福建省档案馆。
08 《中共中央给福建省委关于一省或数省首先胜利问题的一封信》，1930年3月11日，原件存福建省档案馆。
09 《毛泽东文集》第一卷，人民出版社，1996年版，第57页。
10 《恽代英全集》第九卷，人民出版社，2014年版，第293页。
11 《恽代英全集》第九卷，人民出版社，2014年版，第293页。
12 《恽代英全集》第九卷，人民出版社，2014年版，第300页。
13 《恽代英全集》第九卷，人民出版社，2014年版，第300页。

第十一章

初心永恒

铁窗烈火

恽代英是个党性极强的共产党员，虽然受到李立三的错误打击，但他还是初心永恒，一心向党。沈葆英对此想不通。恽代英却对她说："有意见以后再说，党的决定必须执行。"

3月下旬，中共江苏省委任命恽代英为沪东行委书记和区委书记。接到任命通知后，恽代英和沈葆英将小希仲送往托儿所，换上工人装，搬进了闸北的贫民窟，以更高昂的革命热情投入革命斗争中去。他"衣披旧短衫裤，足御破皮鞋而不着袜，住于贫民窟内"，活跃在沪东工人区，领导工人阶级坚持与国民党反动派作斗争。当时许多基层干部和党员群众，对"左"倾冒险主义强烈不满，他们经常在恽代英面前流露出怀疑和不满的情绪。恽代英作为党的负责干部，信守组织纪律，不在党员群众中泄露自己对"左"倾冒险主义的意见，以造成党内思想混乱，而是正面热情激励他们坚定斗争信念，并以江西苏区斗争的实例，给他们指明中国革命斗争的方向。同时又通过正常组织渠道，继续批评"左"倾冒险主义。

五月一日来到了。这一天，李立三下达命令，要工人举行游行、罢工，以显示无产阶级的力量，制造轰动南京路的事件，以迎接中国革命和世界革命的高潮。上海许多工人群众在党团员的率领下，英勇地冲上了南京路。国民党反动派早已摸清了"左"倾冒险主义的规律，出动了大批便衣、军警，驱赶了游行队伍，逮捕了许多党团员和骨干分子，党的一些机关也被破坏，许多革命同志成了冒险主义的牺牲品，而革命高潮却并未到来。

严酷的斗争使党的许多干部和广大党员群众在思考。恽代英看到许多熟悉或不熟悉的好同志牺牲于敌人的枪弹之下，就像刺刀扎在心上一样,内心十分痛苦。他激愤地对爱妻说:"有的人被胜利冲昏了头脑,不顾及上海主客观力量的对比,梦想现在就占领上海,把群众推入冒险主义的血海。在这种时刻,怎么办呢?我是为了尽量减少群众流血牺牲,才挑起这副担子的。我不能力挽狂澜,只能献身堵口。眼前,是蒋介石用血手制造的人间地狱。要摧毁这座地狱,我不入地狱,谁入地狱?我想,血是不会白流的。革命志士的血,能够增长同志的智慧,擦亮勇士的眼睛。但愿人们能够从血的代价里很快地醒悟过来,我们的事业还是有希望的。我为此而献身,也是死得其所!"

沈葆英听到丈夫的话,内心十分激动。她看到恽代英日益消瘦的脸,叮嘱他务必注意安全,保重身体。

不幸的事情最后还是发生了。5月6日,恽代英穿着短衣,一副工人打扮,带着一包传单到杨树浦韬明路(今通北路)附近的老怡和纱厂(今上海第五毛纺织厂)门前等人联系工作,突然遇上抄靶子。由于他眼睛深度近视,又没有戴眼镜,待发现巡捕时,已躲避不及了。巡捕见他"穿短衣、戴眼镜、有水笔、手表及四十元",遂起疑心,随后又在他身旁搜得传单一包,便将他作为共产党嫌疑犯押到巡捕房。巡捕三番五次的毒打,逼恽代英供出真实的身份和传单的来源。他坚不吐实,利用敌人没有掌握确凿证据之机,机智地称自己叫王作林,是武昌电话局失业工人。巡捕追问恽代英住在哪个客栈,他信口说是鸿运旅馆40号。当天晚上,巡捕押着恽代英坐汽车找这处地方,结果根本没有这个号码。巡捕恼羞成怒,又将他毒打一顿。

第二日,恽代英被租界当局引渡,关押在龙华国民党警备司令部看守所内。由于他在巡捕房内已被打得遍体鳞伤,面部浮肿,又没有戴眼镜,面容变形,所以在看守所关押期内,始

恽代英被捕处上海杨树老怡和纱厂

终没有被敌人认出来。

三天后，他给党中央写了一封信，用钱买通了人送出去。信里详细说明了他被捕的经过，他的口供。为了能替他的假供词找着一个弥补漏洞的办法，他说："最好能将三号从武汉进口船只，开一个来；如能为找一地址、职业可查的交来。此信能在提问以前交到，更有用处。""照此情形，大约判决不过送苏州，不过如能设法早些出狱，自然更好了。"[01]

恽代英的估计没有错，由于他在严刑拷打下，坚持假口供，敌人无可奈何，6月初只好将他转押到漕河泾监狱，不久以"煽动集会"的罪名，判了5年徒刑。

恽代英以他的机智、沉着和异常坚定的精神，战胜了敌人的阴谋和迫害。在敌人的酷刑面前，始终不忘初心，保持了一个共产党员坚贞不屈的崇高气节。

狱中生活是极其艰苦的。国民党反动派为了在精神和肉体上摧残政治犯，施尽了各种迫害的手段，除了严刑拷打外，每天配给"犯人"的饮水、饮食很少，而且饭多半是霉米馊饭，有时甚至可以从饭桶里拖出死老鼠，叫人难以入口。

在狱中，恽代英肺病复发。痼疾缠身，使他脸色愈加苍白、蜡黄，形容枯槁了。但他始终保持饱满的革命斗志，在监狱这个特殊战场上领导着难友们与反动当局作斗争。

难友们在恽代英的领导下，为了改善狱中生活环境，要求反动当局增加饮水、饮食，举行了同盟绝食斗争，迫使反动当局按照"犯人"们提出的条件办理。这次绝食斗争的胜利，极大地鼓舞了难友们，更加增强了大家的团结和斗争的信心。有一个"犯人"因不堪忍受酷刑拷打，曾想以死求解脱。恽代英知道后，主动做他的思想工作，鼓励他振作起来与反动派作斗争。这位"犯人"在恽代英的帮助下，和难友们一起，投入新的斗争中。八一南昌起义纪念日时，恽代英用亲身经历向难友们讲述了起义的经过和经验教训，宣传党的十大纲领。[02] 为了鼓励难友们的斗志，他写了《时代的囚徒》歌一首：

> 囚徒，时代的囚徒，
> 我们，并不犯罪，
> 我们，都从火线上捕来，
> 从那阶级斗争的火线上捕来。
> 囚徒，不是囚徒，
> 是俘虏！
>
> 凭它怎么样虐待，
> 热血仍旧是在沸腾！

蚊蝇和蚤虱，
黄饭和枯菜，
瘦得了我们的肉，
瘦不了我们的骨！

囚徒，时代的囚徒，
我们并不犯罪，
我们都从火线上捕来，
从那阶级斗争的火线上捕来。
囚徒，不是囚徒，
是俘虏！

我们并不怕死，
胜利就在我们眼前！
铁壁和铜墙，
手铐和脚镣，
锁得住我们的身，
锁不住我们的心！

这首歌表达了对敌人的无比愤慨和对革命必胜的坚强信念，在狱中流传了好几年，鼓励了难友们的斗志。难友们拖着沉重的步子，昂起头，激昂地唱着。歌声回荡在阴沉沉的狱中，犹如在人们心中点燃起光明的火炬。

1930年8月27日，恽代英被押解到苏州监狱。次年2月又转押到南京，关在江东门外国民党的"中央军人监狱"的"星"字监牢房里。

国民党伪"中央军人监狱"，也称伪"政治部军人监狱"

和伪"中央陆海空军人监狱",系 1930 年根据蒋介石、陈立夫的指令建造的。名义上是关押犯法军人的,实际上大多监禁的是政治犯。恽代英在狱中做些挑粪、种菜等劳动。这里也囚禁了许多他在漕河泾监狱中认识的难友。虽然有的人已认出了恽代英,但被他高尚的人格和魅力所感动,始终保持着秘密。恽代英曾在黄埔军校、武汉军校担任过要职,狱中个别军官也认出了恽代英,但他们十分钦佩恽代英的才能,并为他矢志革命的精神所感动,也缄默不语,秘而不宣。

监狱非人的生活和疾病的折磨,使他身体更加虚弱了,但斗争的力量却日益增强。他经常对难友们进行革命气节的教育。他说:"对一个革命者来讲,战场固然是考验,而监狱也是一个特殊的战场。一个真正的革命者,在这个特殊战场上,在生死面前,要经受得起严峻的考验。"面对铁窗,他思绪翻滚,回忆起自己在安徽宣城师范任教时,曾在李求实和宣师进步同学创办的油印小报上写过的一篇短文——《我》:"我身上没有一件值钱的东西,只有一副近视眼镜,值几个钱?我身上的磷,只能做四盒洋火。我愿我的磷发出更多的热和光。我希望它燃烧起来,烧掉古老的中国,诞生一个新中国。"这时,他无比激动,思想的闸门打开了,又激情澎湃写下了一首气壮山河、豪情万丈的七绝一首:

> 浪迹江湖忆旧游,
> 故人生死各千秋,
> 已摈忧患寻常事,
> 留得豪情作楚囚。[03]

这是恽代英的绝笔。这首情真意切的诗,蕴含着对战友深厚的情谊，充满了对革命前途的坚强信念。这首气吞山河、视死如归的壮丽诗章，是革命诗人心中的火山喷溅出来的不可抑制的烈火、岩浆；是一个不屈的共产党人发自肺腑的战斗呐喊。这首铿锵有力的七绝，不胫而走，在难友中互相传抄，争相吟诵。时隔十多年后，周恩来在重庆领导八路军办事处工作时，多次将这首诗抄给身边的工作人员，讲述恽代英对敌斗争的英勇事迹，对他们进行革命气节的教育。1953年，周恩来又亲笔抄录了这首诗。这张珍贵的墨宝，现珍藏在《中国青年》编辑部，它将和恽代英光辉战斗业绩一样流传千古，是我们广大青年学习先辈革命传统的好教材。

英勇献身

早春的南京，淅淅沥沥地一直下着细雨。一天，太阳赶走了愁云惨雨，照耀在雄伟的紫金山上。

南京江东门外，莫愁湖畔，一位年轻妇女急匆匆地走在泥泞的小路上。她挽着一个小包，春风轻拂着她的脸庞。她抬头看了看飘着几朵白云的天空，眼睛里流露出难以抑制的兴奋的光。她走过莫愁湖，就远远地看到南京伪"中央军人监狱"阴沉沉的大门。她抿了抿头发，加快了步伐。她就是沈葆英。这时她心里充满了春天的阳光，感到暖烘烘的。这种激动的心情，不仅仅是因为马上就要看到分别一年的丈夫，更重要的是，她是带着周恩来的口信来探监的。

原来1930年8月，周恩来、瞿秋白相继从莫斯科回国，主持中央工作。当他们得知恽代英虽被捕但身份仍没有暴露，而李立三却没有采取有力措施进行营救时，严厉地批评了他。周恩来立即派特科人员到狱中看望恽代英，并迅速组织了各方面力量进行营救,花了一大笔钱后,事情终有些眉目了。组织上又让帅孟奇将喜讯转给沈葆英,并通过互济会的安排,让沈葆英以王作林的妻子身份去探监,通知恽代英做好提前出狱的准备。

沈葆英按照探监规定,跨过虎口似的铁门,在一间小房内等候。不一会儿,便听到哗哗的铁链声。她透过小窗口,看到恽代英蜡黄的脸。

"你好呵!"沈葆英不禁鼻子一酸,差点儿掉出眼泪。

"四妹,你怎么啦?我很好呵!我是被冤枉的,等刑满了,我们还是能够团聚的。"恽代英略停了一下问道,"家里人都好吗?"他把"家里人"三字说得特别重。

沈葆英立即明白他问的"家里人"是指党内同志们,连忙点头答道:"好,都很好!"

沈葆英趁狱卒不注意时,忙将组织的口信告诉了他,喜悦地说:"伍豪同志问候你。"

恽代英眼睛突然明亮起来,兴奋急促地说:"谢谢他!"并接着说,"我在这里很好,同志们都很照顾我,我每天还练八段锦呢!将来出去了还要做生意活命的(暗指革命工作)。对家里人说,千万不要惦记我,他们平安健康我也就称心满意了。"他这时很激动,为党克服了李立三"左"倾冒险主义而感到由衷的高兴,又充满信心地说:"告诉家里人,我争取早点出去,为家事尽力,我们的家会兴旺起来的。"

沈葆英递过小包,说:"家里人都很想你,知道你身体弱,又受了折磨,让我带些东西来,里面还有一张小毛弟的照片,他已经在学走路了,还会喊爸爸呢!"[04]

恽代英听到后十分欢快,嘱咐沈葆英一定要好好抚养和教育好小希仲。

恽代英渴望出狱，在周恩来领导下投入火热的斗争中去。为此他制订了出狱后的工作计划。不久，狱中支部也通知他做好提前出狱的准备。不料叛徒顾顺章将他出卖了。这犹如晴天霹雳，把人们的心都击碎了，晴朗的天空，一下子给乌云遮住了。

顾顺章原是党中央政治局委员，中央情报保卫机关（即特科）的负责人。1931年4月25日，他在护送张国焘去鄂豫皖苏区后，在汉口血花世界被国民党侦缉队逮捕。顾顺章为了乞求活命，立即将恽代英已被押在南京狱中的消息报告国民党，作为向蒋介石乞降的一份厚礼。

蒋介石得知恽代英就在伪"中央监狱"的确讯后，大喜不已，急令伪军法司司长王震南到狱中查对。

4月28日，王震南到"中央监狱"，提审恽代英。他得意扬扬地掏出恽代英在黄埔军校的照片，向他劝降："只要你回来，蒋校长一定会重用你。"恽代英轻蔑而又自豪地说："我就是恽代英！"面临着死亡的威胁，高官厚禄的引诱，恽代英表现了一个共产党员威武不能屈，富贵不能淫的崇高气节。王震南劝降失败，气急败坏，将恽代英加上镣铐，关到"智"字监单人住的牢房。蒋介石闻讯后，亲下手令，立即就地枪决！

1931年4月29日中午，难友们正在吃饭，突然狱中阴暗的通道响起了沉重的脚镣声，难友们停箸，朝过道望去，只见灰暗的过道上，一群狱卒押着恽代英朝监门走去。

起来，饥寒交迫的奴隶，
起来，全世界受苦的人
……

*
关押恽代英的囚室

恽代英神色坦然,昂首挺胸,高唱国际歌。歌声如战鼓,在难友们心中震响,他们噙着热泪,和恽代英一起唱起来:

满腔的热血已经沸腾,
要为真理而斗争!
……

激越的歌声冲出了牢房,冲出了监狱,在湛蓝的天空飞翔。

狱卒们惊慌失措,忙把恽代英押到狱中菜场角。前来监刑的王震南色厉内荏地狂叫:"恽匪代英跪下受刑!"

"共产党人是从来不下跪的!"恽代英鄙视地望着这群人面兽心的家伙、屹立在菜场角,器宇轩昂地回答。

在这最后的时刻,他面对狱卒,朝着狱中的难友们,发表了慷慨激昂的演说:"蒋介石走袁世凯的老路,屠杀爱国青年,献媚于帝国主义,较袁世凯有过之无不及,必将自食其恶果!……"

演说似一团火焰,在难友们心中燃烧;演说似一柄投枪,刺向反动派的心脏。

王震南暴跳如雷,急令狱卒执刑。一个狱卒奉令举起枪,但他被恽代英气贯长虹、视死如归的英雄气概所震慑,双手颤抖,半天不能扳动枪机,伪执行官只好换一个姓朱的刽子手开枪。

"打倒蒋介石!"

"中国共产党万岁!"

恽代英振臂高呼口号,身中数弹壮烈地倒在血泊中……

难友们脸上滚动着热泪,垂下了头,向伟大的无产阶级革命家——恽代英同志致哀。

许久,难友们抬起了头,爆发出惊天动地的吼声:

"打倒国民党反动派!"

"代英同志精神不死!"

通缉叛徒顾顺章

恽代英英勇地牺牲了,他的英雄事迹如长江浪涛,永远在广大人民心中奔流;犹如启明星,永远指引着广大人民前进的方向。

恽代英牺牲的当天下午,难友杨镇铎写了一篇悼念恽代英的文章给难友们传阅。这篇文章表达了全体难友们的心情,一定要踏着烈士的血迹前进!晚上,狱中党支部根据全狱难友的意见,作出三条决定:

一、大家应以代英同志的精神,继续斗争。

二、每年四月二十九日上午十二时,全体难友默念为代英同志致哀。

三、要求中国红军克服南京后,在代英同志牺牲处立碑纪念,并将国民党反动派用以拘禁共产党人的伪"中央军监",改变为代英纪念学校。

1931年9月,恽代英牺牲的噩耗传到中央苏区。毛泽东为痛失好友无限悲恸。尤其当他知道恽代英的牺牲,是因叛徒顾顺章出卖的结果后,对这个叛徒更是无比愤恨,当即怀着对恽代英无限深厚的无产阶级感情、对叛徒的刻骨仇恨,于9月5日以苏维埃临时中央政府人民委员会的名义,发出通令,通缉叛徒顾顺章:

各苏维埃区域省县区乡各级苏维埃政府、各地红军赤卫队及广大工农劳苦群众、白色统治区域的工人、农人及一切被压迫群众：

　　工农革命的叛徒顾顺章（又名黎明，原名顾凤鸣，曾化名为化广奇魔术师，年约廿七八，上海吴淞人，身材极矮，眼暴鼻九），自从今年四月廿五日在汉口被国民党反革命的侦缉队捕获后，立即向反动统治[者]投降，将中国共产党驻武汉的交通机关鄂西联县苏维埃政府及红军二集团军的驻汉办事处告诉敌人，以致全部[被]破获，并捕去革命战士十余人，后统被武汉反动政府杀害。甚至在一只江轮上有一位同情于革命的工友，这一机关只有顾顺章知道，他亦将他供出，送入反革命的牢狱。因为有了这些血的代价和保证，于是顾顺章连电南京要求亲见蒋介石。到南京后，他除掉将中共及苏维埃政府红军与一切工农劳苦群众革命团体的组织情形活动状况告密于国民党反革命外，他更将已经为南京政府定了徒刑的中共中央委员、全国革命青年领袖恽代英同志等从狱中指证出来，给反革命立即枪杀。同时，更将他在上海所晓得的中共中央委员及负责人周恩来、瞿秋白、李维汉等同志五个住址告诉反革命，立即电令上海公安局会同帝国主义捕房按名破获，幸而这几个同志在这时正已离开上海，故未遇难。接着顾顺章就依照他所知道的线索，继续派他的亲戚家人在上海侦察中共及各革命团体的机关与负责人，不幸中共总书记向忠发同志即在他这一布置中被捕遇难，成为顾顺章叛变革命投降反革命之最大的贡献。从此，顾顺章遂进而为蒋介石秘密杀人机关的KK组织中一个要员，与陈果夫、陈立夫、徐恩曾、杨虎等反革命凶犯同为蒋介石杀人的助手了。

　　……

　　为此，苏维埃临时中央政府特通令各级苏维埃政府、红军及各地赤卫队并通告全国工农劳苦群众，要严防国民党反革命的阴谋诡计，要一体严拿顾顺章叛徒。在苏维埃区域，要遇到这[个]叛徒，每一[个]革命战士，每一[个]工农贫民分子，都有责任将他扑灭。缉拿和扑灭顾顺章叛徒，是每一个革命战士和工农群众自觉的光荣的责任……

广大的工农劳苦民众！

巩固自己的阵线，一体严拿叛徒顾顺章！

发展革命斗争，根本消灭蒋介石杀人的KK组织！

人民委员会主席 毛泽东
九月五日 [05]

背叛初心，背叛党组织的叛徒顾顺章，绝对没有好下场。1935年6月，在国民党特务组织徐恩曾（中统）和戴笠（军统）派系争斗中，顾顺章被中统特务秘密枪杀于苏州监狱。这一可耻下场，从他叛变革命的那一天起，就已经注定了。

恽代英曾经视察过的闽西苏区人民无限缅怀恽代英，经中华苏维埃临时政府人民委员会主席毛泽东批准，为纪念恽代英烈士，划上杭北部几个区成立了一个县，以恽代英的名字命名——代英县。

··· 注释 ···

01 《恽代英全集》第九卷，人民出版社，2014年版，第304页。
02 《回忆恽代英》，人民出版社，2015年版，第274页。
03 《革命烈士诗抄》，中国青年出版社，1959年版。
04 《回忆恽代英》，人民出版社，2015年版，第51页。
05 《红旗周报》第27期，1931年12月17日。

第十二章

传承革命精神

党啊,您在哪里?

恽代英牺牲后,沈葆英悲痛欲绝、几乎晕厥过去。当她醒来以后,立即意识到:"我不能倒下,要继承代英的未竟事业!"这时,她与党失去了联系,缫丝厂也不能再去了。大同幼儿园因顾顺章的叛变也被迫停办,许多孩子流浪街头。小希仲这时因患肺炎被送进上海辣斐德路红十字医院。沈葆英找到了小希仲,待身体稍好点后带着他想回武昌避难。可是武昌得胜桥恽代英的老家,这时四周出现了许多假装修鞋补伞的特务。为了安全,她不能回家,只好到她汉阳娘舅家暂住了几天。随后,沈葆英带着小希仲乘船顺江而下,来到上海,投奔到正在上海中法药专任教的小希仲的叔叔恽子强家里。

与党失去了联系,就像孩子失去了母亲一样:"党啊,我的母亲,您在哪里?"沈葆英思念党,思念伟大的母亲。她和子强弟商量,小希仲由他照看,自己决定去找党组织。

沈葆英到处找党,一直没有找到。为了生存,恽子强夫妇设法介绍沈葆英到江苏南通县(现为通州市)立西亭小学去当教员,一面教书,一面继续找党。小希仲就留在子强弟家里,由叔叔代为抚养。后来,沈葆英又考入南通护士学校,毕业后成为一名医院护士。

1937年全面抗战爆发后,国共第二次合作的统一战线正式建立。这时,沈葆英被分配到第五战区兵站医院工作。1938年,医院需要派人到武汉购买药品,因为沈葆英是武汉人,对武汉比较熟悉,因而有幸被选中,成为药品采购人员之一。沈葆英到武汉后,又趁机找党。

沈葆英从《新华日报》上看到,中国共产党领导的八路军在汉口设有办事处。她立即直奔汉口老日租界中街9号(现长春街 57 号），终于在这里见到了日夜思念的邓颖超和周恩来。

两位姊妹热情握手、拥抱。沈葆英泪水哗哗直流，继而情不自禁，哭了起来："代英牺牲后，我一直找党，没有找到，就像失群的孤雁一样，日子过得好艰难啊！"

邓颖超安慰沈葆英说："葆英妹，这么多年，你辛苦了！"周恩来拍着沈葆英的肩膀说："葆英啦！我们也在找你呀，没找着，还以为你牺牲了呢！我们还去过南京，到南京雨花台凭吊过代英。"周恩来接着说，"别哭了，你不要难受，现在回到家里来了，就可以放心了。"

沈葆英抹干了眼泪，激动地说："我找到党啦，回到家了！"

周恩来高度肯定沈葆英这几年来历尽艰辛找党的精神："你没有辜负代英的教导，对党有深厚感情，我很满意。"

听到周恩来的赞扬，沈葆英脸上绽放出幸福的笑容。

接着，周恩来向沈葆英详细介绍了党营救恽代英的情况："为了营救代英，党曾花了很大的力量。"

沈葆英说："谢谢党，陈赓同志当时对我简单讲过，还通知我去探过监。"

周恩来又问沈葆英："恽代英的儿子，小乐天现在还好吧？他现在在哪儿？"

沈葆英答道："小乐天还好，他在上海，由恽代英的四弟恽子强照看着，已经 10 岁了，念小学三年级呢！"

周恩来说："这就好，这就好！"随后，他又说，"你给我写个地址，通过组织好多去照看照看。"

邓颖超拿来一张纸，沈葆英端端正正地写上了恽子强家的地址。

这次相见和周恩来的谈话，沈葆英一直铭刻在心。

周恩来、邓颖超关心沈葆英的工作，把她留在武汉，派她到战时儿童保育院去工作，以后，保育院辗转到四川合川（现重庆市合川区）。

1941年皖南事变后，沈葆英收到邓颖超大姐的来信，通知她到重庆八路军办事处。沈葆英立即前往重庆曾家岩50号周公馆，与周恩来、邓颖超再次重逢。这年秋天，经周恩来、邓颖超安排，沈葆英作为八路军的家属，乘着八路军重庆办事处的卡车，来到了她向往已久的革命圣地延安，回到了母亲的怀抱。[01]

相聚在延安

1943年8月末的一天，沈葆英忽然接到一个通知，要她到延安交际处去，说是她的儿子恽希仲来了。这真是天大的喜事啊！沈葆英喜出望外，赶紧兴冲冲地向延安交际处跑去。

原来，在周恩来的亲切关怀下，党组织终于在上海找到恽子强的家，找到了恽希仲。担任前去寻找任务的是陈寅，她参加新四军后改名陈满珍，正是恽子强上海中法药专教过的学生。

陈寅见到恽老师，向他传达了周恩来寻找恽代英的遗属的指示。恽子强听到这个喜讯，特别兴奋。

陈寅开门见山地说："恽老师，我是受新四军卫生部部长沈其震之命来找你的，想请你去帮新四军筹办药厂。"

恽子强，1899年4月生，小恽代英4岁，是恽代英创办的利群书社、共存社的骨干成员，1924年6月毕业于东南大学文理科化学系，在恽代英的影响下，1925年由团转入中国共产党。

听到党的召唤，恽子强毫不犹豫，为继承二哥的遗志，决定参加新四军。1942年4月，他带着5个孩子，13岁的侄子恽希仲和长子恽希良、11岁的次子恽希郑、8岁的幼子恽希友和

恽代英儿子恽希仲

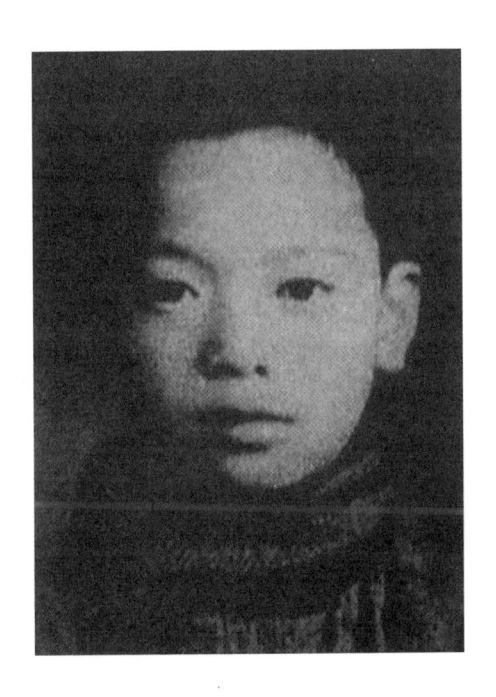

16岁的小妹恽顺芳，由陈寅陪着，在各地新四军的保护下，一路艰辛，于六七月间抵达苏北盐城新四军军部。在这里，恽子强见到了恽代英的老友李一氓。李一氓将恽子强和孩子们安置在一个姓朱的民主人士家中，妥为照顾。

刚刚安置下来，恽子强就立即投入工作，认真筹划，帮助新四军卫生部在淮南办起了医学院和药厂。他亲自讲授化学课，分析各种药物的药性，为提高新四军医护人员的医疗水平做出了重要贡献。当时《解放日报》报道："恽子强同志为人刻苦、朴素，用唯物观点教授化学，切合实际，他是积二十余年的教育和科研事业的专家,成绩显著,深得学生的敬爱。"

1943年初,党中央来电,要求新四军军部将一批科技干部、文教干部送到延安,恽子强和恽家儿女的名单也在其中。陈毅代军长亲自为他们饯行。在新四军、八路军的保护下,经过8个月的徒步"小长征",恽子强与恽家儿女于8月到达延安。

沈葆英来到交际处,一眼就认出了儿子恽希仲,可是,儿子却不认识娘。是啊,当年母子分别时,恽希仲还是个蹒跚学步的孩子,如今已是14岁的帅气少年了。沈葆英微笑着走过去,想拥抱一下久别的儿子,可是恽希仲却躲在叔叔恽子强的身边,一双大眼睛望着陌生的妈妈。

恽子强急忙对恽希仲说:"她就是你想念的亲妈妈,快喊妈妈呀!"

恽希仲用水汪汪的眼珠子审视了一阵后才喊出了一声:"妈妈!"

沈葆英顿时热泪盈眶,她大声答应:"唉!"连忙将恽希仲从叔叔身边迎过来,一把将他搂在自己的怀里。

恽子强对沈葆英说:"在周恩来的关怀下,在新四军、八路军的保护下,我们历经八个月,从苏北走到延安,很不容易!二哥代英对我的恩情永生难忘,我也没有辜负你的嘱托。希仲是二哥的骨肉,我现在亲手把他交给你。"

从此,恽希仲回到了妈妈的身边。

听说恽代英的儿子恽希仲来到延安与母亲团聚了,恽代英生前的战友们一个个激动不已。

毛泽东当即接见恽子强说:"代英是个好同志!"这既是毛泽东对战友的深挚悼念,也是对毕生为共产主义事业奋斗的恽代英的革命功绩的崇高评价。

当天,周恩来派来了警卫员,牵来一匹马,将沈葆英、恽希仲接到杨家岭。周恩来、邓颖超在那里等候。

周恩来见到恽希仲,摸着他的头,爱抚地说:"真像代英!小代英,上学了吗?路上走了多长时间?"

恽希仲不慌不忙回答道:"小学念到五年级了,路上走了嘛……"他歪着小脑袋,用手指算了一会:"走了大半年呢!"

恽希仲的这个动作,惹得周恩来、邓颖超都笑了。

邓颖超高兴地说:"这就是我们的小乐天吗?都长得这样高了。"

周恩来又问恽希仲:"你想爸爸吗?你知道你爸爸是什么人吗?"

恽希仲说:"我想爸爸,叔叔告诉我说,我爸爸是个好人,被坏人杀害了!"

周恩来又亲切地说:"是的,你爸爸是个好人,更是个英雄,很多事,你不知道的,连你妈妈也知道得不多,我了解你爸爸,比你妈妈还清楚。"

沈葆英看看周恩来说:"是的,对代英,你比谁都知道得多。"

周恩来对沈葆英说:"代英是我党的优秀党员。他对同志、对敌人立场坚定,爱憎分明。他朴实、热情、积极,了解群众,爱护群众,又会写文章,又会演说,在青年中影响很大。他是我们大家学习的好榜样。"

大家听了周恩来的话,都连连点头。

随后,周恩来对恽希仲说:"你想听爸爸的故事吗?"

恽希仲边点头边说:"想!"

邓颖超马上接着说:"那好,今天晚上你就留在我们这里,听周伯伯给你讲爸爸的故事,好吗?"

恽希仲点点头,表示同意。[02]

当天，恽希仲就留在杨家岭，在周伯伯身边住了一宿，并听周伯伯讲父亲的故事。恽希仲从周伯伯的口中，第一次比较全面了解到父亲的一些情况，从此暗下决心，一定要做一个像父亲那样的好人。第二天，恽希仲回到母亲身边，对母亲说："妈妈，听周伯伯讲过以后，我更想念爸爸了。我要像爸爸那样，做一个革命的好后代。"

沈葆英到延安后，1941年至1943年在延安中央党校、西北党校学习，先后任定边三旅军人合作社出纳，吴旗三旅家属学校政治指导员等职。解放战争时期，她先后任延安联防司令部政治教员、联防司令部家属队支部书记，河津野直家属学校秘书等职。中华人民共和国成立后，她先后任西北保育院秘书，兰州八一完小教导主任，西北军区后勤部保育院院长，中央办公厅机要局幼儿园主任等职，1982年离休。1989年6月12日因病在北京去世，享年83岁。

中央办公厅在沈葆英追悼会的悼词中指出：

> 沈葆英同志是一位在我党建党初期入党的老党员、老干部，是一位为共产主义事业奋斗了六十余年的忠诚战士。她从参加革命，参加共产党时起，几十年如一日，对共产主义理想矢志不渝，对党的事业坚信不移，在历次党内斗争和革命的严峻关键时刻，都表现出很强的党性原则。1932年"一·二八"事变日本侵略军的炮声在上海响起，使她与党组织失去联系，在失去党的关系的岁月里，她慎独善处，时刻怀念党，千方百计寻找党的组织，直至1937年她历尽艰难困苦，长途跋涉到武汉，通过《新华日报》社找到了周恩来、邓颖超同志，终于恢复了党的关系。

沈葆英继承恽代英遗志，把自己毕生的精力献给了党和人民的事业，鞠躬尽瘁，死而后已。她不忘初心，胸怀远大理想，党叫干啥就干啥，在平凡的工作岗位上默默奉献，不论做什么工作，都认真负责，尽心竭力，克服困难，去完成党交给的任务。特别是根据党的需要，她把自己的很大精力用在培育儿童、教育下一代的工作上，为支援前方，巩固后方，培养革命接班人作出了重要贡献。她的一生是革命的一生、战斗的一生，艰苦奋斗的一生。虽历经磨难和坎坷，但始终初心不变，保持共产党人艰苦奋斗、廉洁奉公的优良品质。这正是恽代英精神在她身上的生动体现。

相伴在龙华

恽希仲到延安后，党先送他到延安小学、中学读书。他学习刻苦，成绩优秀。1946年考入晋察冀工业专科学校学习，8月加入中国共产党。1949年9月至1951年6月，党送恽希仲赴北京华北工学院俄文专修班学习。随后，他相继在第二机械工业部四局、南昌三二〇厂和北京航空局担任翻译工作。1953年5月至1959年2月赴苏留学，在莫斯科航空学院学习深造。他是留学生中共党支部书记，处处以身作则，严格要求自己并提出了应加强对干部子弟的教育和取消对干部子弟的特殊待遇的意见，得到刘少奇的肯定和"完全赞同"。学成归国后，恽希仲一直奋战在航天科技领域，成为我国雷达微波天线单机和系统总体的设计师，为我国航天事业的发展作出了重要贡献。

恽希仲继承父亲恽代英的遗志，几十年如一日，保持革命本色。

1950年5月6日，周恩来总理在《中国青年》杂志上，为纪念恽代英烈士殉难十九周年题词，对他的一生作了高度的概括：

中国青年热爱的领袖——恽代英同志牺牲已经十九年了，他的无产阶级意识，工作热情，坚强意志，朴素作风，牺牲精神，群众化的品质，感人的说服力，应永远成为中国青年的楷模。

这年，武昌中华大学（华中师范大学前身之一）筹建恽代英纪念馆，宋庆龄、董必武、叶剑英、林伯渠、吴玉章等党和国家领导人热忱题词，褒扬他的革命精神。

宋庆龄的题词是：
代英烈士纪念，在伟大的革命中光荣地献身，他给青年们江流那样不断地追思。

董必武的题词是：
恽代英同志是我党最善于联系青年和劳动群众的领导人之一。他经常正确地反映青年和劳动群众的意见，引导他们前进，同时不断地向他们学会了许多东西。

叶剑英的题词是：
青年模范，人民英雄。

林伯渠的题词是：
伟大的中华民族最优秀的儿子中国共产党最卓越的领

导者恽代英同志精神不死。

吴玉章的题词是：
　　革命青年的模范。

恽希仲将这些宝贵的题词一直珍藏在自己的身边，作为鼓励自己奋进的强大精神动力。他坚持真理，坚守理想，严于律己，顾全大局，严谨务实，淡泊名利，业务精湛，组织纪律性强，深受领导和同事的认可和高度赞誉，多次被评为劳动模范和先进科技工作者，并当选为上海市人大代表。

党和国家没有忘记曾经为革命事业英勇牺牲的革命烈士家属和他们的后代。中华人民共和国成立后，恽希仲被列为重点保护的革命烈士后代之一。但他一直很低调，一生从未向任何人讲过这件事，从未向组织提出过任何要求。直到2012年8月28日因病在上海去世，中共中央组织部领导和上海市委组织部领导以及毛泽东、周恩来、任弼时、董必武、林伯渠、陈毅、徐向前、谭震林、罗瑞卿、陈赓、郭沫若等20多位开国领袖和元帅的子女（侄子女）向他敬献花圈，他所在的单位上海航天局的领导和同事，才知道恽希仲是恽代英的儿子。

"我们不知道啊！他从来没有讲过！"前来告别的上海航天局的领导和同事都无比地敬佩，许多人被他的高风亮节深深感动，忍不住，热泪盈眶。

恽代英的母校华中师范大学，曾有人多次前去拜访他。恽希仲说："与父亲相比，我对国家的贡献太小了，我不会躺在父亲的功劳簿上，我要靠自己的努力和奋斗，为父亲争光，为国家多作贡献。"他还一直用革命的家风教育自己的女儿恽梅、恽清，要学习爷爷的优秀品质，保持和发扬革命家风。在女儿们的心中，恽希仲是一个极平凡的人，又是一名坚定的战士；是慈祥的父亲，又是言传身教的老师；是航天科技专家，又是革命思想的传播者。她俩在爷爷和父亲的潜移默化下，也都很低调，一直在平凡的工作岗位上努力工作。

恽希仲光明磊落，密切联系群众，总是虚心听取单位和人民群众的意见和要求，体察人民群众的冷暖。单位和熟悉他的群众，有什么掏心窝的话，总愿意向他倾诉。他也总是不厌其烦，耐心做群众的思想工作。遇到生活有困难的人，立即解囊相助，乐于助人，奉献爱心。

2001年初冬，恽希仲身体出现不适。他取出珍藏多年的《恽代英日记》影印本（原件藏于中央档案馆），颤抖提笔在1—4册上写下留言，郑重签名后，分别交给女儿恽梅、恽清和侄子恽铭庆收存。这是恽希仲留给后人的珍贵精神财富。这一年，止是恽代英牺牲70周年。中共中央办公厅函告恽希仲、恽铭庆等恽代英后代亲属：恽代英为中国革命作出了重要贡献，经会同有关方面进行研究，并报中央领导同志同意，在上海龙华烈士陵园为恽代英同志建立衣冠冢。同年12月21日，中共上海市委受国务院委托，会同中央宣传部、中央党史研究室，在上海龙华林育南、何孟雄、李求实、欧阳立安等24名烈士陵园区落成恽代英纪念墓。庄严肃穆的红色墓碑，坐落在绿草如茵的陵园内，与龙华24烈士墓相依相伴，曾经为中华民族解放和复兴事业前赴后继、浴血奋战、百折不挠的战友们的英灵，得以在伟大复兴的中华人民共和国黄浦江畔相聚安息了。

恽希仲生前只有一个愿望。他从小很少陪伴父亲，对父亲的印象不深，希望去世以后，能到上海龙华烈士陵园与父亲相伴。

经中央组织部批准，恽希仲的遗愿得以实现。他的骨灰安葬在父亲的身边。

恽代英、恽希仲父子在龙华相聚，永远不分开。

··· 注释 ···

01 《回忆恽代英》，人民出版社，2015年版，第52-53页。
02 以上参阅恽希仲：《周恩来伯伯夸他又能写又会说》，见中国共产党著名烈士后代深情回忆《我的父辈》，上海人民出版社，2011年版。

后记

恽代英是中国共产党早期领导人之一,也是中国共产主义青年团的创始人之一。他既是党内著名的理论家、教育家和青年运动的领袖,又是为中华人民共和国成立作出杰出贡献的100位英雄模范人物之一。

习近平总书记《在庆祝中国共产党成立100周年大会上的讲话》中指出:"一百年前,中国共产党的先驱们创建了中国共产党,形成了坚持真理、坚守理想,践行初心、担当使命,不怕牺牲、英勇斗争,对党忠诚、不负人民的伟大建党精神,这是中国共产党的精神之源。"恽代英的光辉一生,就是践行伟大建党精神的一生。早在新文化运动时期,他就是升起在中国思想理论界的一颗耀眼的新星之一,凭他个人的才智和能力,如果仅仅只是为了个人和自己家庭的幸福,小日子会过得很滋润、很幸福。但是,自从加入中国共产党以后,他就不忘初心、牢记使命,为中国人民谋幸福,为中华民族谋复兴,舍小家,为大家,为国家,舍弃了自己的幸福,舍弃了自己的家庭,甚至自己的生命。他的思想光彩照人,他的精神感人至深,永远是中国青年学习的楷模。因此,在中国共产主义青年团百年诞辰之际,中国青年出版社约请笔者撰写本书,笔者感到无比荣幸,当即与恽铭庆先生商议,决定与他合作,共同完成这一任务。

笔者从1979年开始研究恽代英。1984年曾与湖北大学田子渝教授、中共一大会址纪念馆前馆长任武雄研究员合著了《恽代英传记》(湖北人民出版社,1984年),之后又相继完成国家社科基金一般项目和重大招标项目各一项,出版了专著《恽代英思想研究》(人民出版社,2011年),主编了《恽代英全集(1—9卷)》(人民出版社,2014年)等成果。尽管如此,笔者在写作本书时,仍然不敢半点马虎。囿于历史条件,《恽代英传记》虽然在当时也反响不错,具有开拓性,但毕竟对恽代英的相关史料掌握不够全面,存在些许遗憾。本书在写作的过程中,吸收了《恽代英传记》的一些积极成果,但从体例结构,到思想内容以及写作方法,都有很大的不同,完全是重写的一本新作。

笔者要特别强调的是,本书所有内容是完全真实的。凡重要的理论和史料,都加了注释,即使未作注释的相关情节的描写,也是有据可查的。

笔者现正在从事国家社科基金重点项目《恽代英年谱长编》(18ADJ001)的编写工作。本书仅当本项目的阶段性成果之一。

李良明
2021年11月8日

图书在版编目（CIP）数据

恽代英 / 李良明，恽铭庆著 . — 北京：中国青年出版社，2024.1
（杰出人物的青少年时代）
ISBN 978-7-5153-7106-1

Ⅰ . ①恽… Ⅱ . ①李… ②恽… Ⅲ . ①恽代英（1895-1931）– 生平事迹 – 青少年读物 Ⅳ . ① K827=6

中国国家版本馆 CIP 数据核字（2023）第 252433 号

总策划：皮钧　陈章乐
责任编辑：刘霜　罗静
出版发行：中国青年出版社
社址：北京市东城区东四十二条 21 号
网址：www.cyp.com.cn
编辑中心：010-57350508
营销中心：010-57350370
印刷：北京科信印刷有限公司
经销：新华书店
规格：880 mm × 1230 mm　1/32
印张：10.75
字数：260 千字
版次：2024 年 1 月北京第 1 版
印次：2024 年 1 月北京第 1 次印刷
定价：58.00 元

本图书如有印装质量问题，请凭购书发票与质检部联系调换
联系电话：（010）57350337